Alice Makabe

Blumenmuster sticken

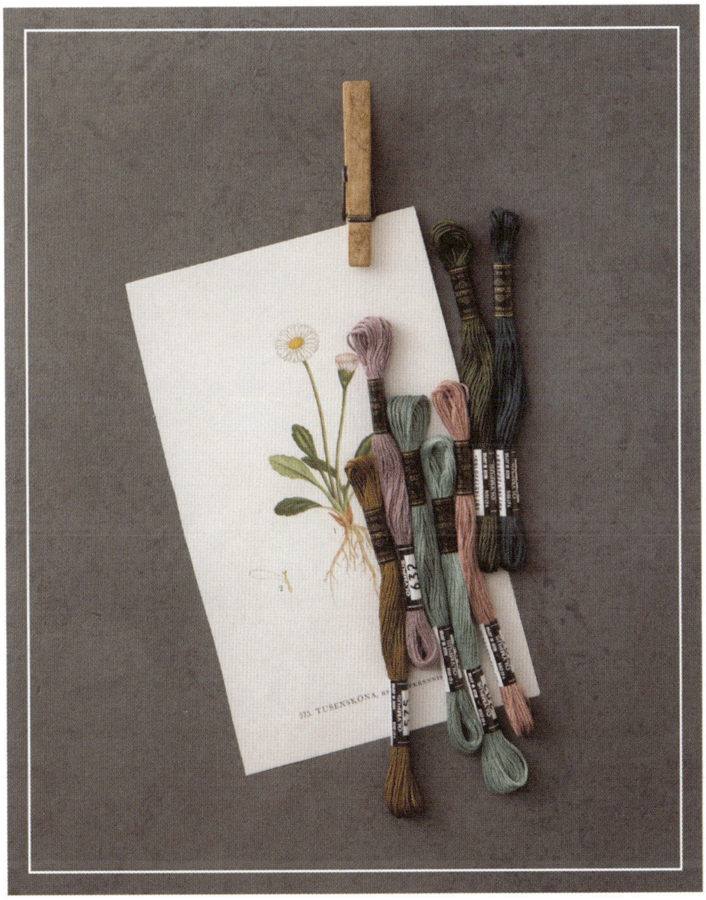

Haupt
GESTALTEN

1. Auflage: 2022 (1. Nachdruck: 2025)

ISBN 978-3-258-60256-1

Aus dem Englischen übersetzt von Cornelia Panzacchi, DE-Göttingen
Lektorat der deutschsprachigen Ausgabe: Gisela Witt, DE-München
Satz der deutschsprachigen Ausgabe: Die Werkstatt Medien-Produktion GmbH, DE-Göttingen
Umschlaggestaltung der deutschsprachigen Ausgabe: Tanja Frey, Haupt Verlag, Bern

Die japanische Originalausgabe erschien 2019 unter dem Titel *SHOKUBUTSU SHISHU TECHO (NV70544)* bei NIHON VOGUE Corp.

Informationen zur japanischen Originalausgabe:
Copyright © Alice Makabe/NIHON VOGUE-SHA 2019
Fotografien: Yukari Shirai
Styling: Moe Nishimori
Buchgestaltung: Ai Hayashi (FOR)
Illustrationen: Yumiko Matsumoto
Fachlektorat: Sakae Suzuki
Redaktion: Jun Sasaki
Die englischsprachige Ausgabe erschien 2021 unter dem Titel *Beautiful Botanical Embroidery* bei Zakka Workshop, einem Unternehmen von World Book Media, LLC
Lizenzvergabe und Produktion der deutschsprachige Ausgabe: World Book Media LLC, info@worldbookmedia.com

MIX
Paper | Supporting responsible forestry
FSC® C081635

Printed in China

Um lange Transportwege zu vermeiden, hätten wir dieses Buch gerne in Europa gedruckt. Bei Lizenzausgaben wie diesem Buch entscheidet jedoch der Originalverlag über den Druckort. Der Haupt Verlag kompensiert mit einem freiwilligen Beitrag zum Klimaschutz die durch den Transport verursachten CO_2-Emissionen. Wir verwenden FSC®-Papier. FSC® sichert die Nutzung der Wälder gemäß sozialen, ökonomischen und ökologischen Kriterien.

Diese Publikation ist in der Deutschen Nationalbibliografie verzeichnet.
Mehr Informationen dazu finden Sie unter http://dnb.dnb.de.

Der Haupt Verlag wird vom Bundesamt für Kultur für die Jahre 2021–2025 unterstützt.

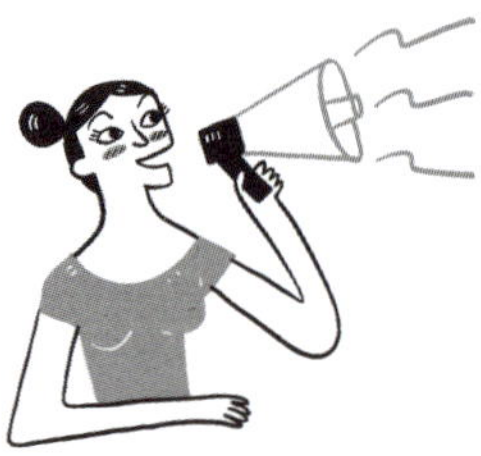

© Shutterstock, Huza Studio

Sie möchten nichts mehr verpassen?

Folgen Sie uns auf unseren Social-Media-Kanälen und bleiben Sie via Newsletter auf dem neuesten Stand.

www.haupt.ch/informiert

Wir verlegen mit Freude und großem Engagement unsere Bücher. Daher freuen wir uns immer über Anregungen zum Programm und schätzen Hinweise auf Fehler im Buch, sollten uns welche unterlaufen sein.

Haupt Verlag AG
Falkenplatz 14
3012 Bern
SCHWEIZ
herstellung@haupt.ch

Verantwortlich in der EU (GPSR):
Brockhaus Kommissionsgeschäft GmbH
Kreidlerstr. 9
70806 Kornwestheim
DEUTSCHLAND
haupt@brocom.de

www.haupt.ch

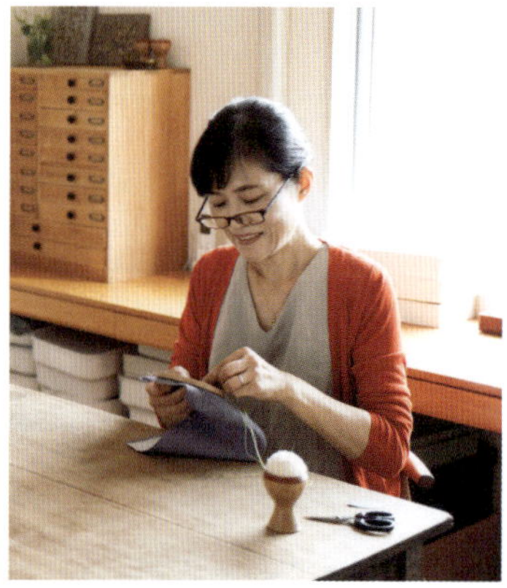

Über die Autorin

Die Stickkünstlerin Alice Makabe lebt und arbeitet in Tokio. Sie ist Autorin mehrerer Stickbücher, veranstaltet Workshops und stellt ihre Arbeiten auch aus. Sie versucht, jeden Tag zu sticken, um das wechselvolle Farbenspiel der Jahreszeiten auf Stoff zu bannen. Besuchen Sie ihre Website www.makabealice.jimdofree.com. Sie finden sie auch auf Instagram @alice_makabe.

Alice Makabe

Blumenmuster sticken

30 farbenfrohe Projekte im floralen Design

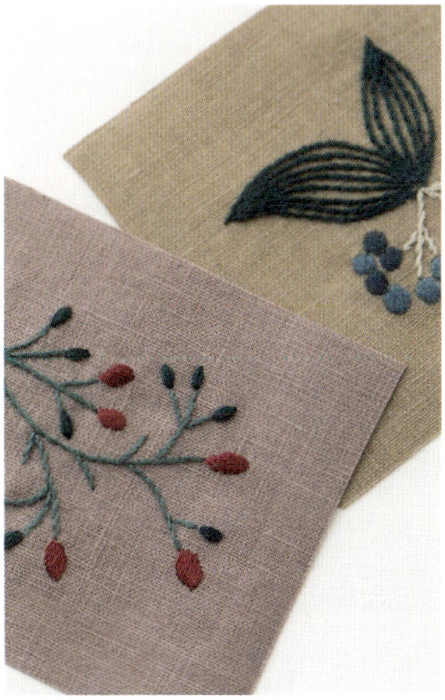
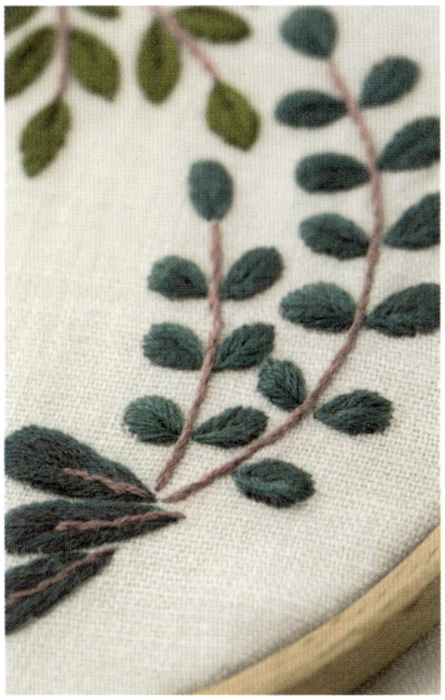

Haupt Verlag

INHALT

WEISS

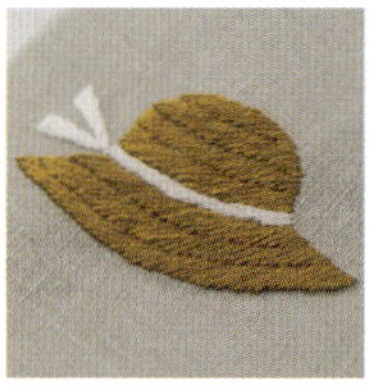

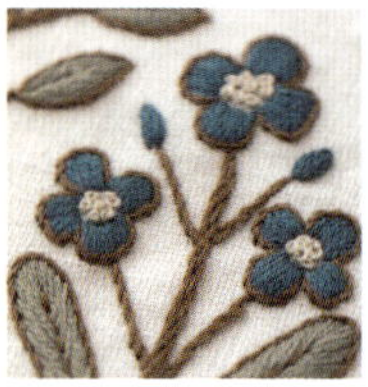

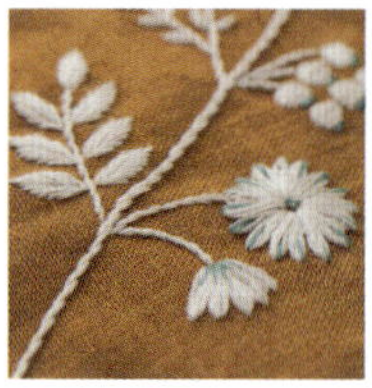

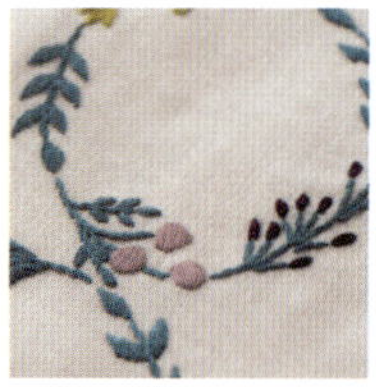

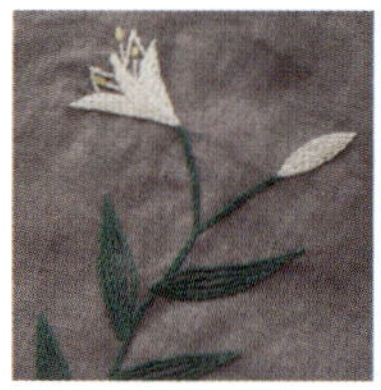

BLAU

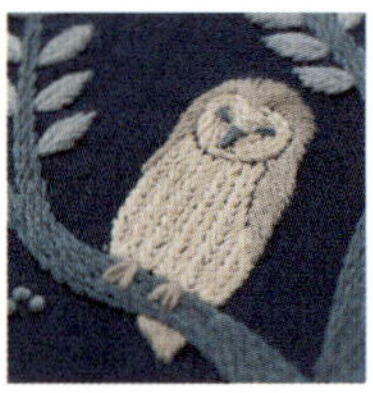

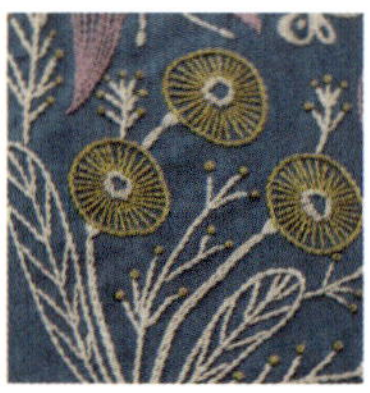

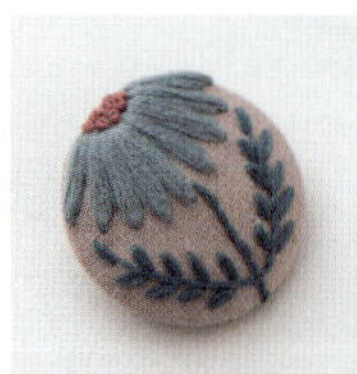

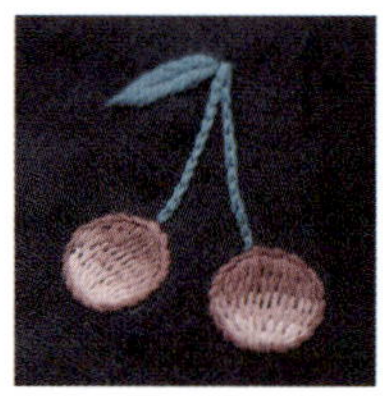

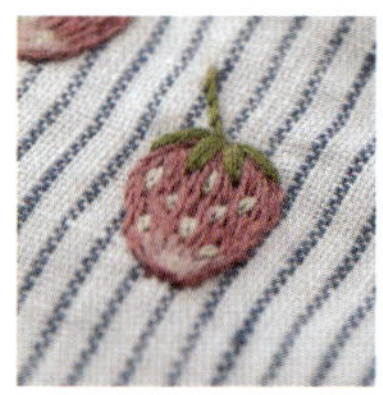

ROSA

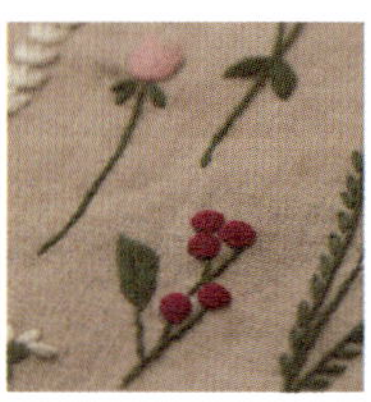

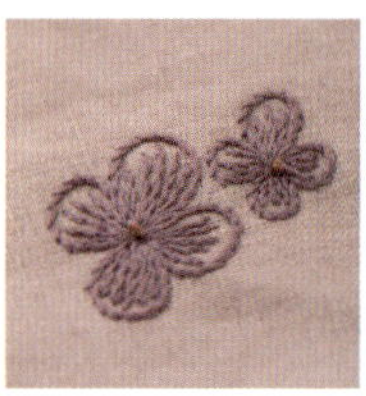

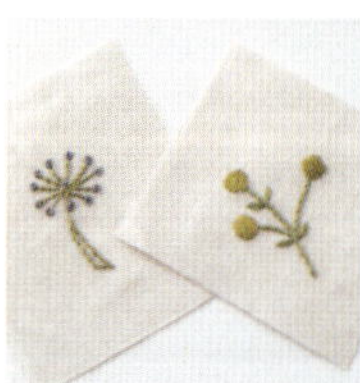

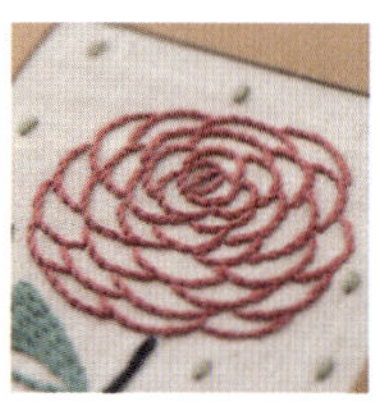

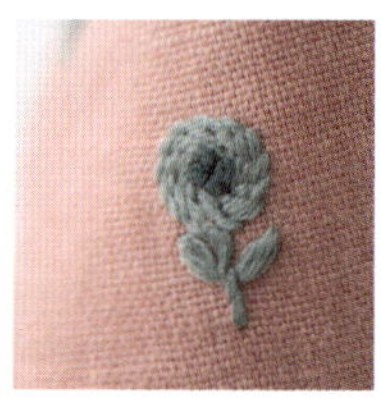

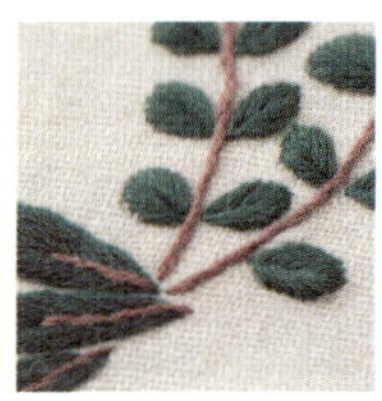

GRÜN

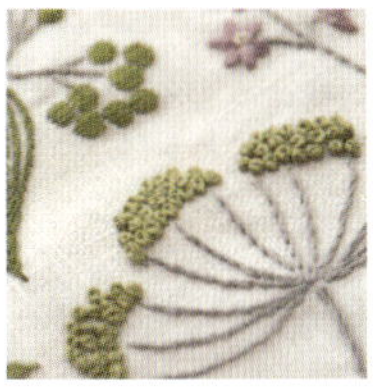
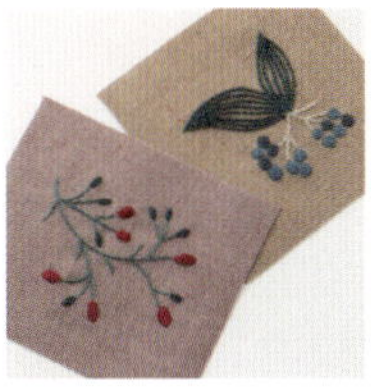
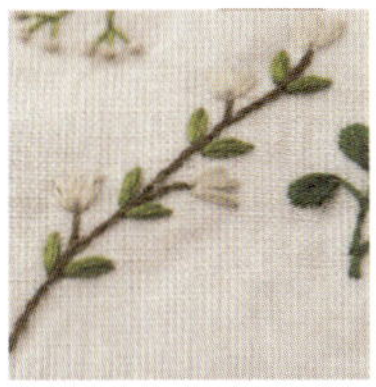
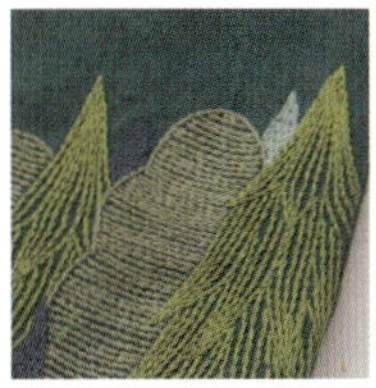

GELB

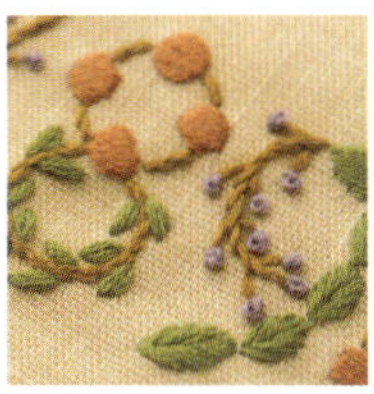
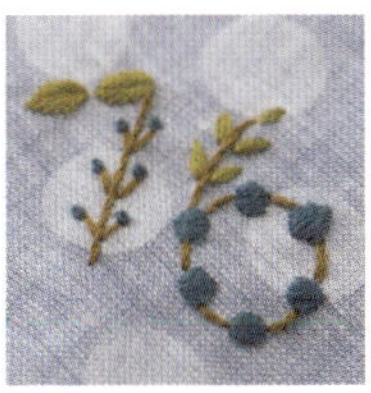
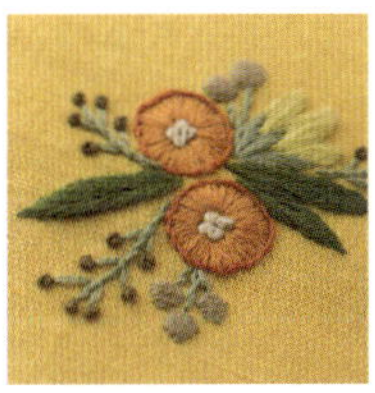
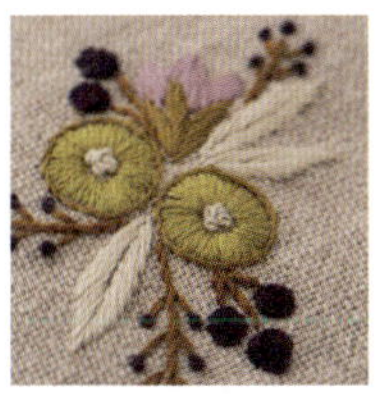
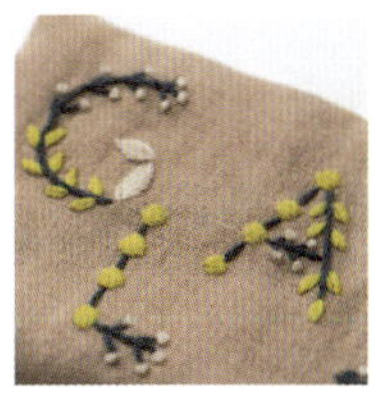
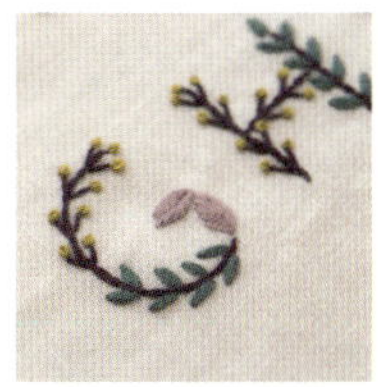

VORWORT

Wenn ich Blumen betrachte, bin ich stets aufs Neue von ihren einzigartigen Details fasziniert. Manche bestehen aus unzähligen Lagen von Blütenblättern, andere aus nur wenigen. Bei den einen sind die Blätter hart und glänzend, bei den anderen weich und zart. All diese Details sind für das Überleben der Pflanze und ihrer Art wichtig, denn sie sorgen dafür, dass sie etwa mehr Sonnenlicht einfangen oder aber mehr bestäubende Insekten anlocken kann. Blumen sind erstaunlich vielfältig und anpassungsfähig – und unglaublich schön.

Weil ich mich für Formen und Strukturen begeistere, bilden meine Stickprojekte nicht unbedingt bestimmte Pflanzenarten ab. Lieber kombiniere ich Formen, Größen und Farben zu individuellen Motiven. Während des Zeichnens überlege ich, wie ich meine Illustrationen in Stickereien umwandeln werde, und passe die Einzelheiten so lange an, bis sie ein harmonisches Ganzes ergeben.

Es ist wunderbar zu sehen, wie der Entwurf allmählich lebendig wird, sobald ich damit beginne, Blätter und Blüten zu sticken. Dabei empfinde ich dieselbe Freude wie beim Betrachten einer Blüte. Ich wünsche Ihnen, dass Sie das Nachsticken dieser Motive als genauso entspannend und bereichernd empfinden.

Alice Makabe

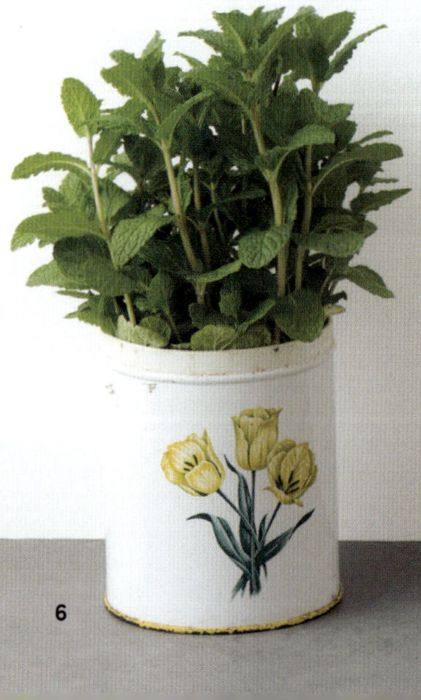

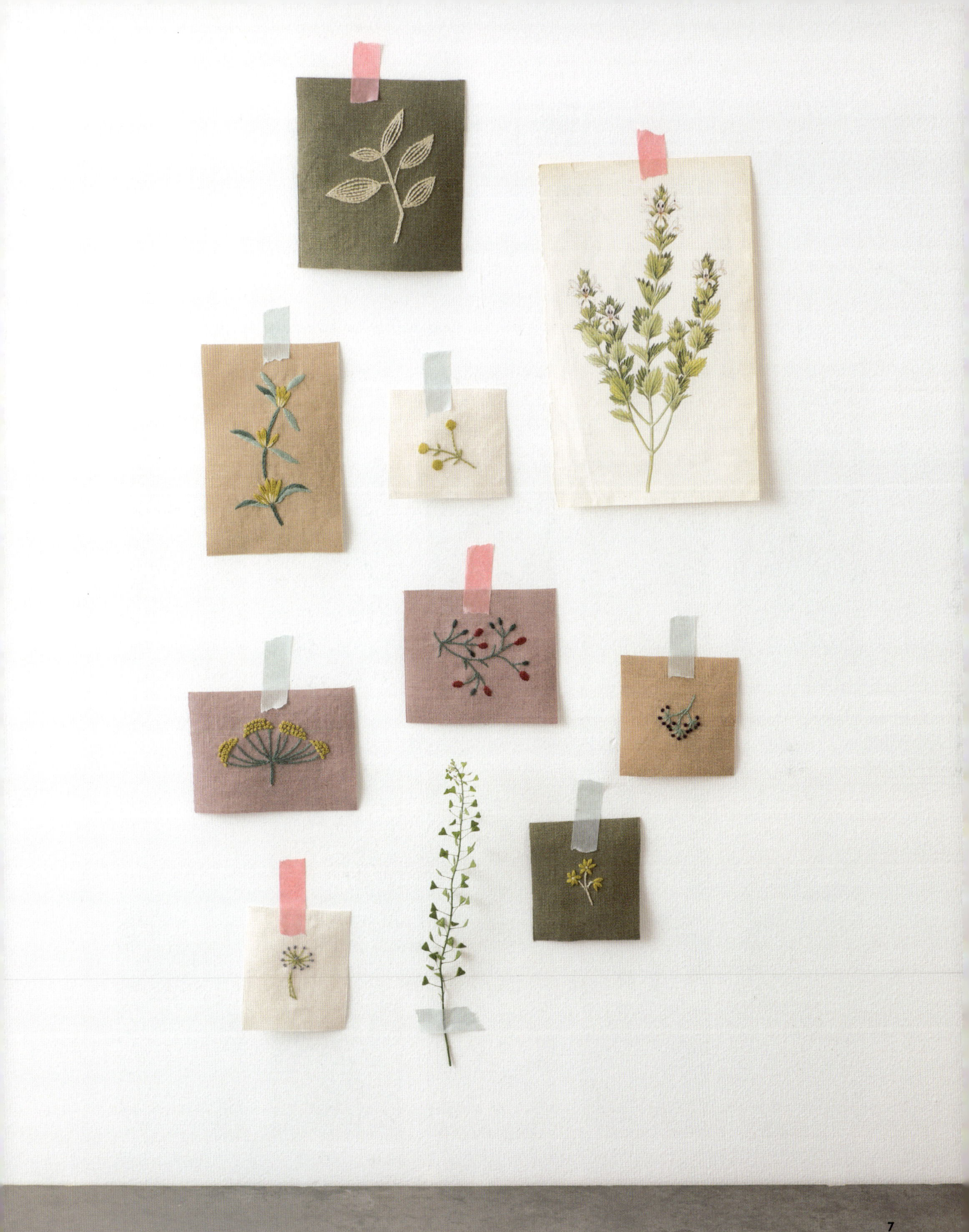

WEISS

Warme Milch, frisch gefallener Schnee.
Weiß steht für Reinheit und Eleganz.

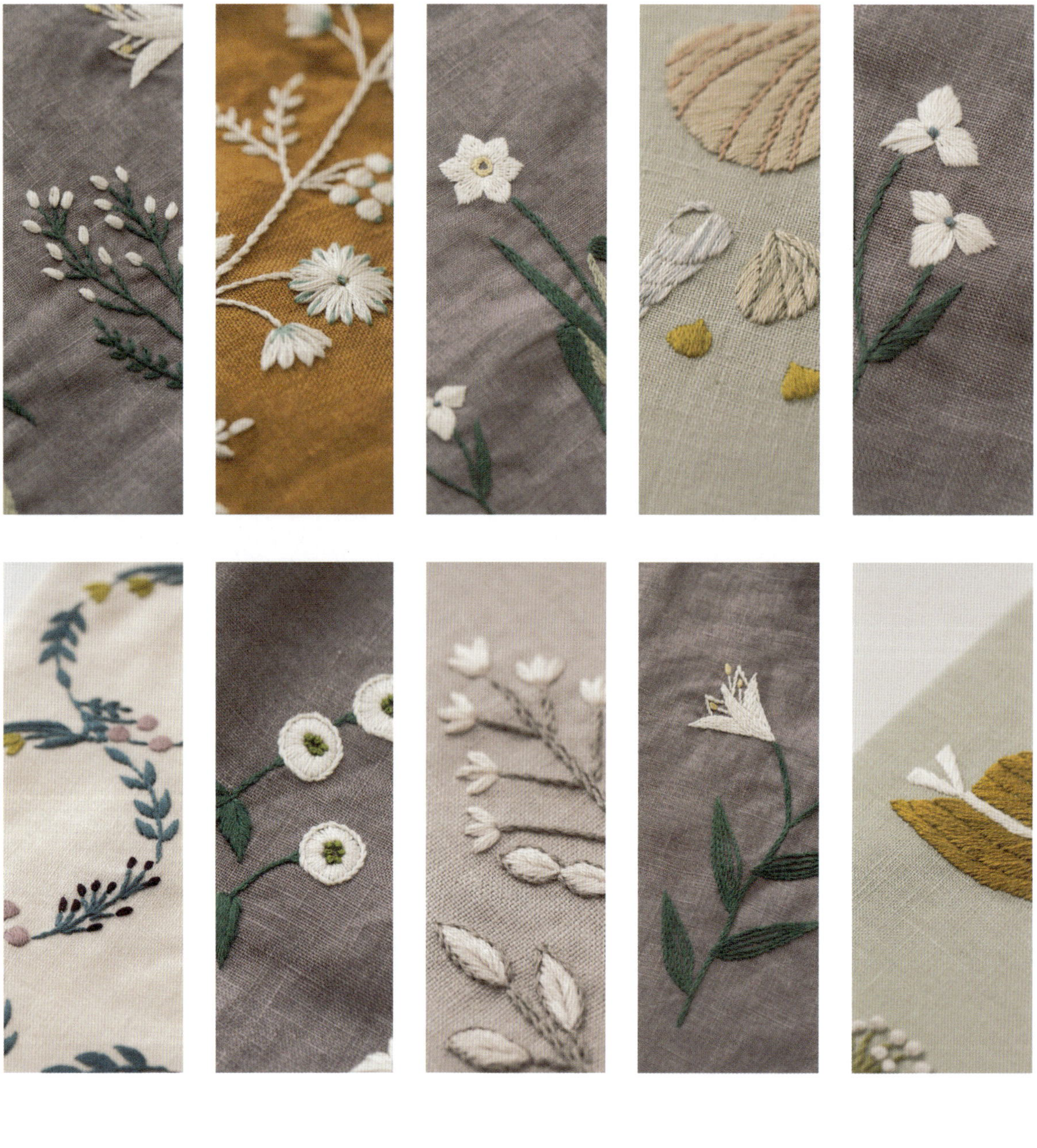

1 Ein Strohhut und hübsche Muscheln beschwören zusammen mit der Farbe Weiß Sommergefühle herauf. Nuancen von Weiß, Creme und Beige erzeugen plastische Effekte.

Stickmotiv auf Seite 61

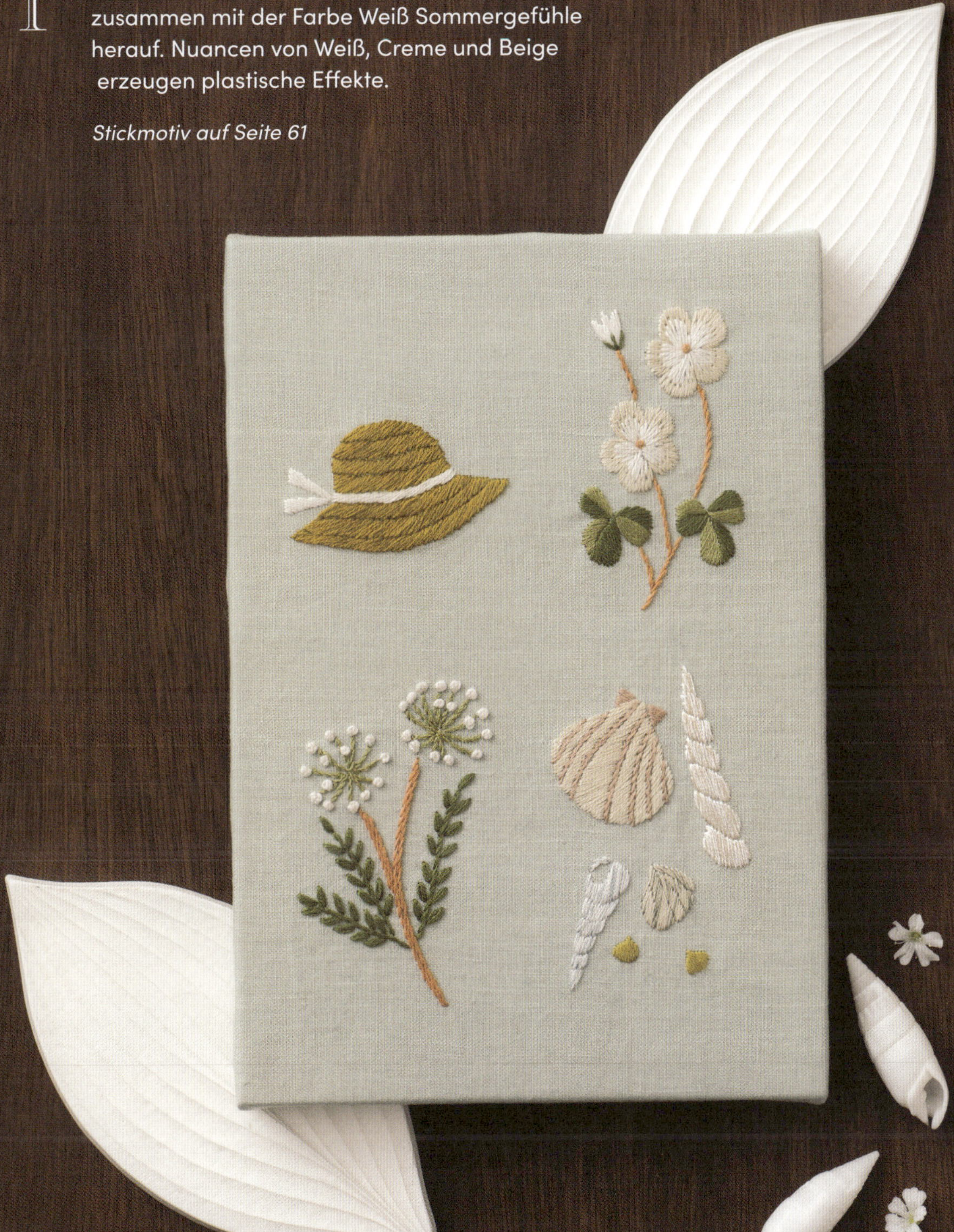

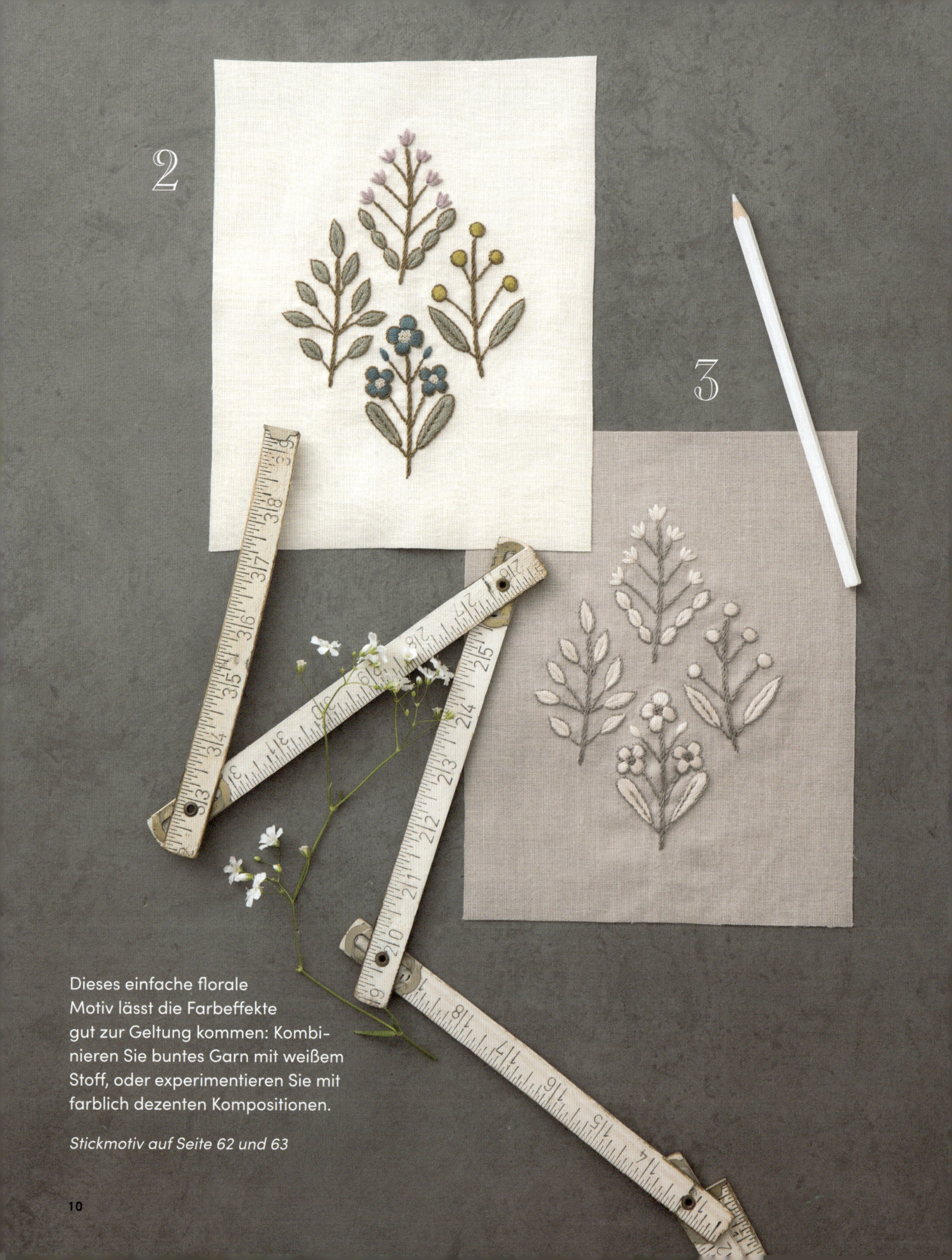

Dieses einfache florale Motiv lässt die Farbeffekte gut zur Geltung kommen: Kombinieren Sie buntes Garn mit weißem Stoff, oder experimentieren Sie mit farblich dezenten Kompositionen.

Stickmotiv auf Seite 62 und 63

4

Die aufstrebende Blütenranke passt ausgezeichnet zur rundlichen Form dieses Zugbeutels. Das schlichte Farbschema sorgt für einen klassischen Look.

Anleitung auf Seite 64

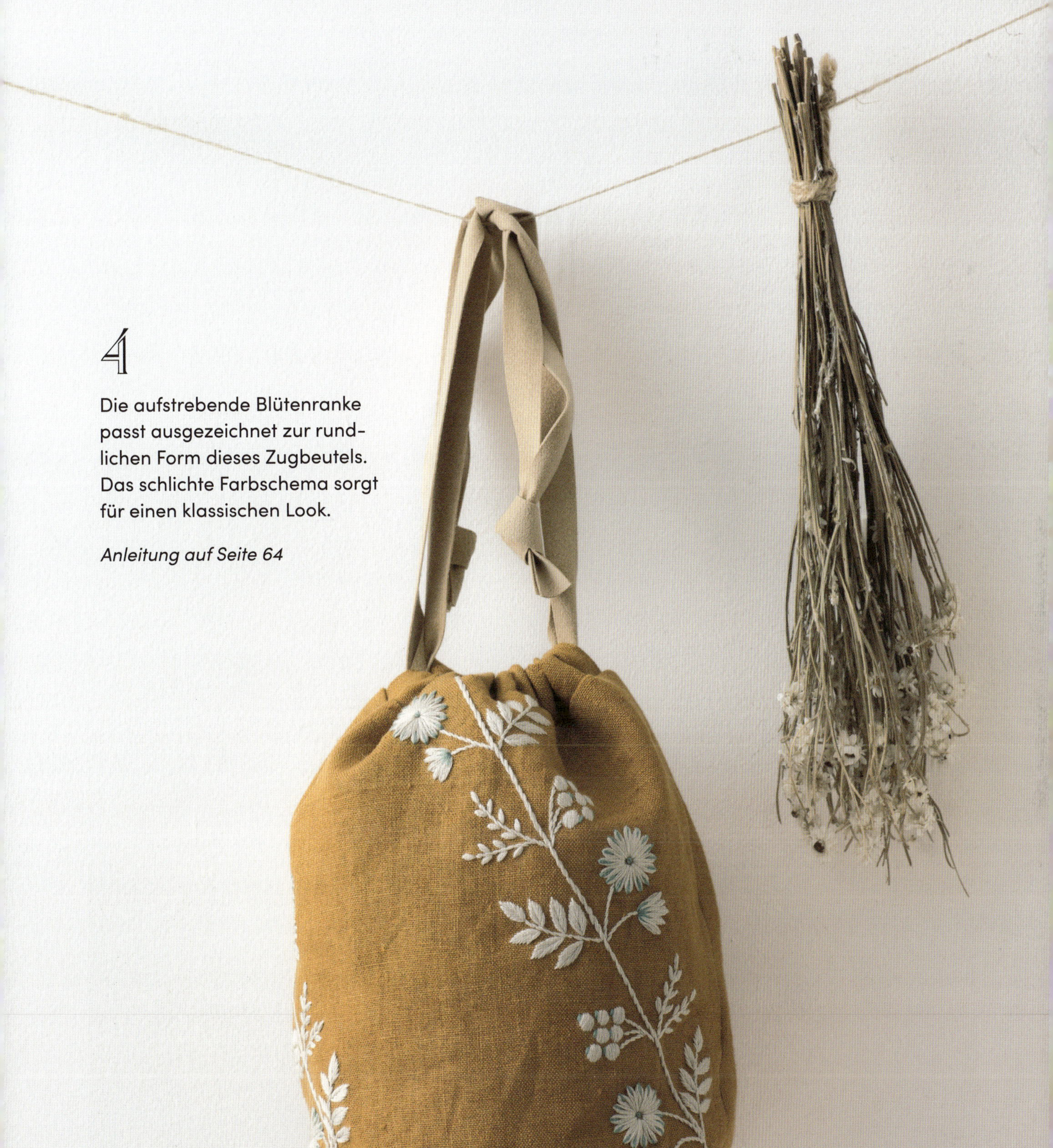

5

Das elegant bestickte Tuch ist vielseitig einsetzbar: als Abdeckung für einen Korb, als Tischdeckchen für einen Teller oder eine kleine Leuchte. Die hübschen Kränze bestehen aus nur vier Grundstichen.

Anleitung auf Seite 68

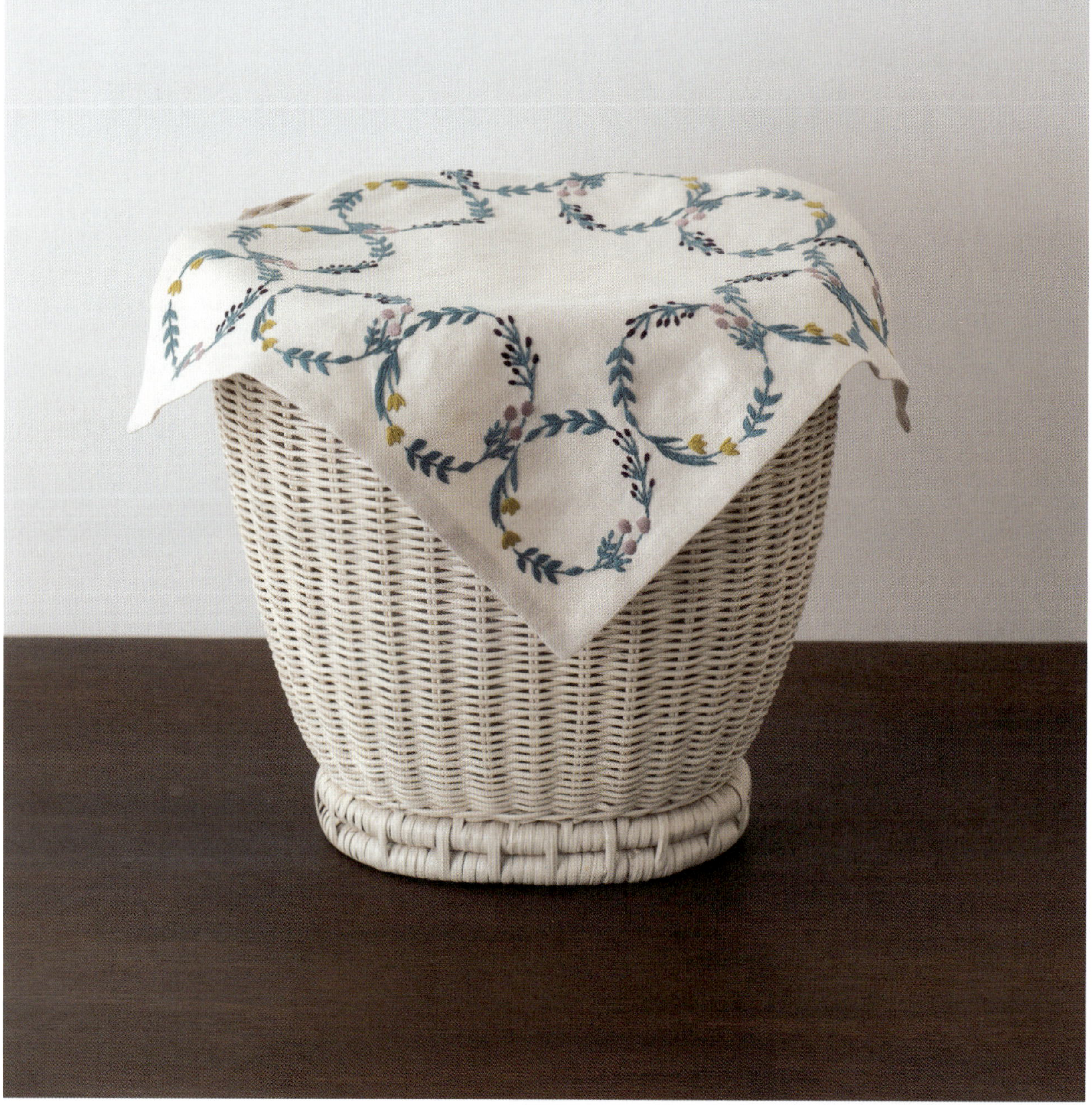

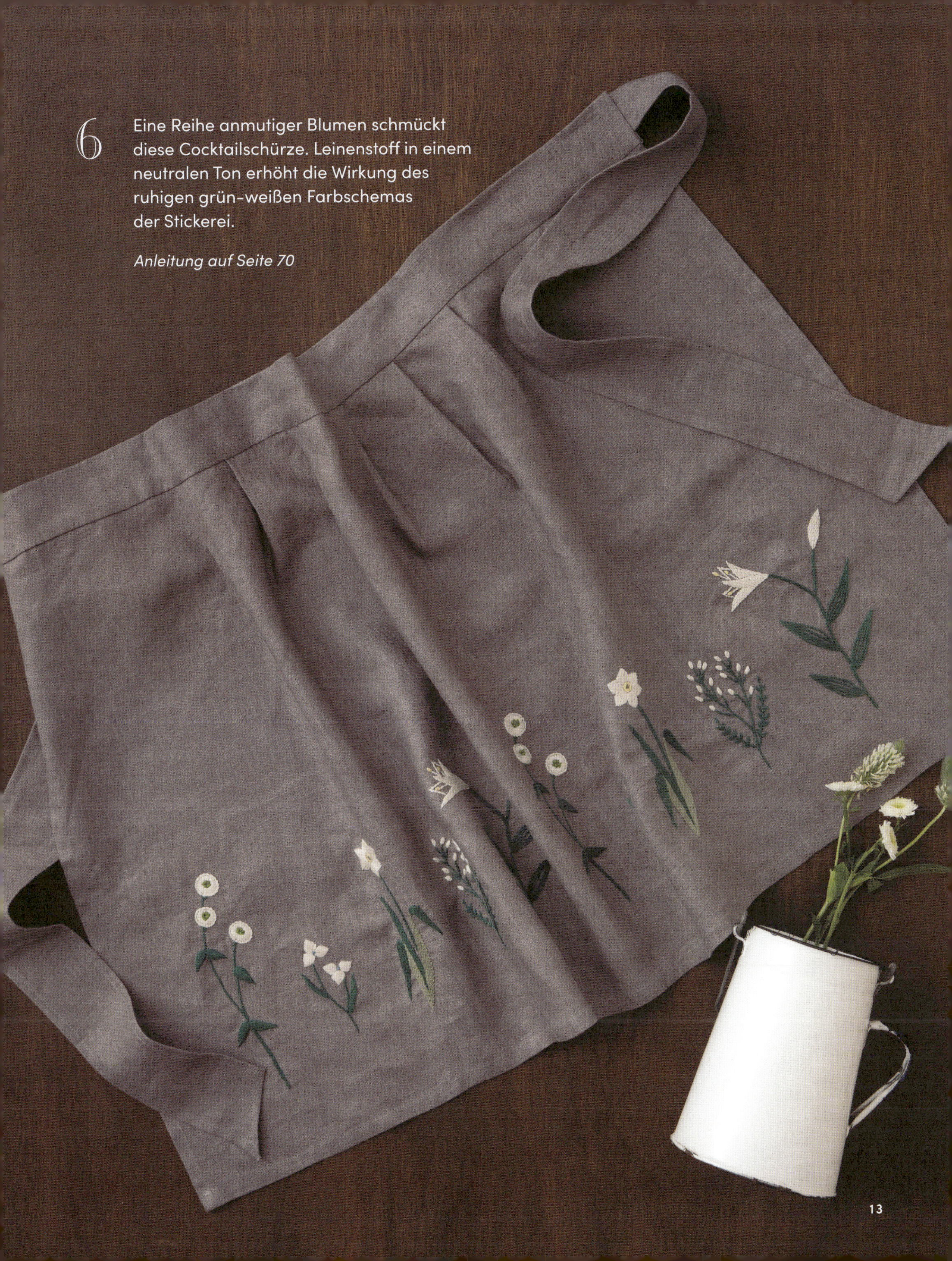

6 Eine Reihe anmutiger Blumen schmückt diese Cocktailschürze. Leinenstoff in einem neutralen Ton erhöht die Wirkung des ruhigen grün-weißen Farbschemas der Stickerei.

Anleitung auf Seite 70

BLAU

Vom Azurblau eines heiteren Himmels bis hin zum tiefen Indigoton einer Vollmondnacht – Blautöne erinnern immer an die Farben des Himmels.

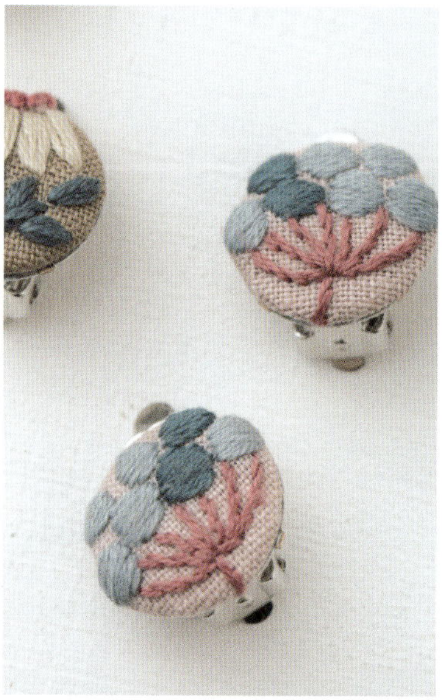
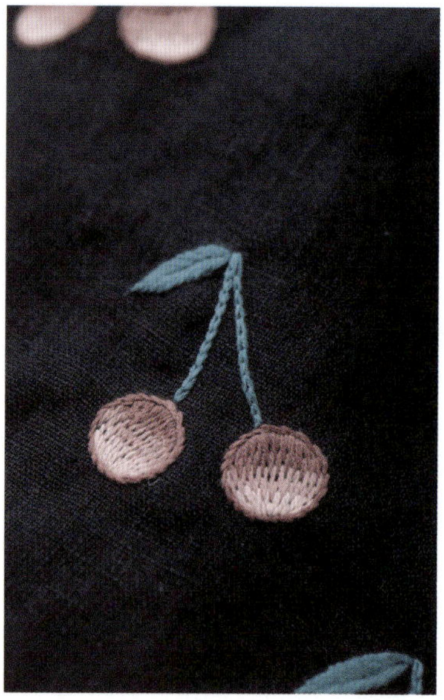
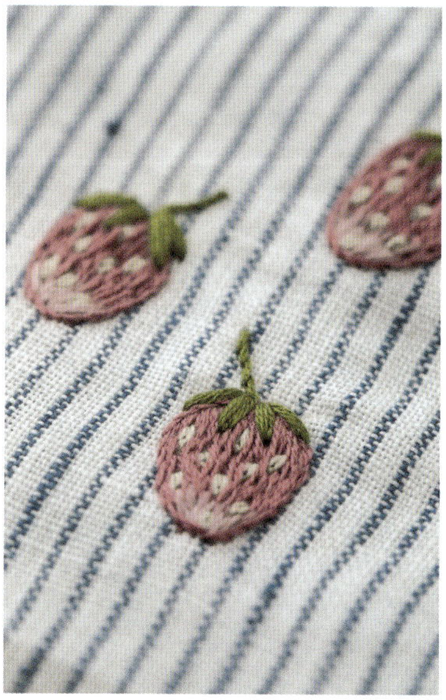

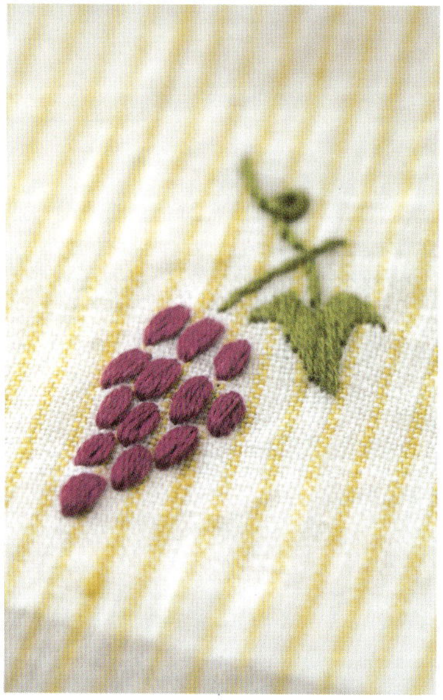

7 Eine ruhige Nacht im Wald, auf ein farbenfrohes Stickbild gebannt. Durch den Fliegenstich erhält die Eule ein strukturiertes, plastisches Gefieder.

Stickmotiv auf Seite 74

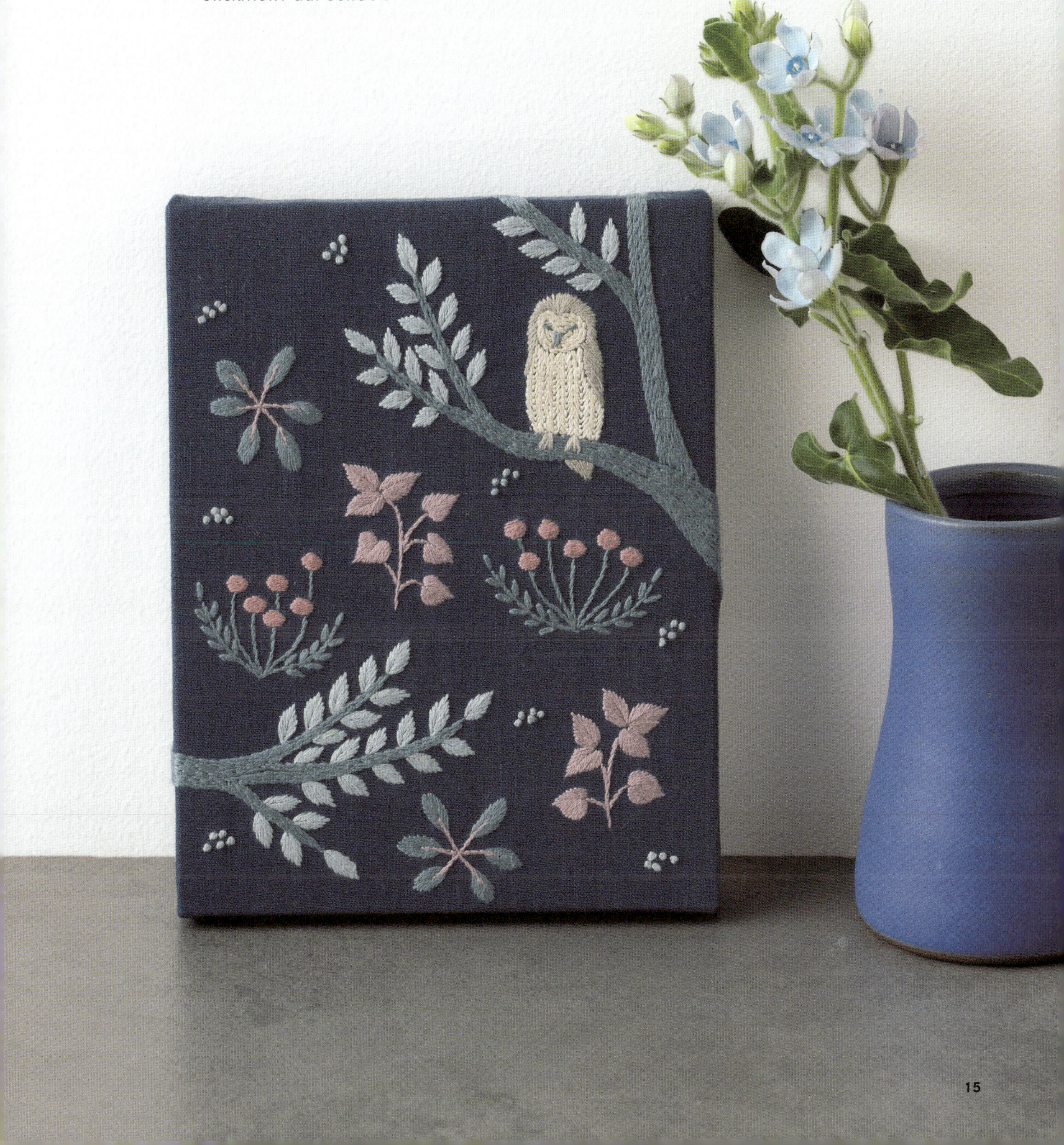

8 Inmitten einer Welt aus Blättern, Stängeln und kleinen Schmetterlingen in neutraler Farbe erblühen große bunte Blumen. Verschiedene Stiche, mit unterschiedlich dicken Garnen ausgeführt, steigern die Wirkung dieses Motivs.

Stickmotiv auf Seite 75

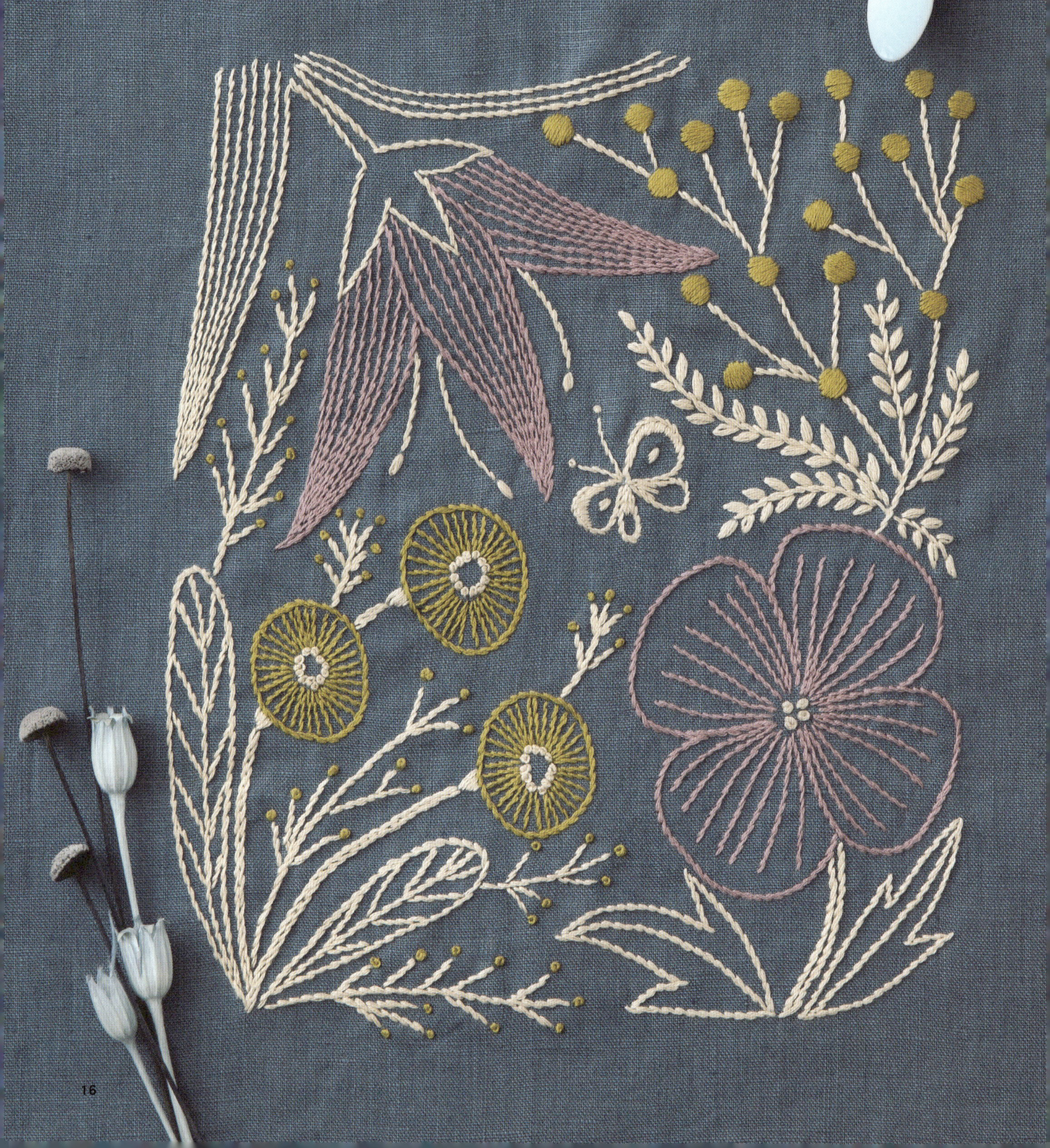

9

Hier wurde dasselbe Bild mit einer einzigen Farbe gestickt. Blaue Blumen blühen kühn auf weißem Leinen.

Anleitung auf Seite 76

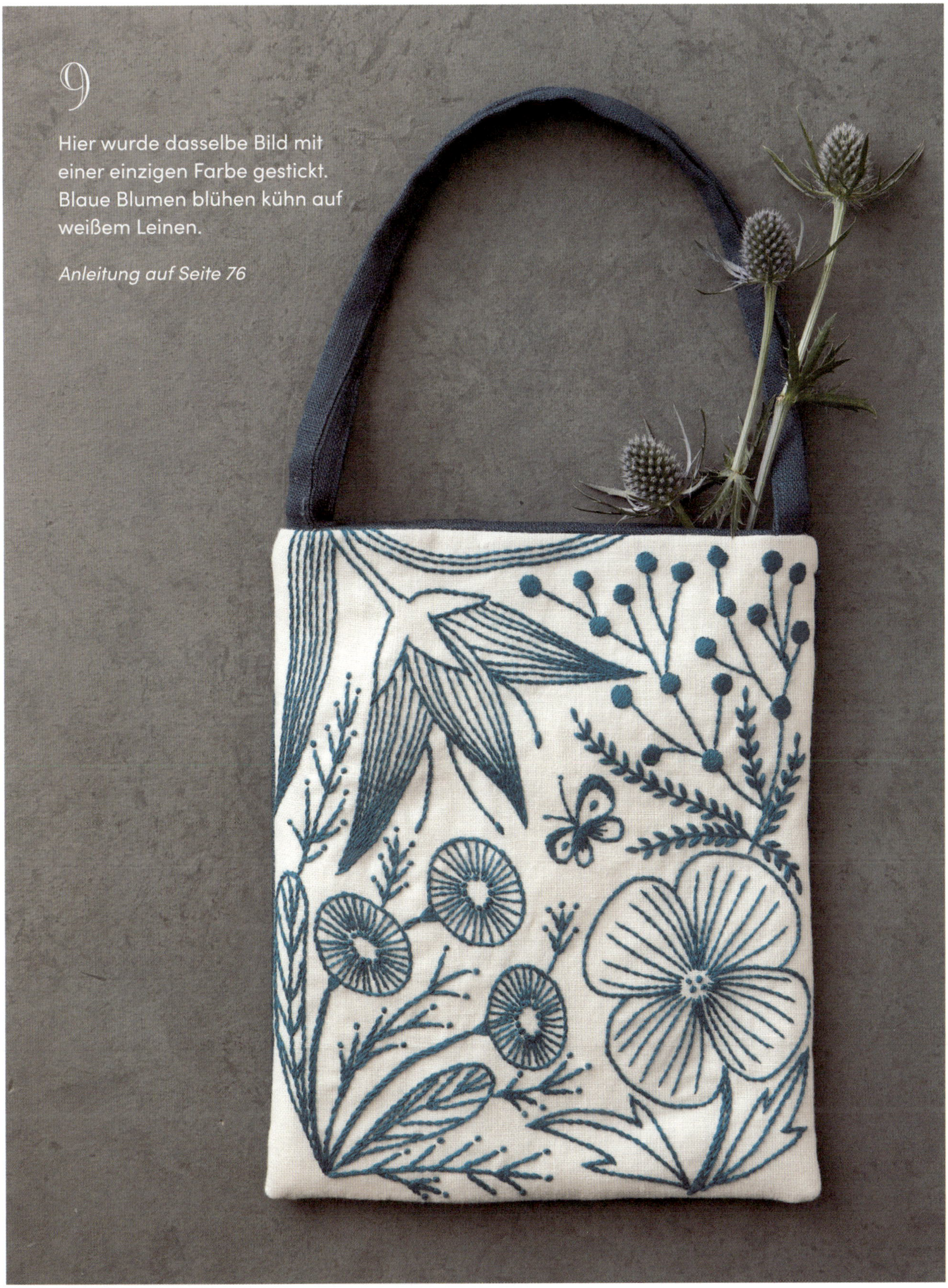

10 Kleine Kunstwerke: Broschen und Ohrringe mit Stickereien. Schlichte Farbkombinationen heben die Stickstrukturen hervor.

Anleitung auf Seite 79

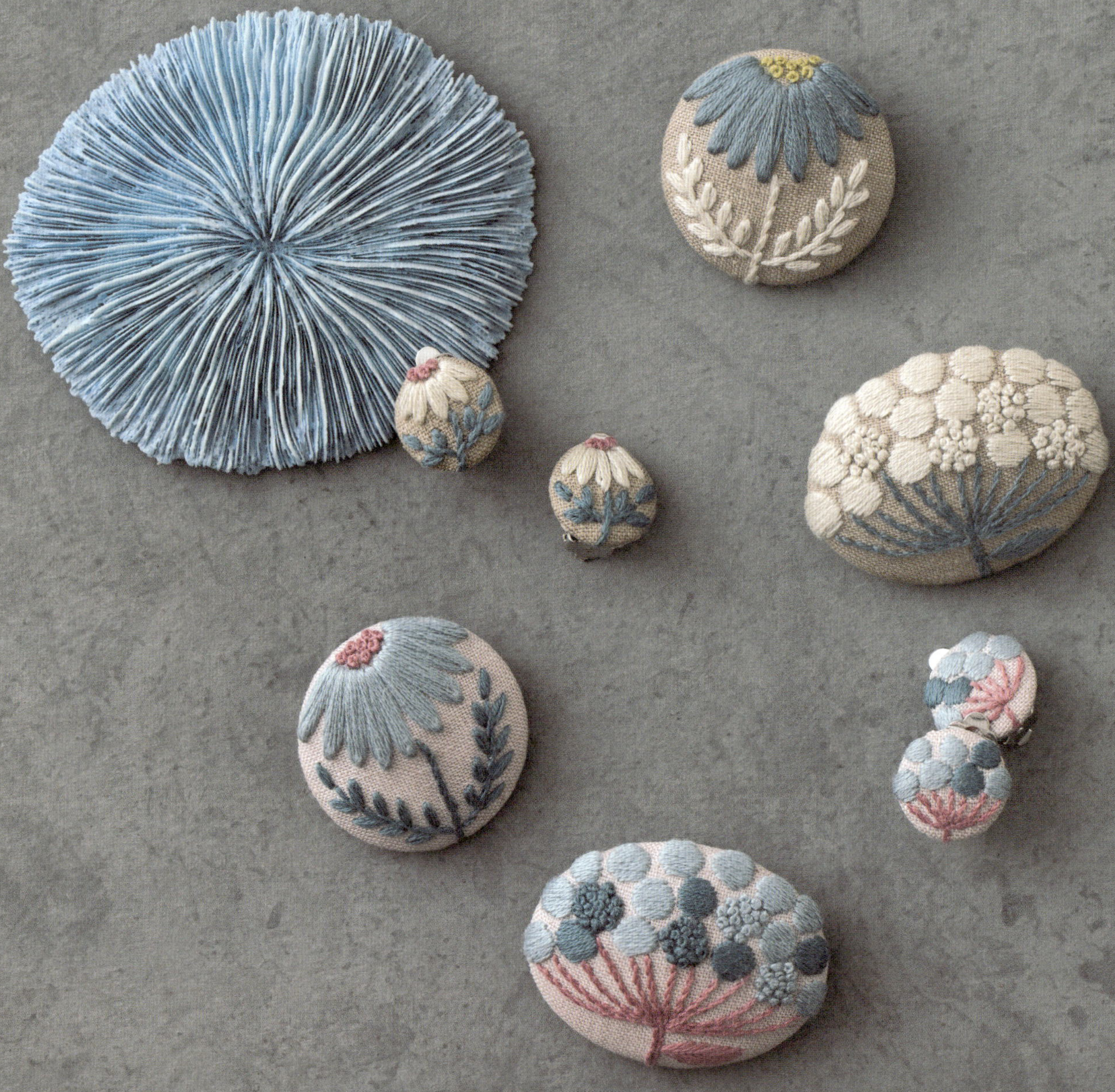

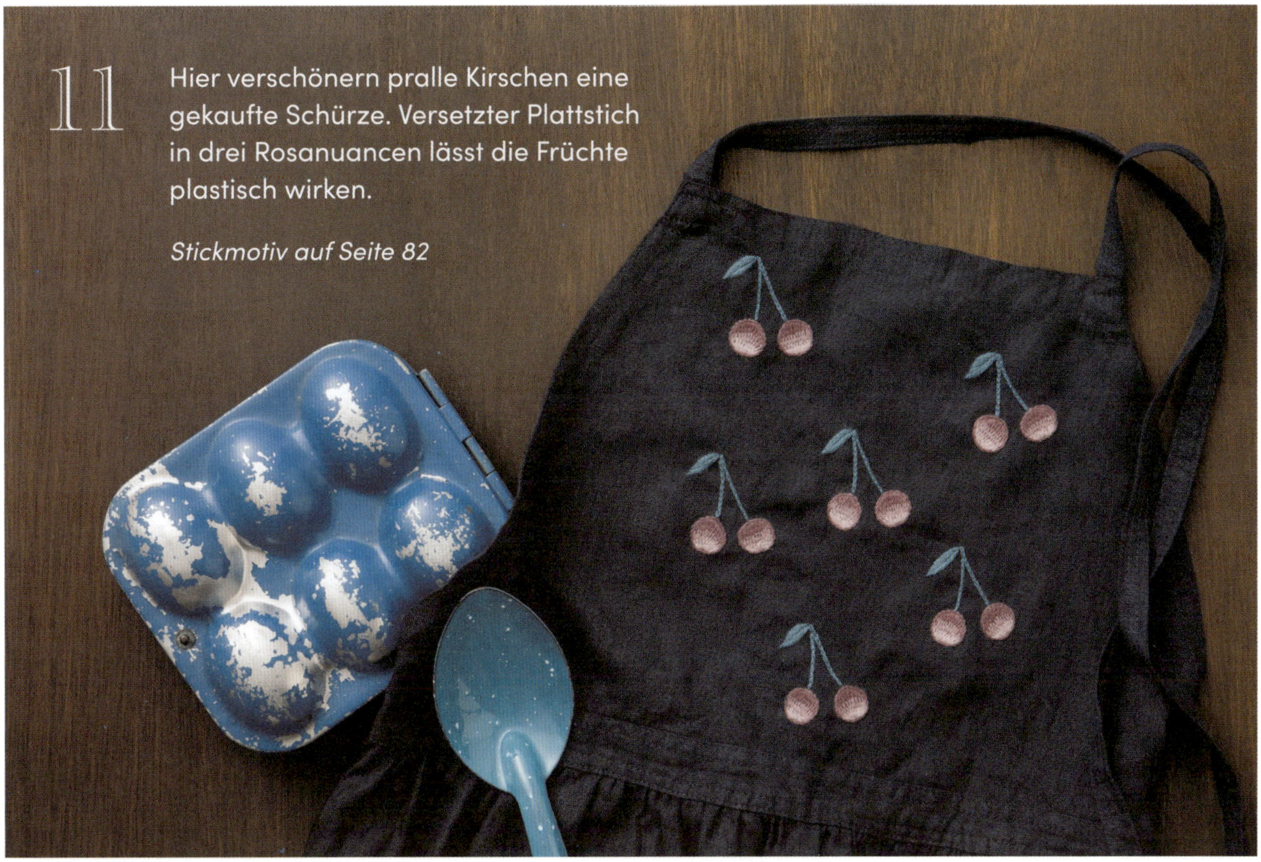

11

Hier verschönern pralle Kirschen eine gekaufte Schürze. Versetzter Plattstich in drei Rosanuancen lässt die Früchte plastisch wirken.

Stickmotiv auf Seite 82

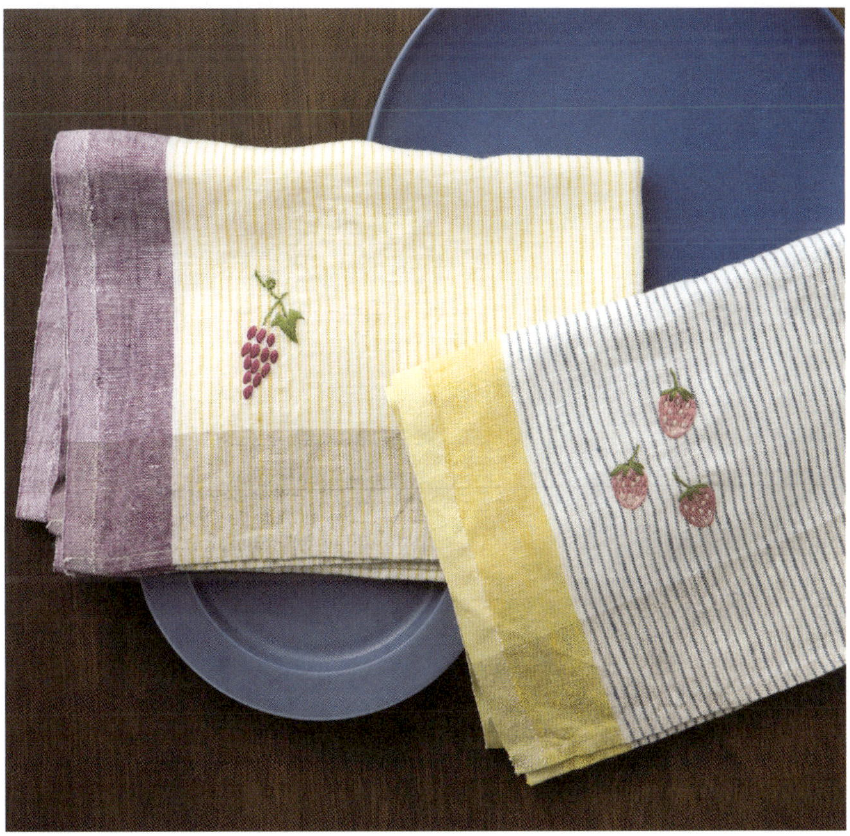

12

Zierliche Trauben- und Erdbeermotive machen einfache Küchenhandtücher zu etwas Besonderem. Reizvolle Kontraste entstehen beim Sticken auf gestreiftem oder kariertem Stoff.

Stickmotive auf Seite 83

ROSA

Ein Hauch von Rosa genügt beim Arrangieren der Pflanzen- und Blütenmotive, um das Stickprojekt weicher und lieblicher erscheinen zu lassen.

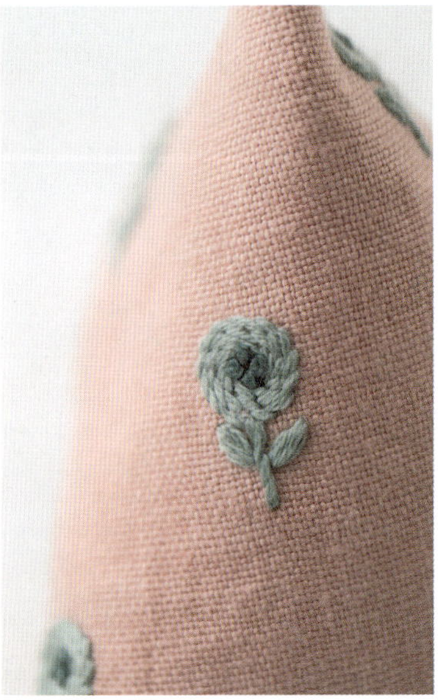
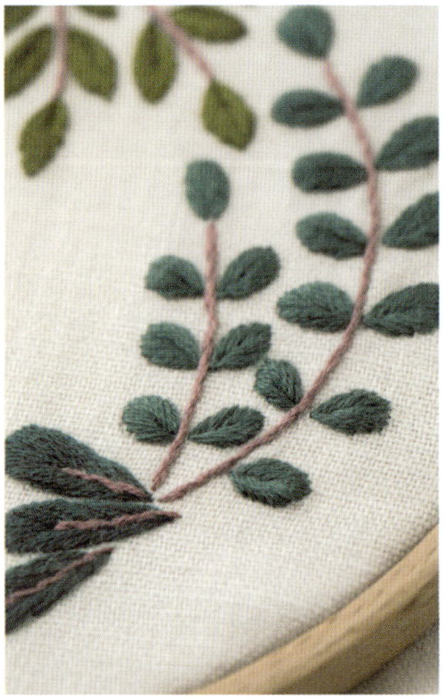

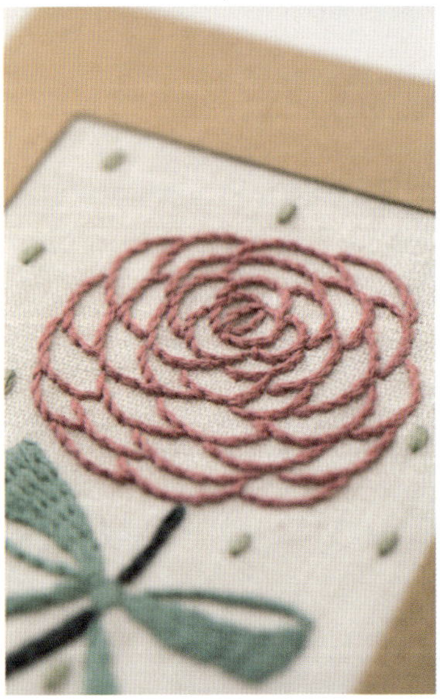

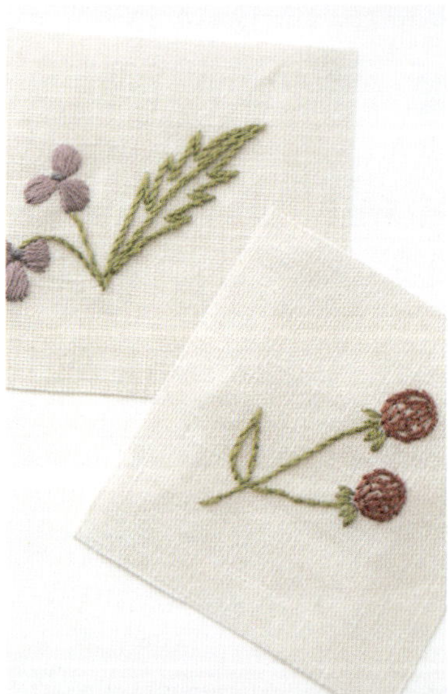

13 Wie getrocknete Pflanzen auf einer Herbariumseite sind diese kleinen Blumenmotive auf dem Leinenstoff arrangiert. Plattstiche verleihen den Knospen Volumen, Stielstiche bilden zarte Stängel.

Stickmotiv auf Seite 84

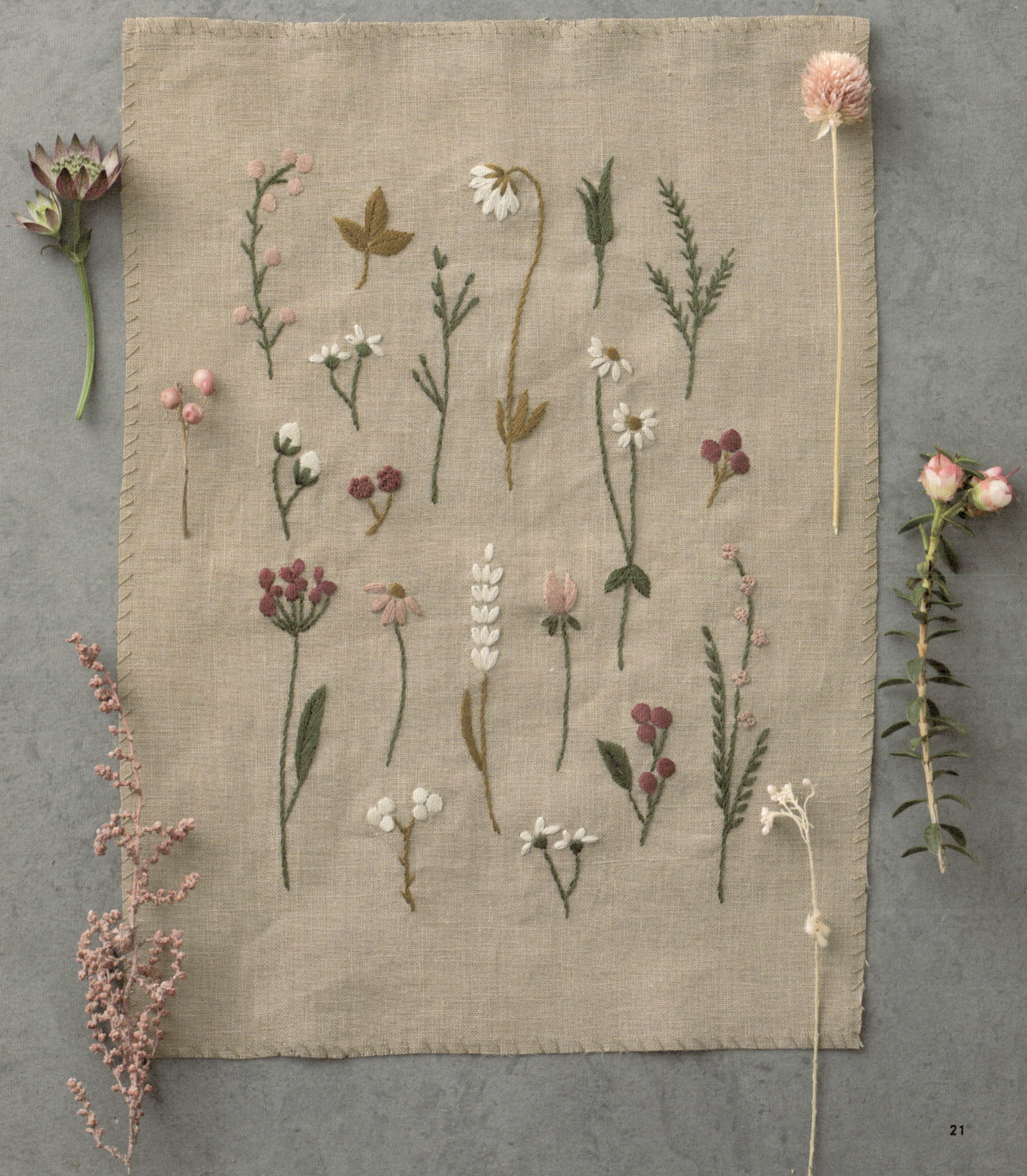

14

Streublümchen in Pastelltönen verleihen dieser Leinentasche verspielte Eleganz. Das Futter aus grünem Leinen betont die Farben der Stickerei und schafft einen aparten Kontrast.

Anleitung auf Seite 85

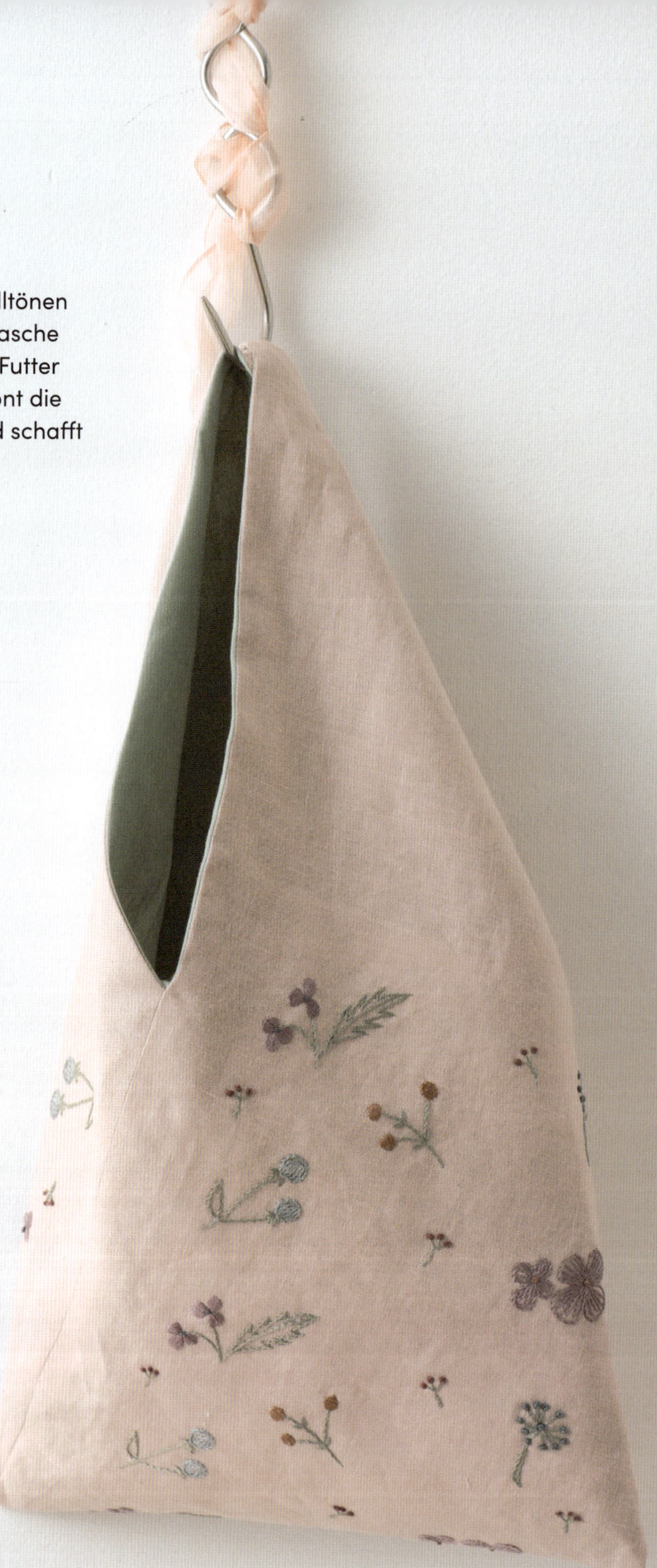

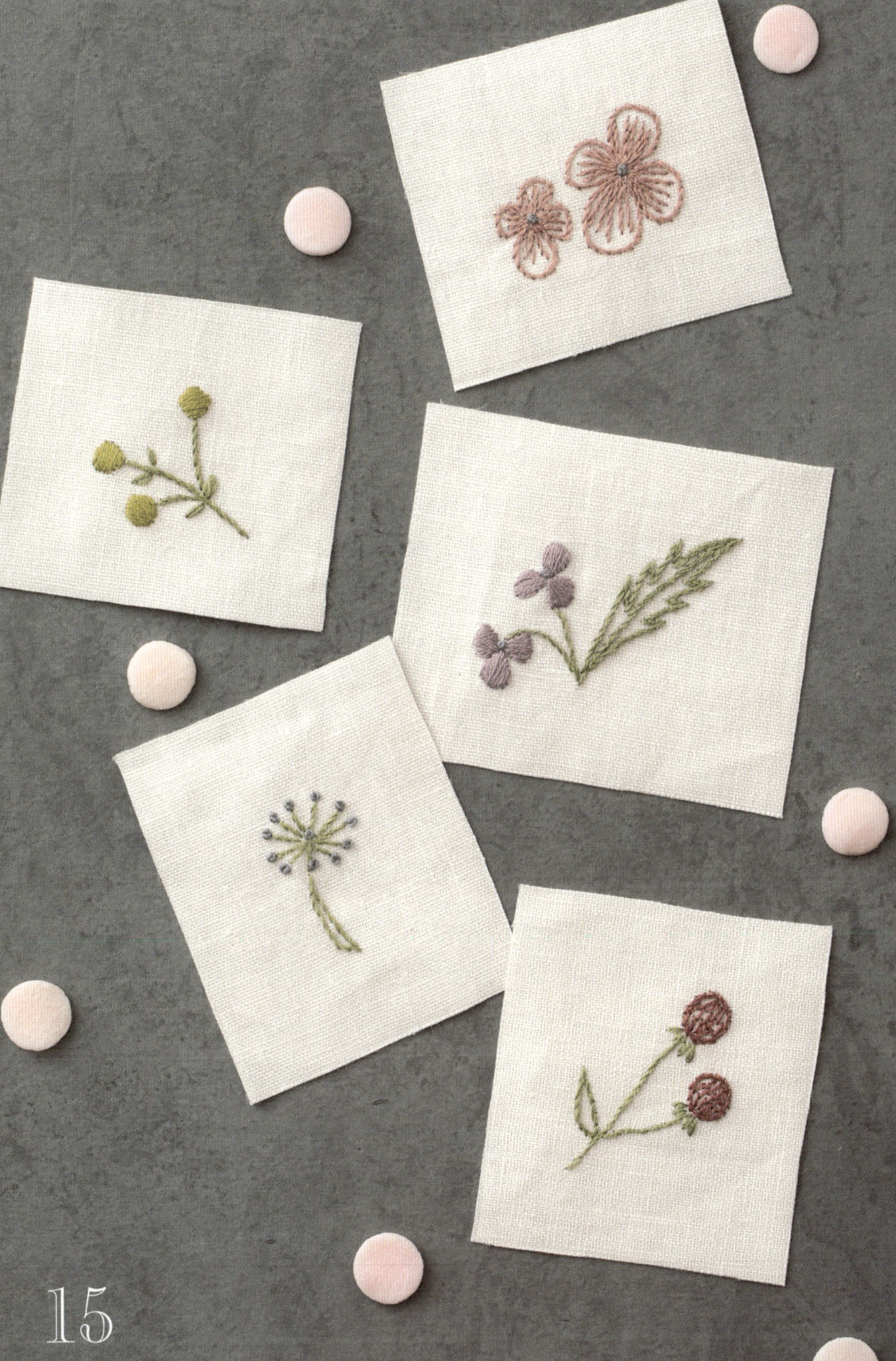

15

Sticken Sie die Blümchenmotive in unterschiedlichen Farben. Arrangieren Sie die Komposition neu, oder fertigen Sie viele kleine Stickbilder.

Stickmotive auf Seite 88

16

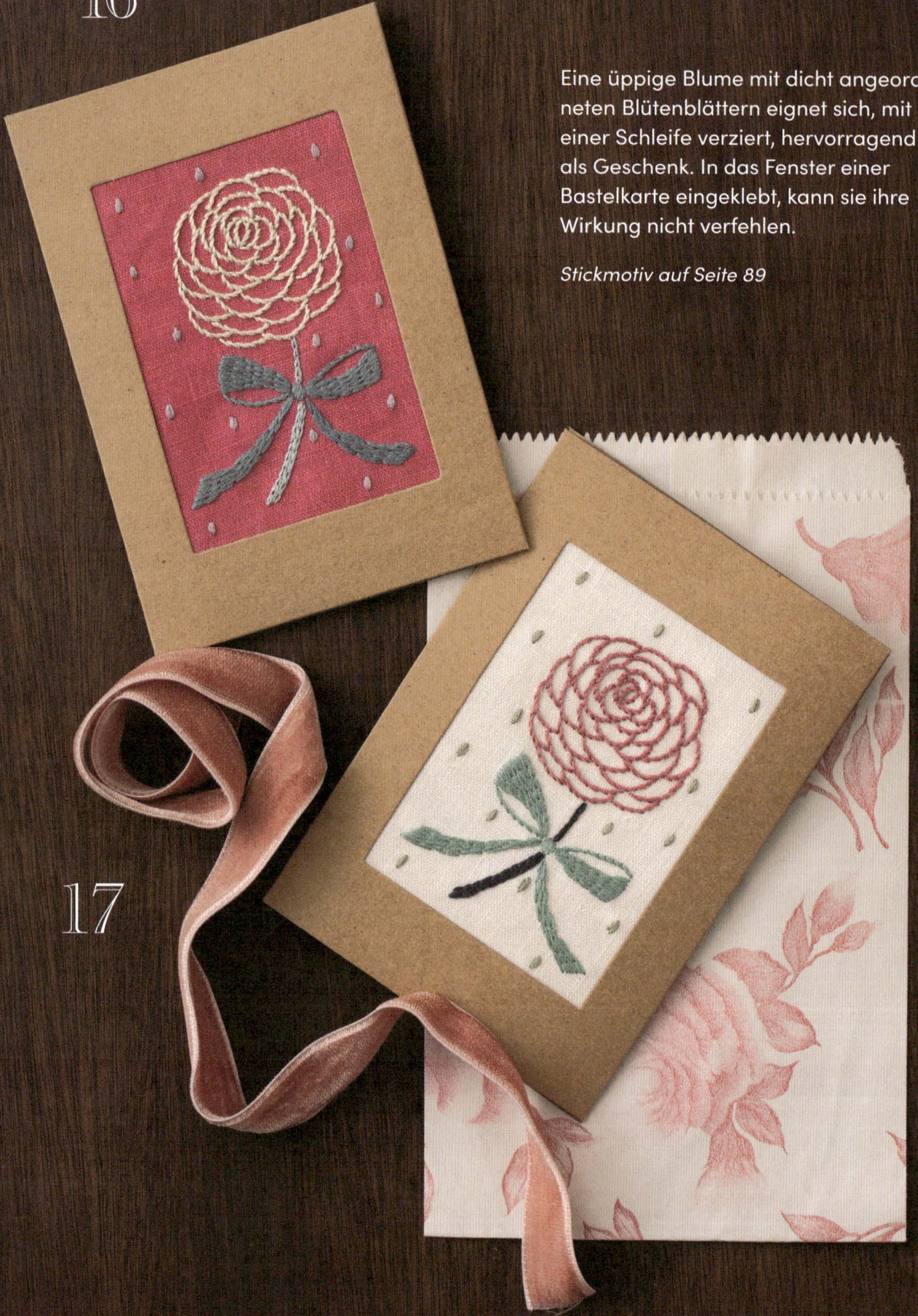

Eine üppige Blume mit dicht angeordneten Blütenblättern eignet sich, mit einer Schleife verziert, hervorragend als Geschenk. In das Fenster einer Bastelkarte eingeklebt, kann sie ihre Wirkung nicht verfehlen.

Stickmotiv auf Seite 89

17

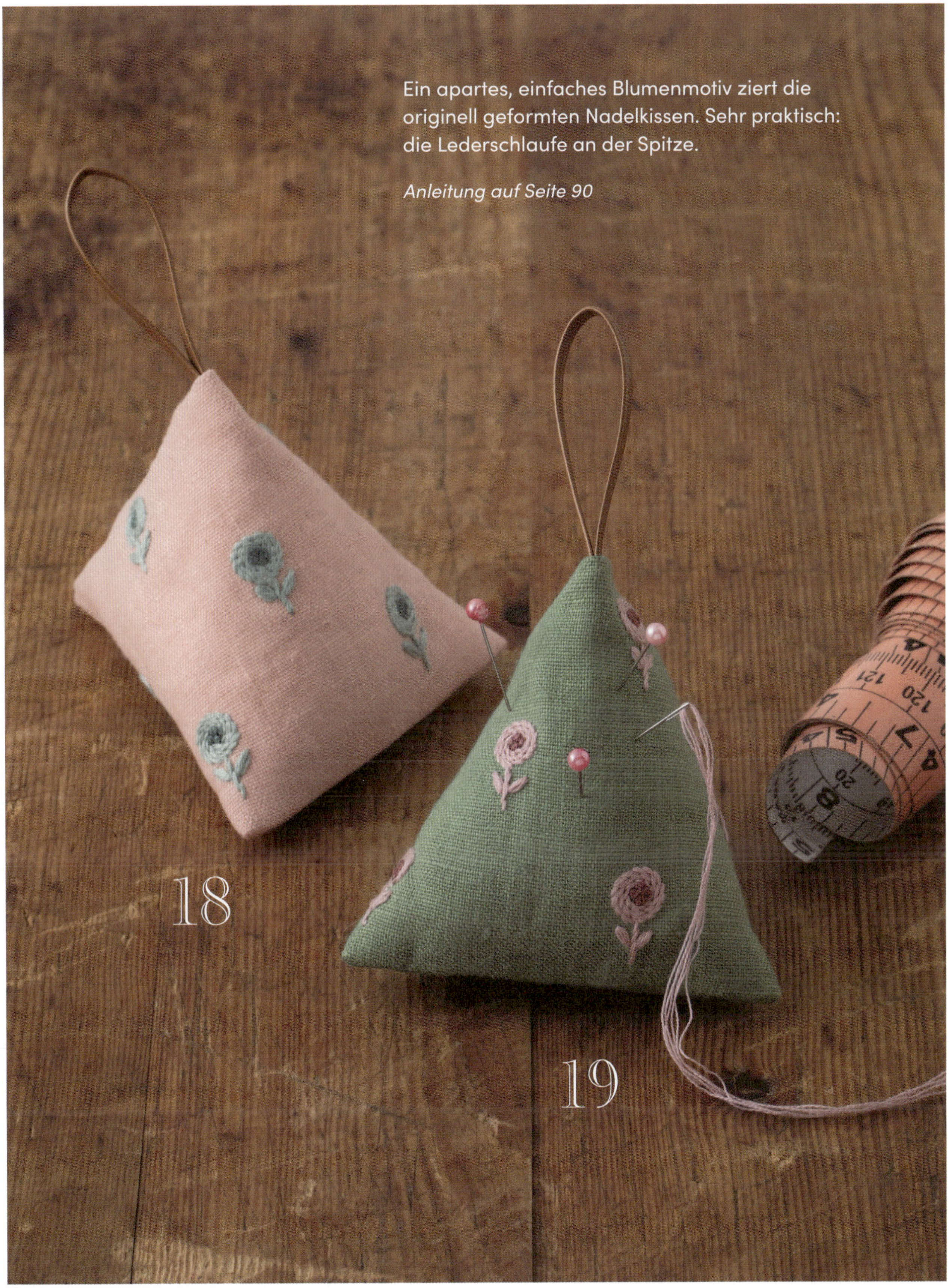

Ein apartes, einfaches Blumenmotiv ziert die originell geformten Nadelkissen. Sehr praktisch: die Lederschlaufe an der Spitze.

Anleitung auf Seite 90

20 Rosa Blüten und üppiges Grün, zu einem hübschen Kranz gewunden. Dieses Motiv passt perfekt in einen Stickrahmen mit 15 Zentimetern Durchmesser, in dem man das fertige Stickbild dann auch gleich an die Wand hängen kann.

Stickmotiv auf Seite 92

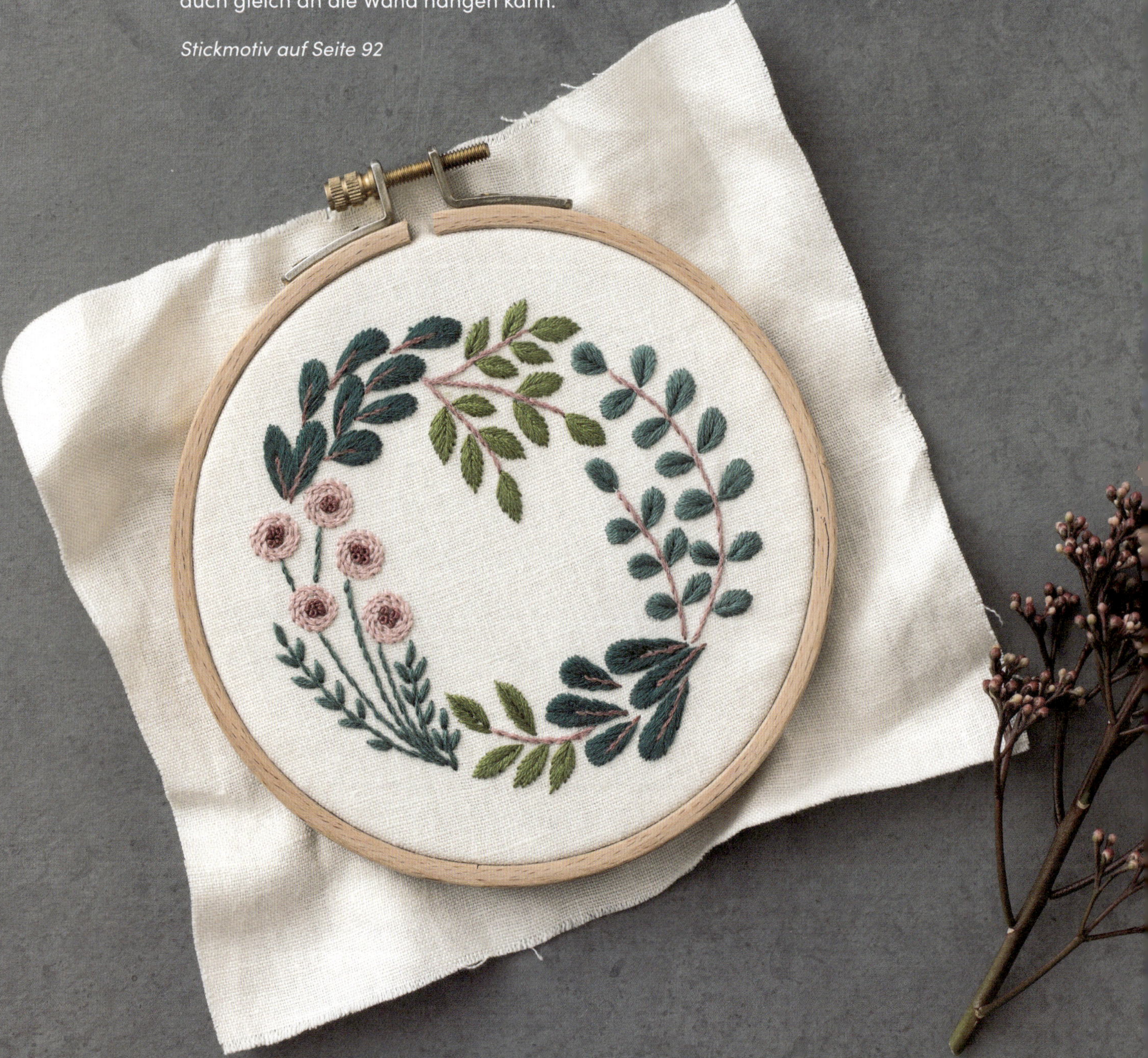

GRÜN

Weiches Gras unter den Füßen. Das Rauschen der Bäume im Sommerwind. Die Farbe Grün erinnert mich stets an frische und wohltuende Waldluft.

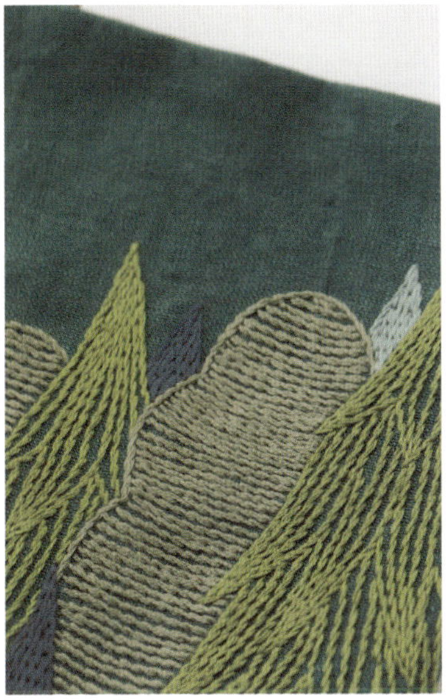

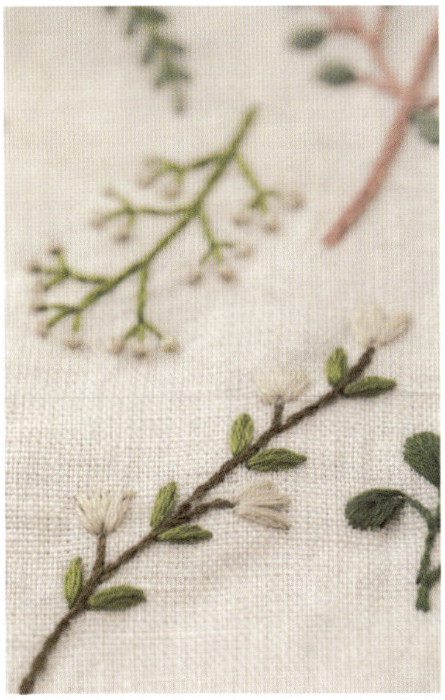
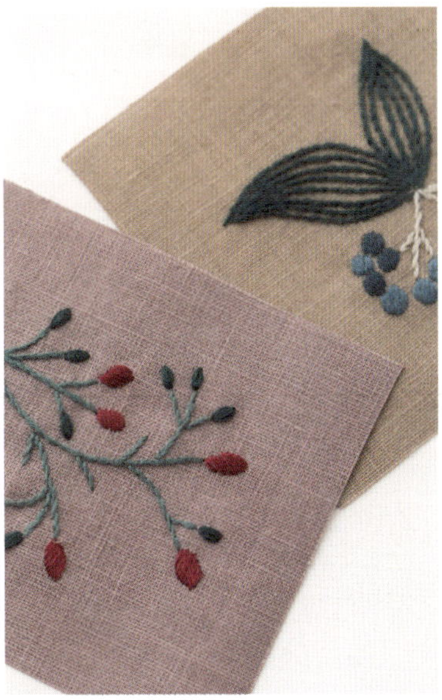
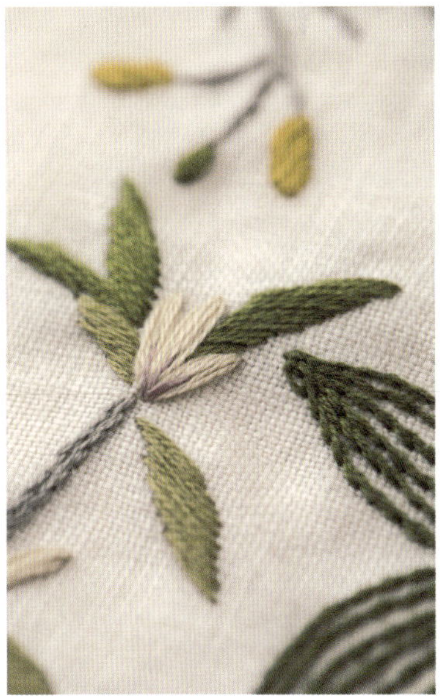

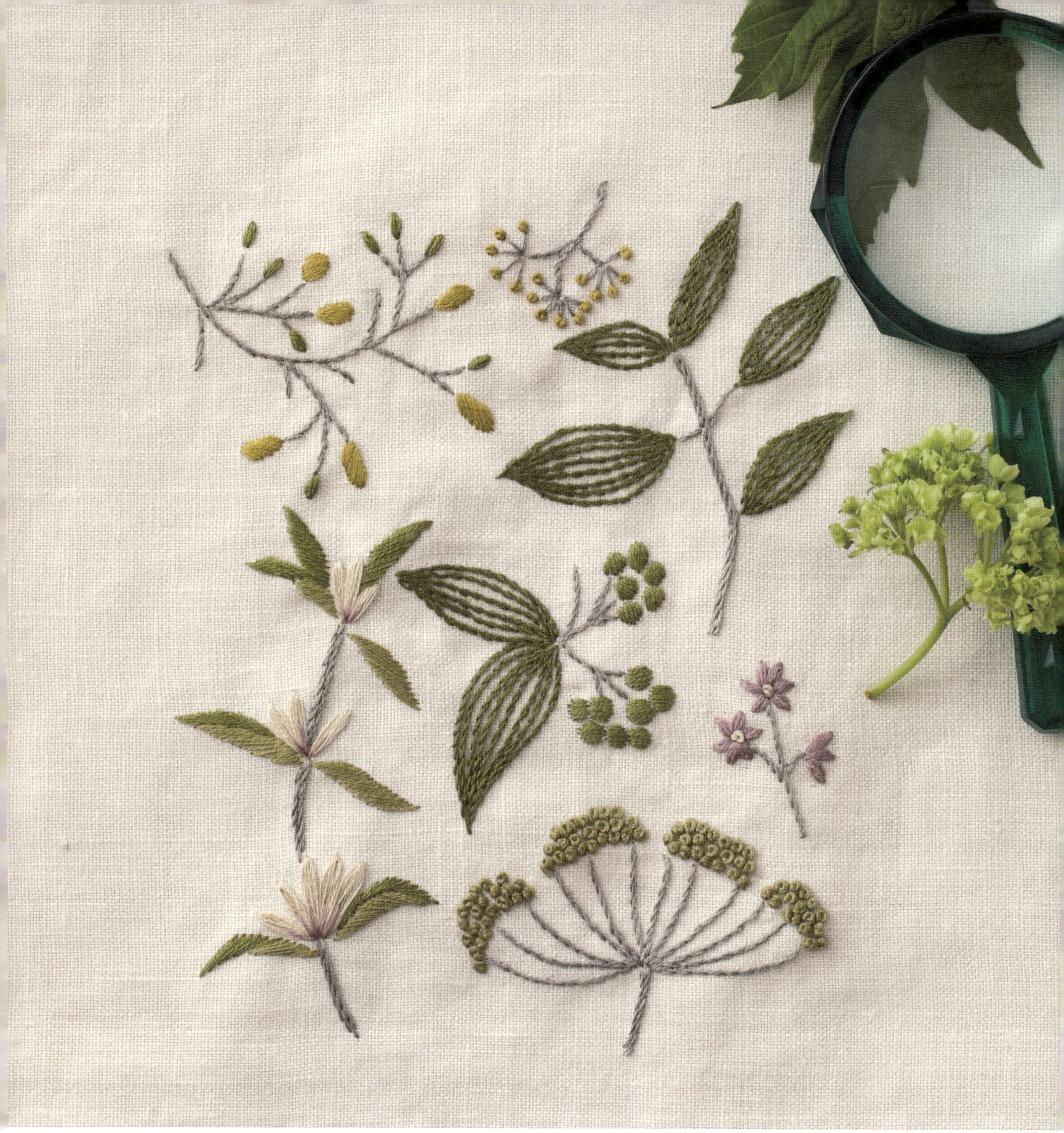

21

Zarte rosafarbene Linien am Kelch weißer Blüten, kleine feste Knospen und grün geäderte Blätter. Diese Details sind für mich so faszinierend, dass ich endlos Blumen sticken könnte.

Anleitung auf Seite 93

22

Andere Farben, andere Wirkung: hier noch einmal die Motive der gegenüberliegenden Seite, in satteren und leuchtenderen Farben.

Stixkmotive auf Seite 94

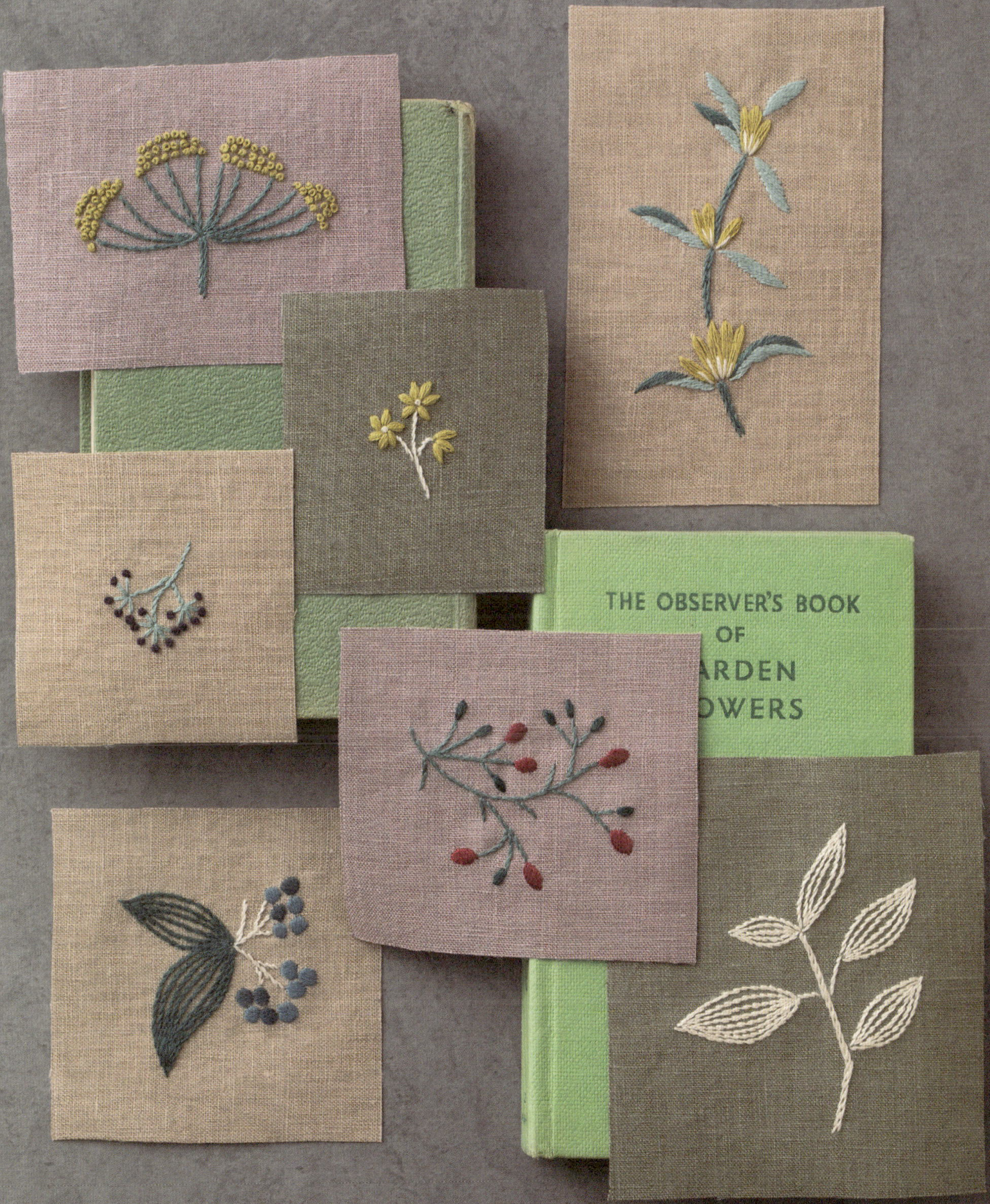

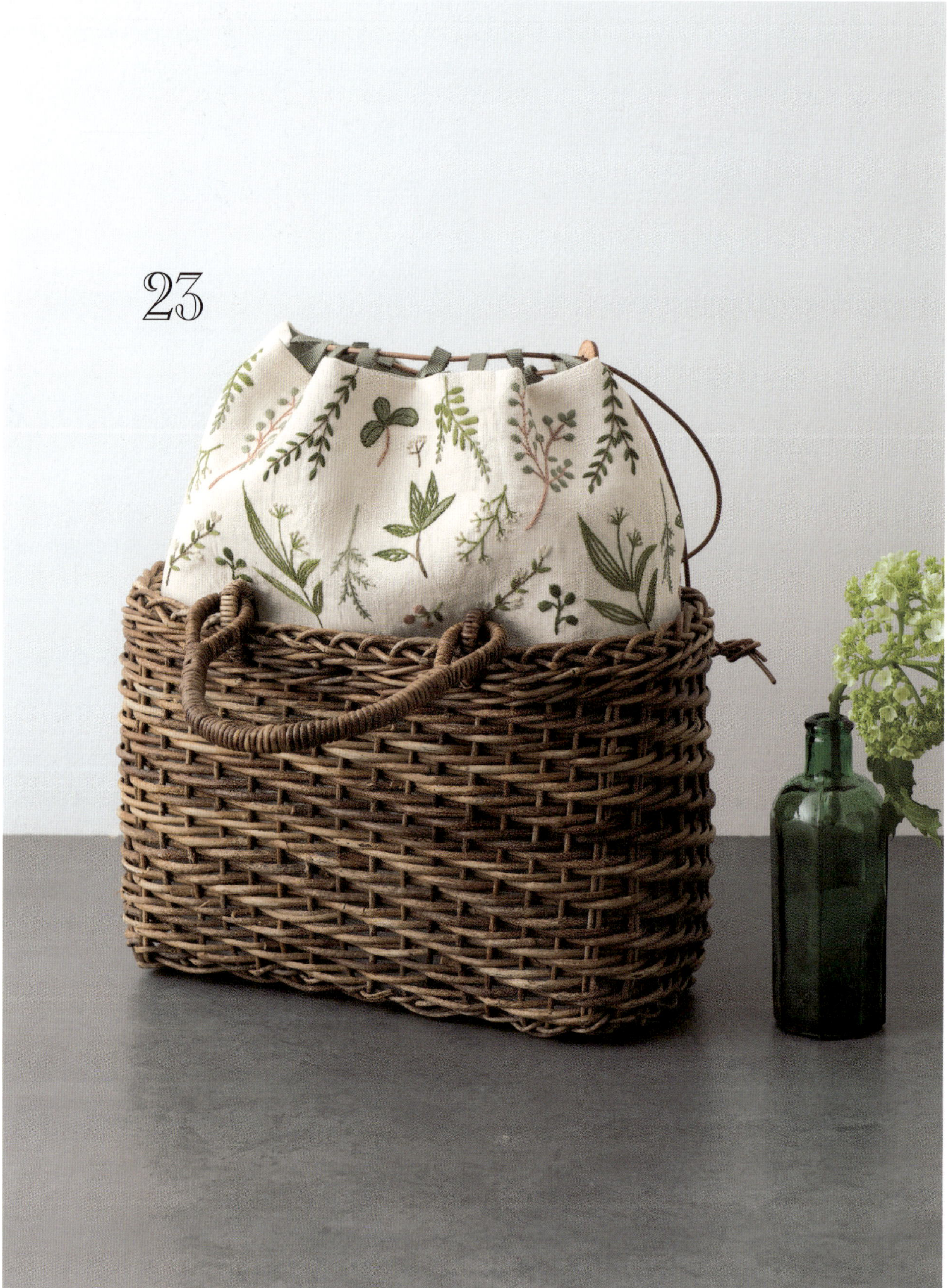

Dieser schöne Zugbeutel eignet sich perfekt für die Unterbringung von Handarbeitssachen – ob als Korbeinsatz oder auch solo. Die Stickereien wurden oben platziert, damit sie aus dem Korb herausragen. Stimmen Sie die Anzahl und Größe der Motive auf den jeweiligen Korb ab.

Anleitung auf Seite 95

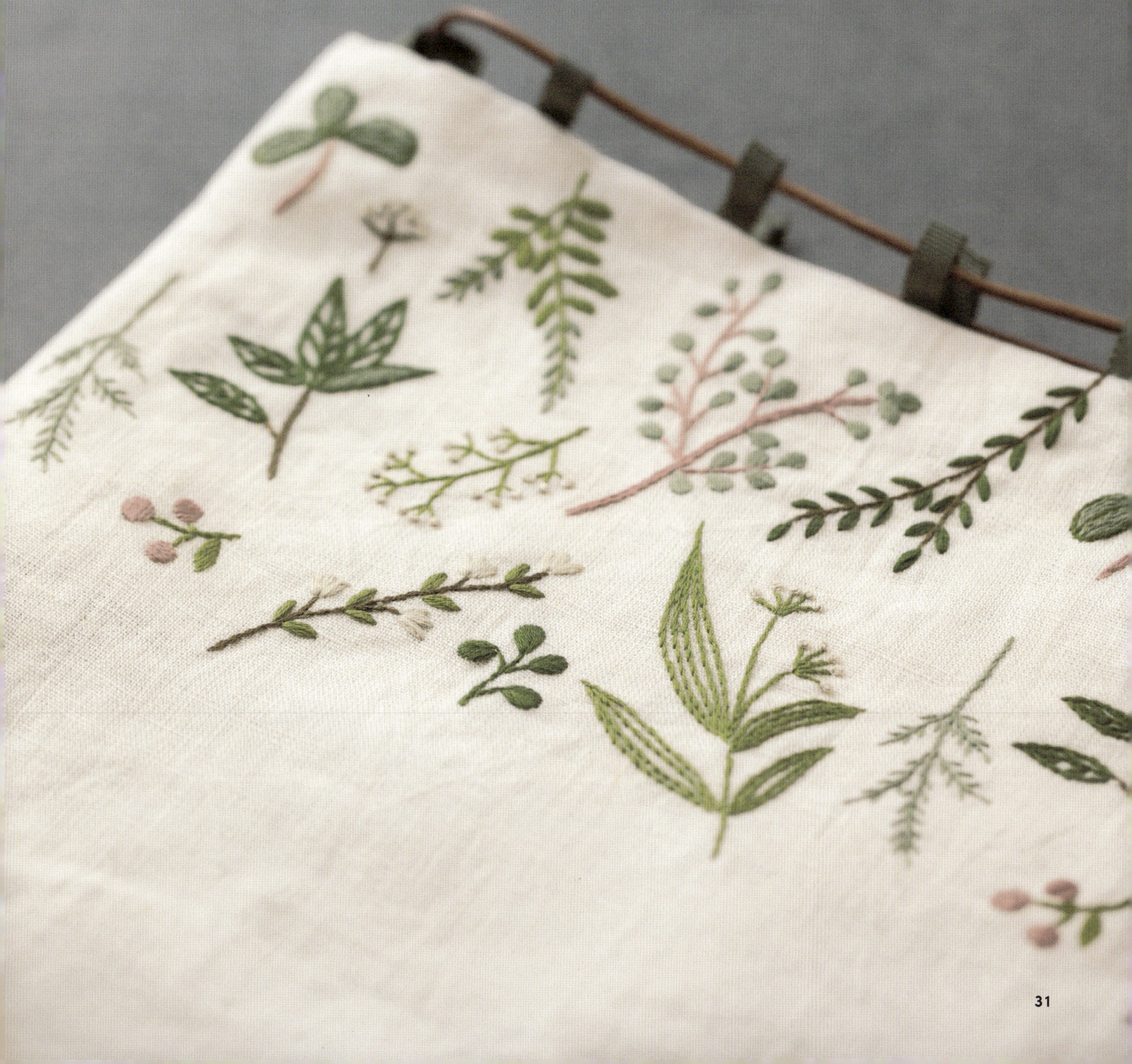

24

Beim Entwurf dieser Umhängetasche standen alle Grünnuancen des Waldes Pate. Die einzelnen Baumarten sind durch unterschiedliche Stiche dargestellt, wobei die wechselnden Stickrichtungen dem Motiv Ausdruck verleihen.

Anleitung auf Seite 98

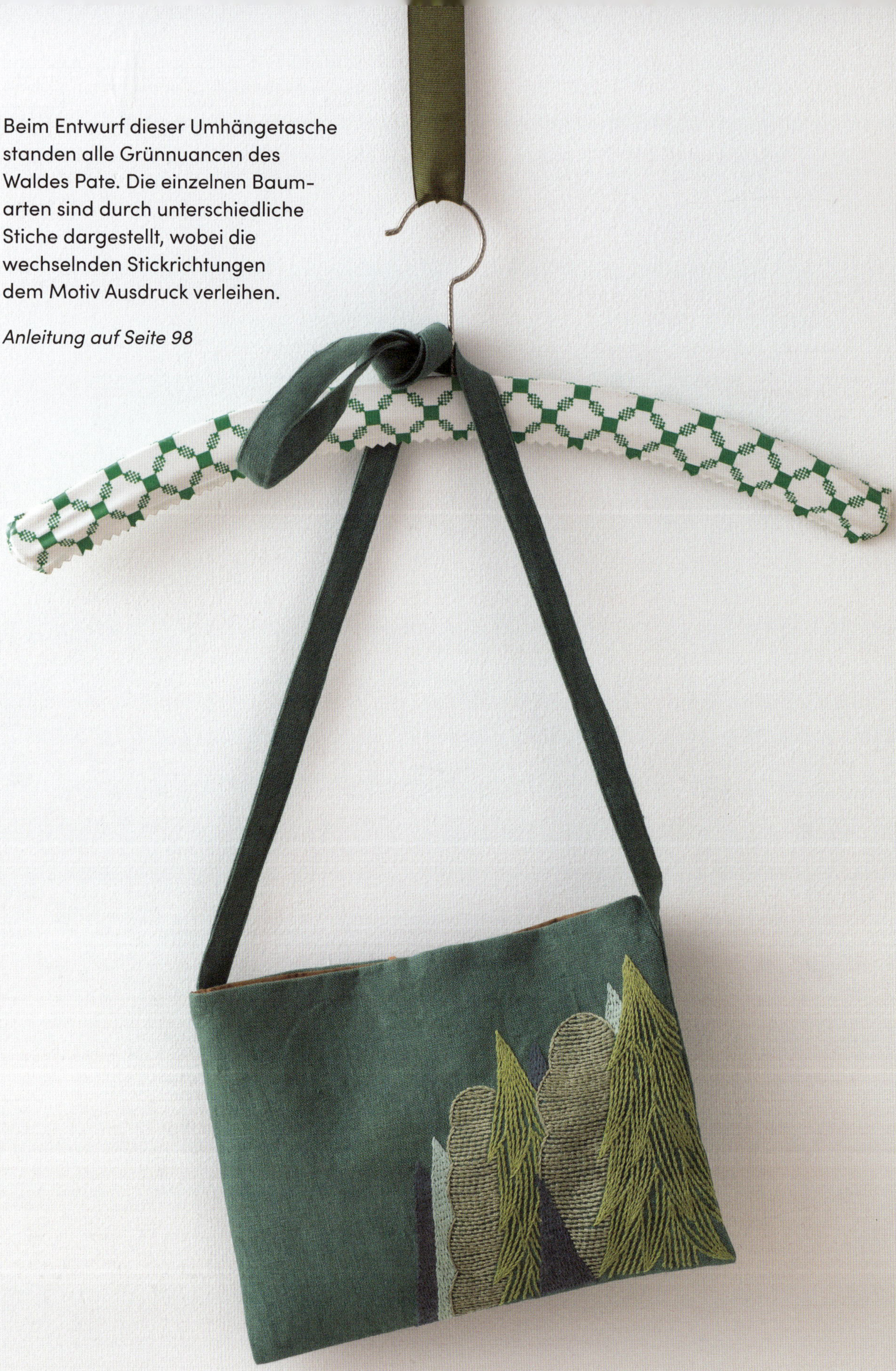

GELB

Saftige Zitronen. Sonnenschein.
Gelb beschert Glücksgefühle.

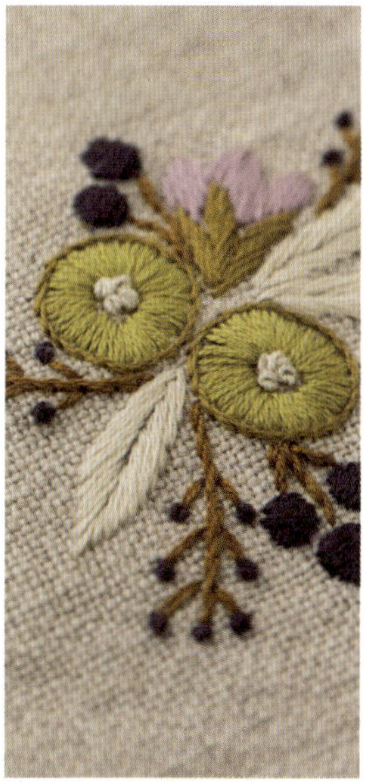
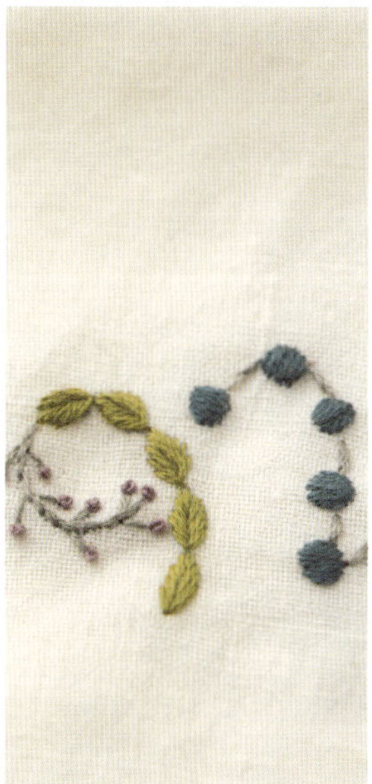
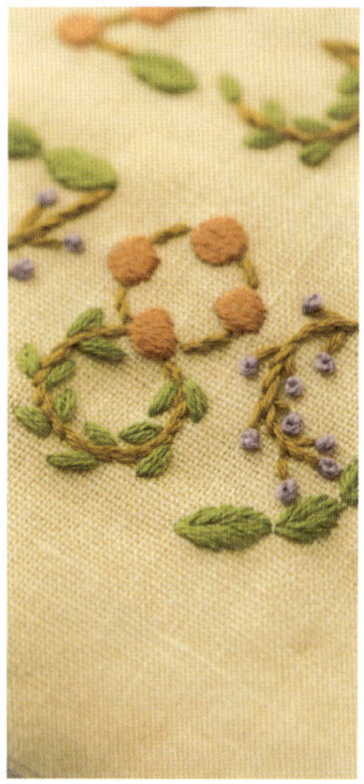
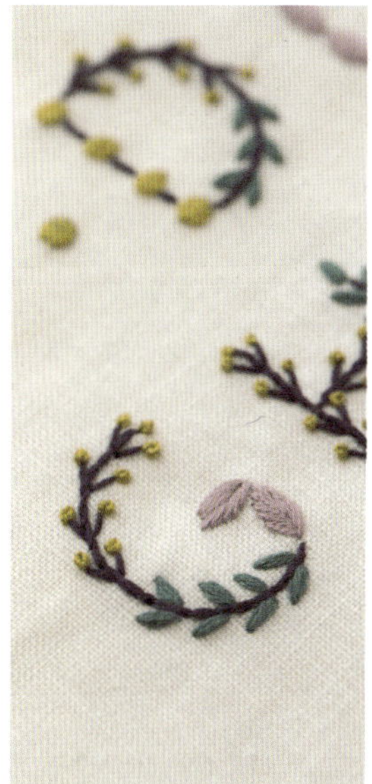
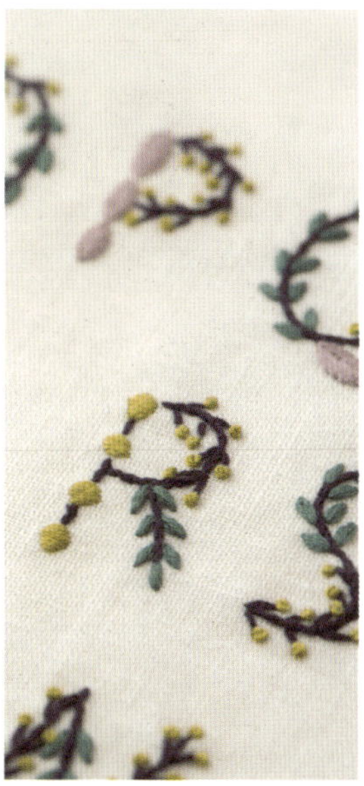

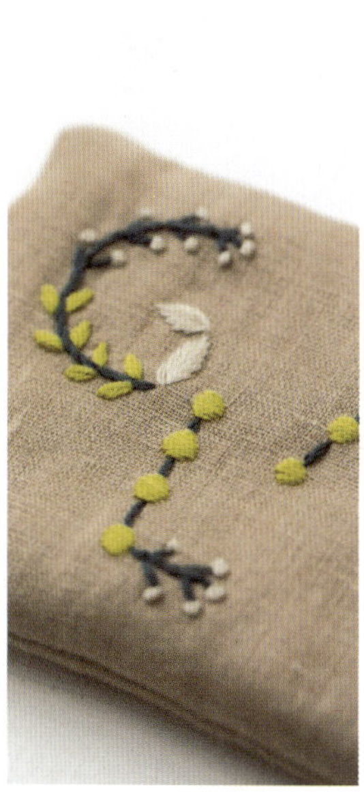
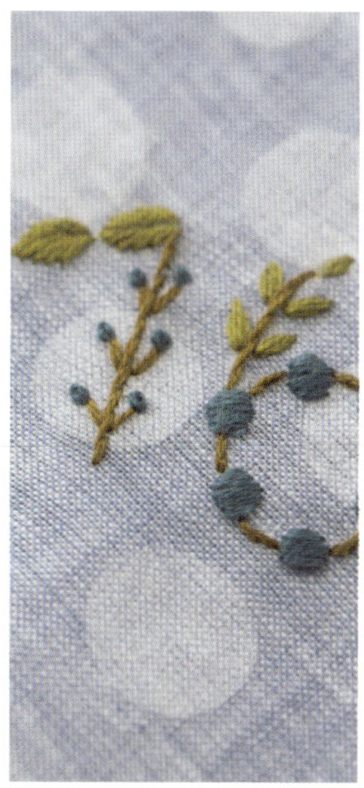

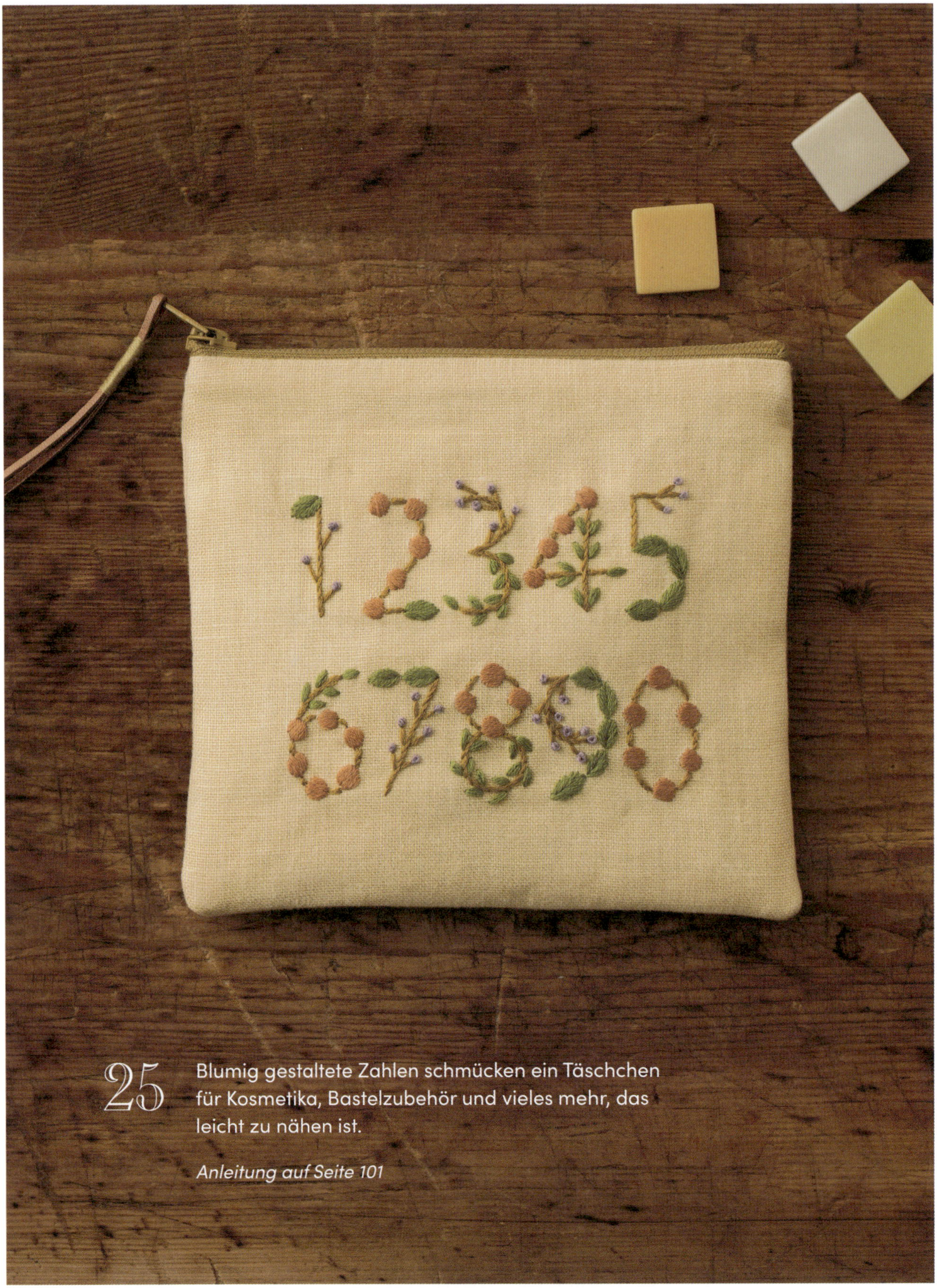

25 Blumig gestaltete Zahlen schmücken ein Täschchen für Kosmetika, Bastelzubehör und vieles mehr, das leicht zu nähen ist.

Anleitung auf Seite 101

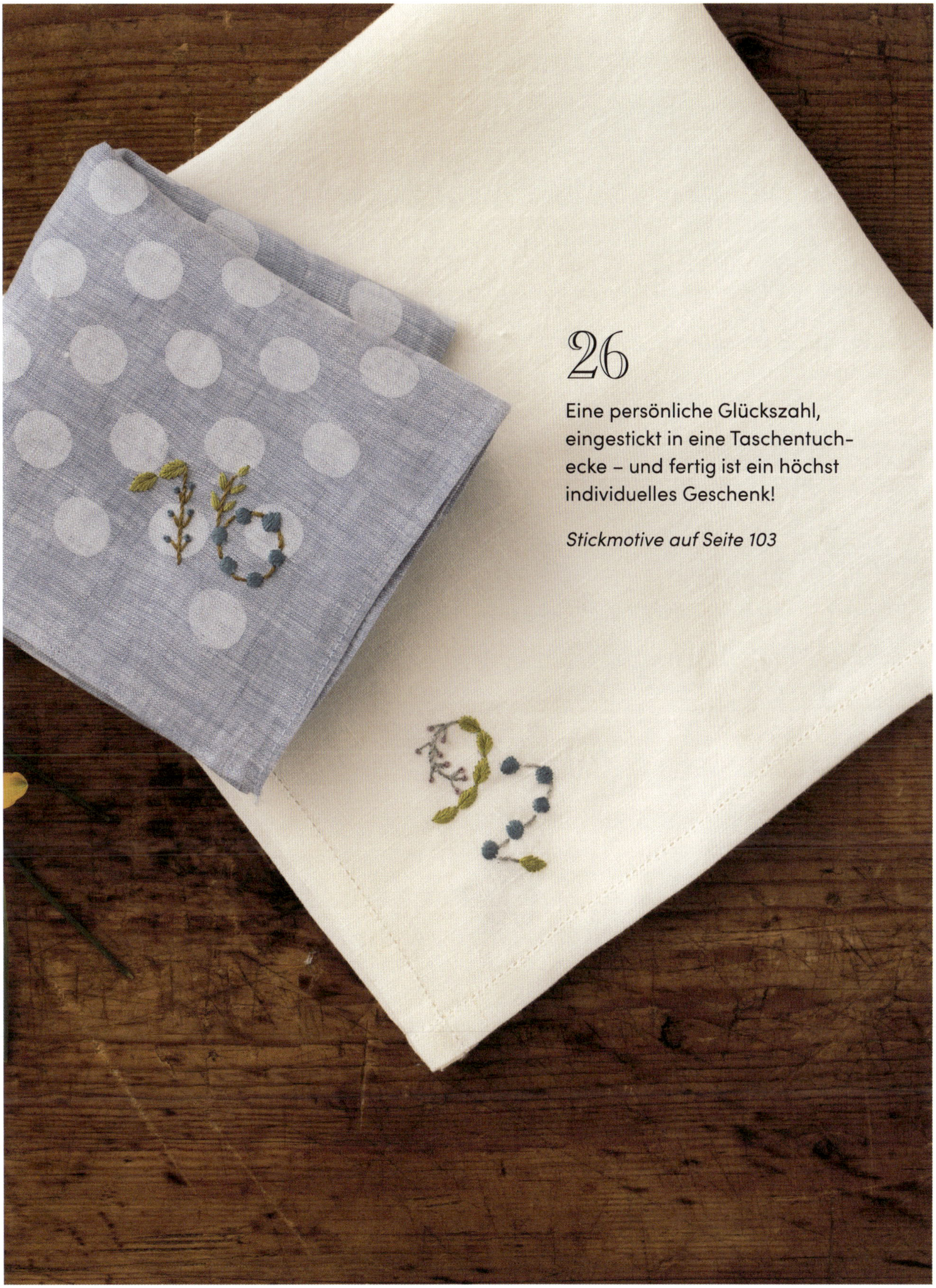

26

Eine persönliche Glückszahl, eingestickt in eine Taschentuchecke – und fertig ist ein höchst individuelles Geschenk!

Stickmotive auf Seite 103

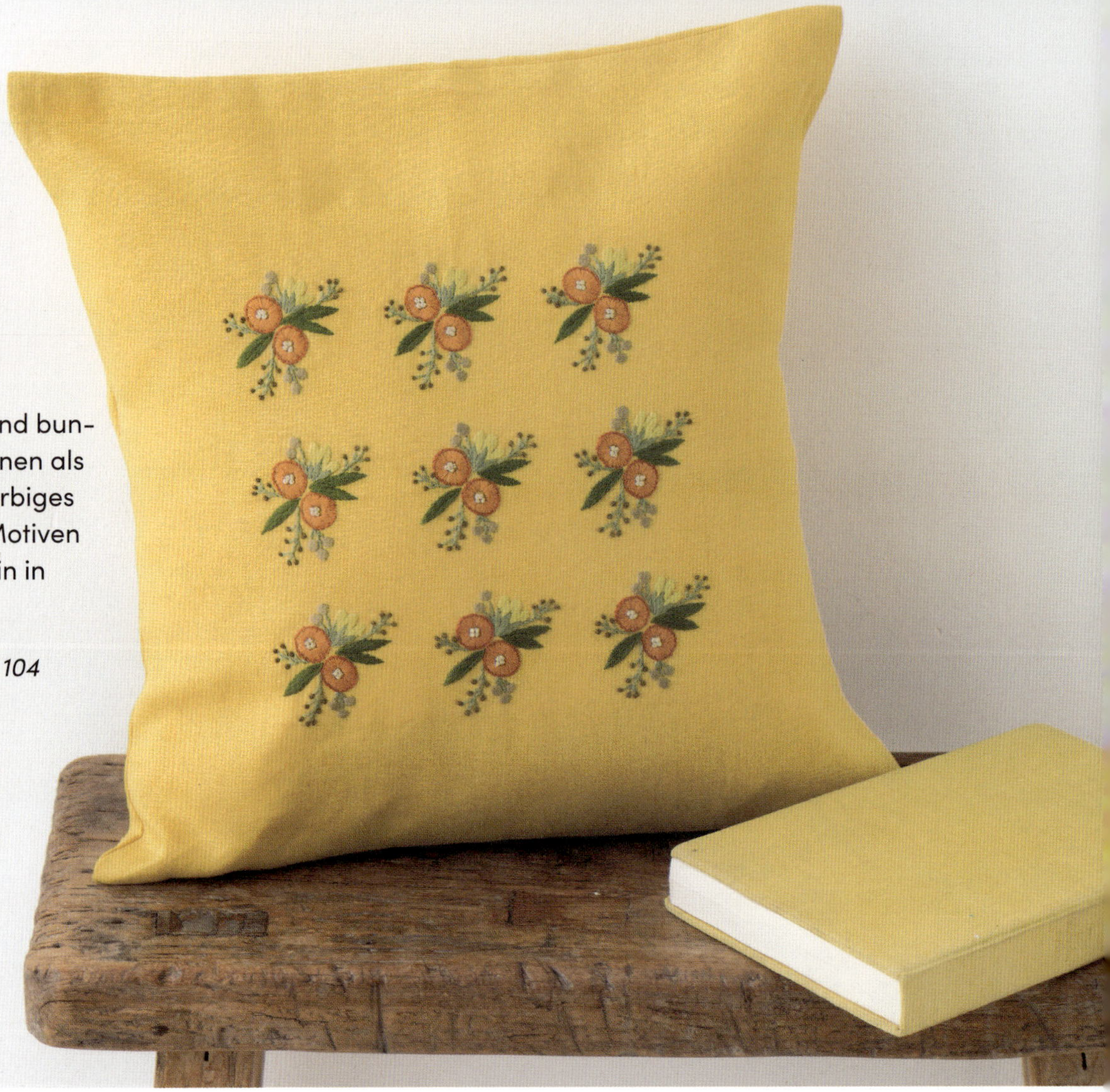

27

Reihen von leuchtend bunten Sträußchen dienen als Blickfang. Ein einfarbiges Kissen mit diesen Motiven bringt Sonnenschein in jeden Raum.

Stickmotiv auf Seite 104

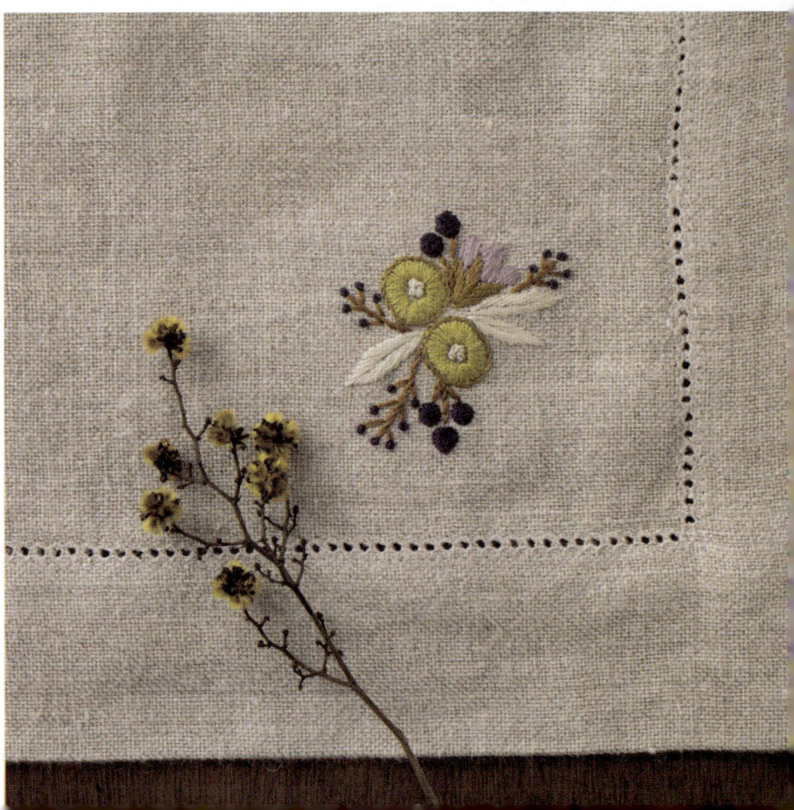

28

Ein einzelnes Sträußchen veredelt ein schlichtes Leinen-Set. In Rosa und Grün gestaltet, erzielt das Motiv eine ganz andere Wirkung als in der grün-orangefarbenen Version von oben.

Stickmotiv auf Seite 106

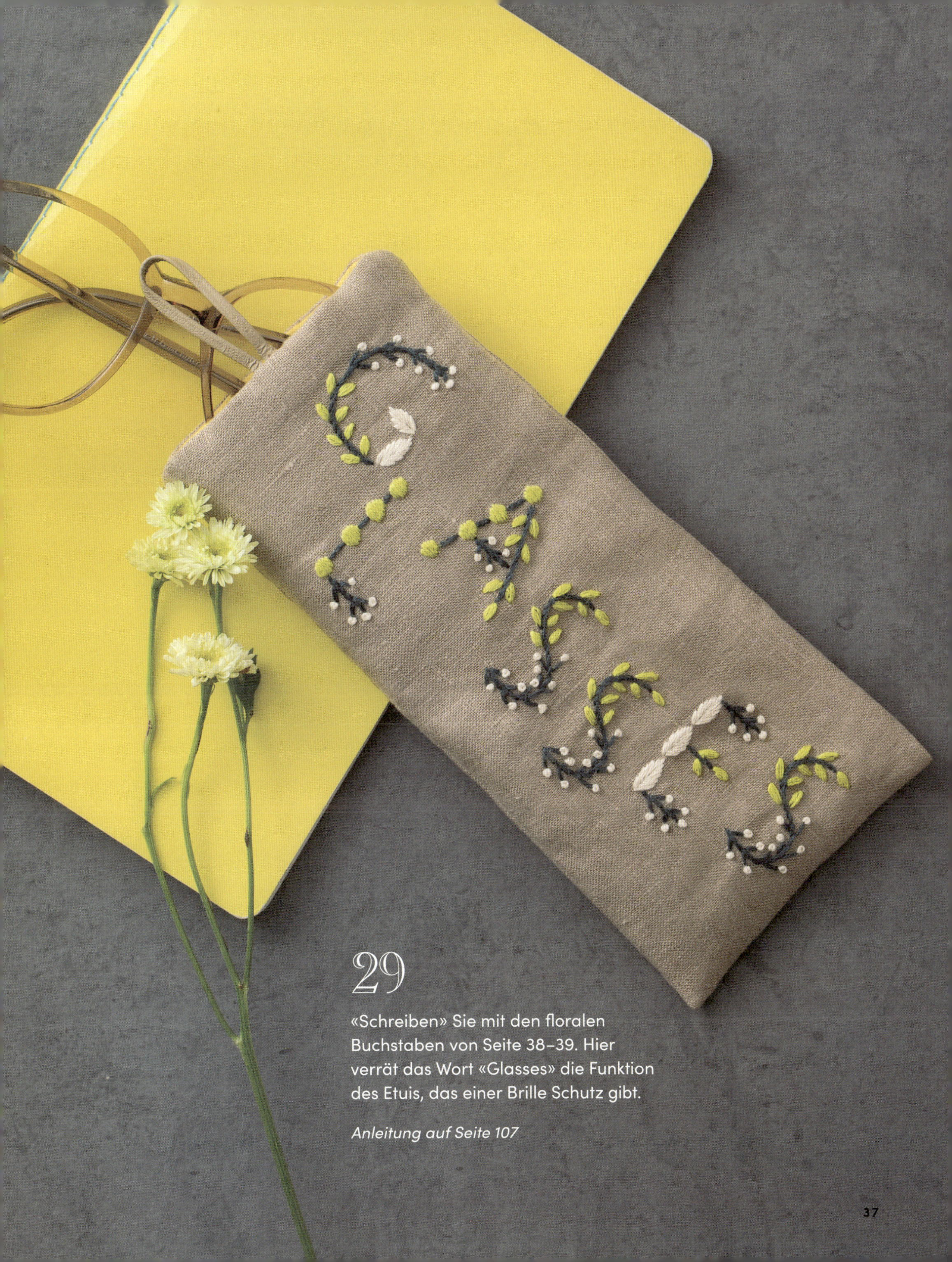

29

«Schreiben» Sie mit den floralen Buchstaben von Seite 38–39. Hier verrät das Wort «Glasses» die Funktion des Etuis, das einer Brille Schutz gibt.

Anleitung auf Seite 107

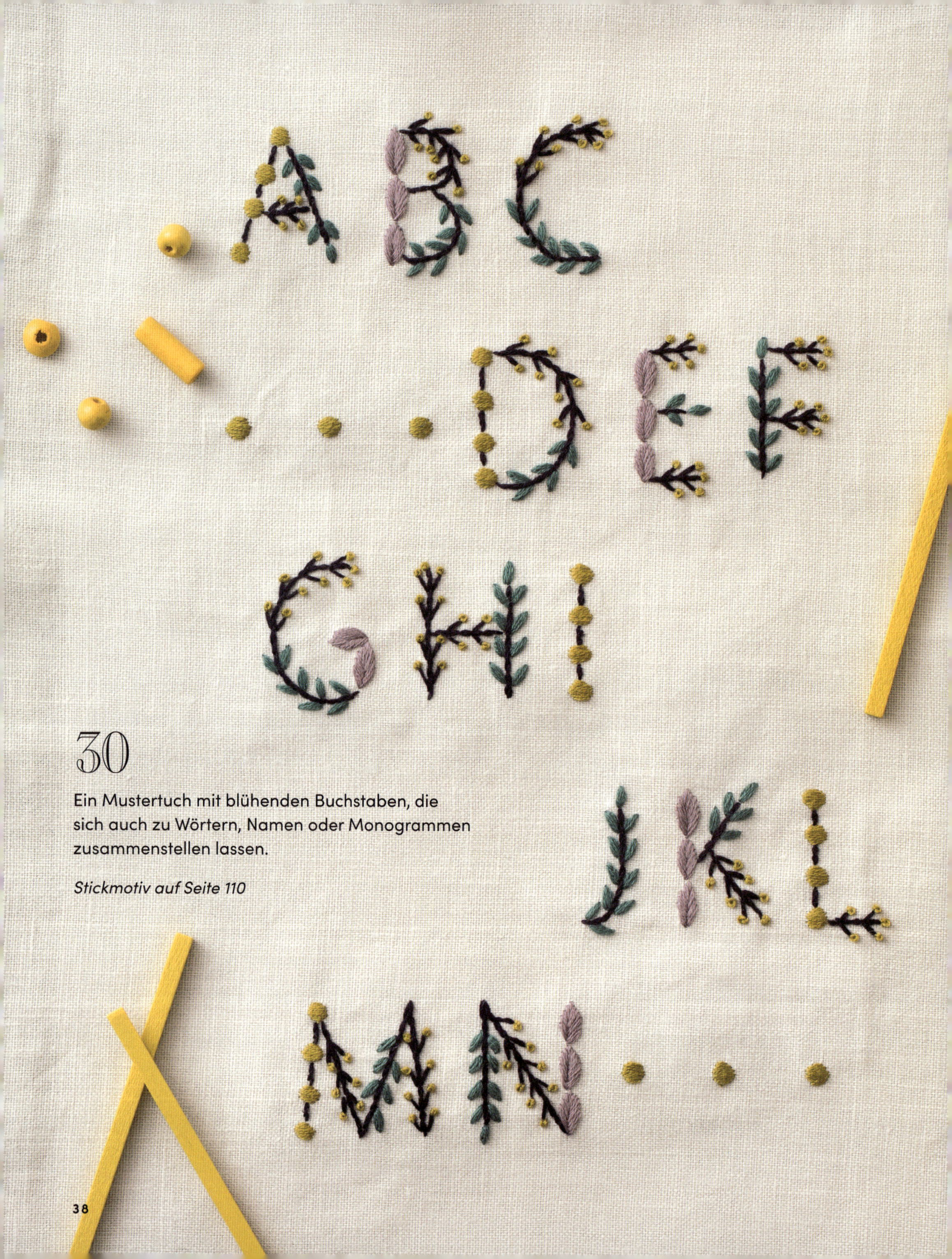

30

Ein Mustertuch mit blühenden Buchstaben, die sich auch zu Wörtern, Namen oder Monogrammen zusammenstellen lassen.

Stickmotiv auf Seite 110

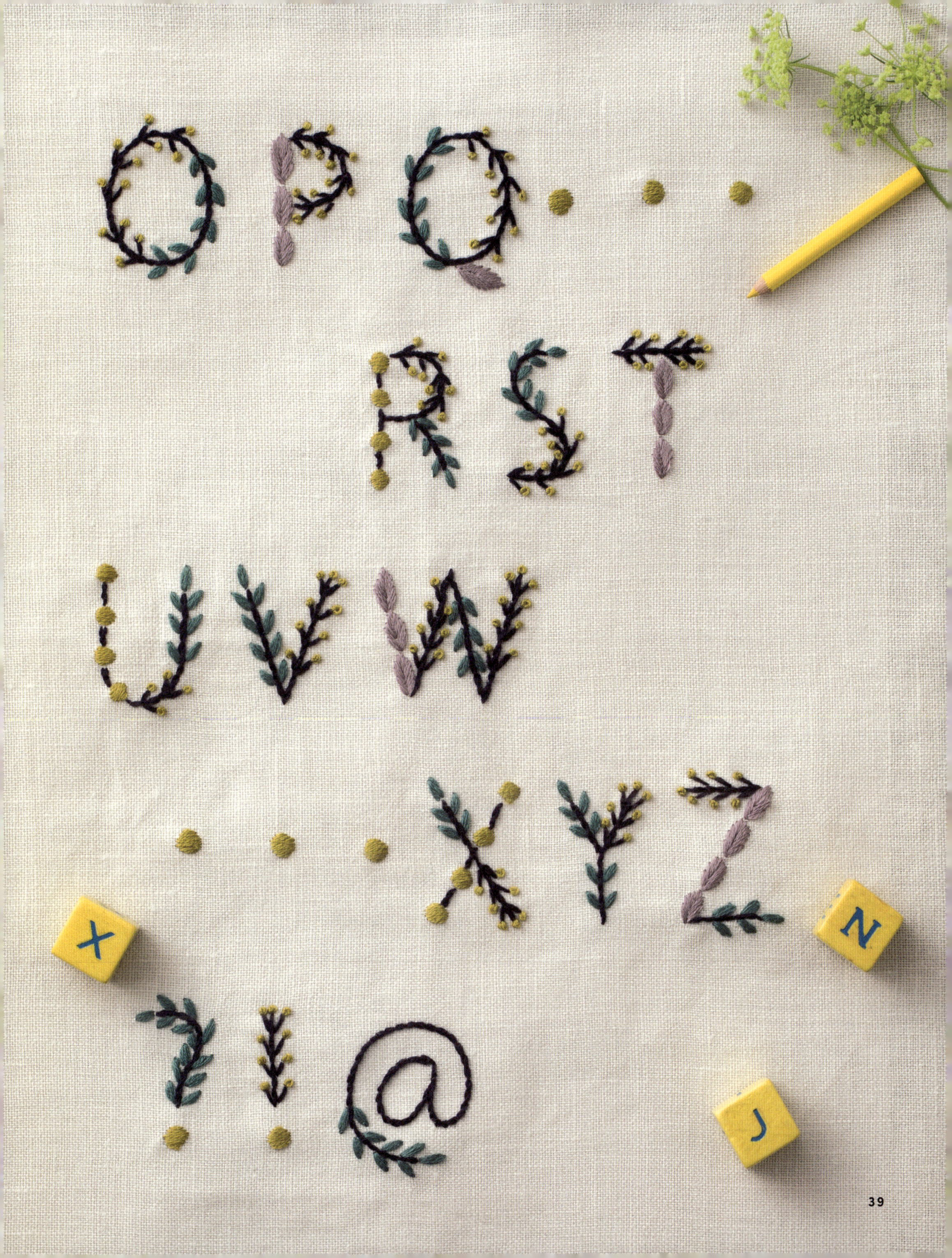
OPQ...
RST
UVW
...XYZ
?!@
X
N
J

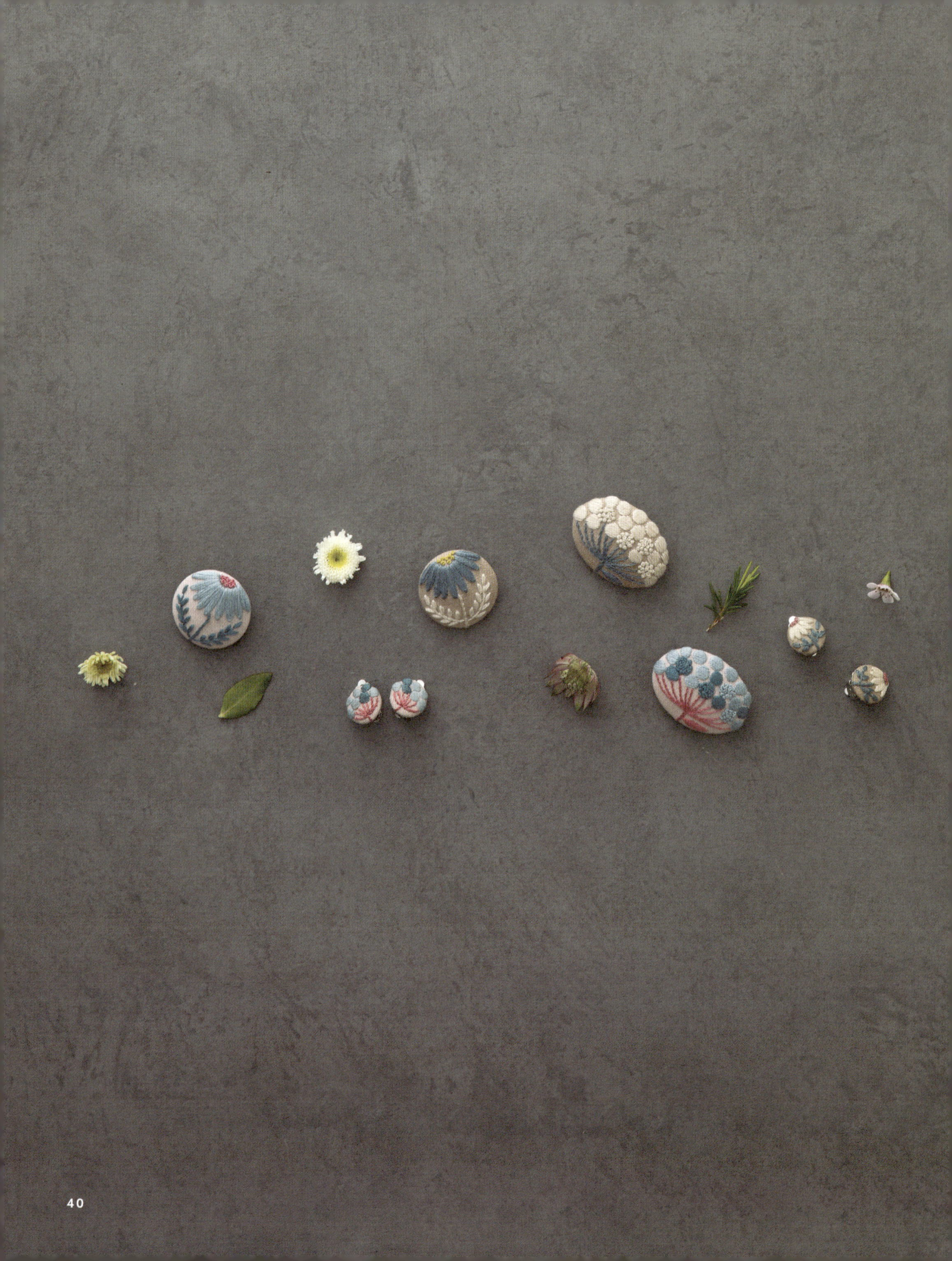

BEVOR SIE BEGINNEN

Farbe ist eines der wichtigsten Elemente beim Sticken. Wenn ich ein Projekt plane, suche ich, sobald der Entwurf fertig ist, zuerst den Stoff aus und lege dann die infrage kommenden Stickgarne darauf, um zu sehen, was womit zusammenpasst. Auch wenn es anfangs schwierig erscheint, aus der Vielzahl der Nuancen den richtigen Farbton auszuwählen, kombiniere ich unerschrocken immer weiter, sortiere eine Farbe aus und lege dafür eine neue zu den anderen, wechsle hier einen Rosaton aus und versuche es dort mit einer anderen Grünnuance, bis ich dieses besondere Gefühl habe, das ich nur schwer beschreiben kann: Mir ist dann, als seien die soeben ausgewählten Farben von Anfang an für dieses spezielle Stickmotiv bestimmt gewesen.

Am Sticken gefällt mir besonders gut, dass ein- und dasselbe Motiv, in einem anderen Farbschema umgesetzt, ganz unterschiedlich wirken kann. Falls Sie Stickanfänger/-in sind, sollten Sie die vorgestellten Motive in den vorgeschlagenen Farben nacharbeiten, bis Sie sich sicher genug fühlen, um eigene Kompositionen auszuprobieren. Ich hoffe, Ihnen macht die Auswahl der Farben ebenso viel Spaß wie das Sticken dieser schönen botanischen Motive.

MATERIAL UND ZUBEHÖR

In diesem Abschnitt werden die Materialien und Hilfsmittel vorgestellt, mit denen die im Buch vorgestellten Projekte umgesetzt wurden.

① Bügeleinlage

Bügeln Sie auf die linke Stoffseite des Leinens Einlage auf, damit es sich später beim Sticken nicht verzieht. Nur wenn die Rückseite des Stickteils später sichtbar bleibt, wie bei einer Schürze oder einem Taschentuch, wird auf die Einlage verzichtet. Für die Projekte in diesem Buch eignet sich dünne Gewebeeinlage zum Aufbügeln. **Anmerkung:** Bügeln Sie die Einlage bereits vor dem Übertragen des Motivs auf die linke Stoffseite auf, damit nicht versehentlich Linien verwischt oder gelöscht werden.

② Scheren

Sie benötigen für das Zuschneiden des Leinens eine gute, scharfe Stoffschere, sowie eine Faden- oder Stickschere zum Abschneiden des Stickgarns. Sinnvoll ist auch eine robuste Heimwerkerschere zum Zuschneiden von Leder, Filz und anderen dickeren Materialien.

③ Lineal

Das Lineal brauchen Sie, um gerade Linien auf den Stoff aufzuzeichnen, oder um Motive und Vorlagen auszumessen.

④ Stickrahmen

Für die meisten Projekte in diesem Buch eignet sich ein Stickrahmen mit 10 cm Durchmesser. Am besten umwickeln Sie den inneren Reif mit Schrägband, damit der Stoff beim Sticken straff gespannt bleibt.

⑤ Sticknadeln, Einfädler und Stecknadeln

Verwenden Sie Sticknadeln mit scharfer Spitze (auf Seite 44 finden Sie weitere Informationen dazu). Ein Einfädler erleichtert das Schieben des Stickgarns durch das Nadelöhr. Beim Übertragen des Motivs auf den Stoff und beim Nähen der Projekte sind Stecknadeln praktische Helfer.

⑥ Transparentpapier, Zellophanfolie und Schneiderkopierpapier

Pausen Sie das Motiv aus dem Buch auf Transparentpapier ab. Mit Schneiderkopierpapier und der Folie übertragen Sie das Motiv dann auf den Stoff (siehe Anleitung auf Seite 48).

⑦ Bleistift und Prägestift

Übertragen Sie das Motiv zuerst mit einem spitzen Bleistift auf das Transparentpapier, und die Konturen anschließend mit dem Prägestift auf das Leinen (siehe Anleitung Seite 48). Anstatt des Prägestifts können Sie auch einen Kugelschreiber mit leerer Mine verwenden.

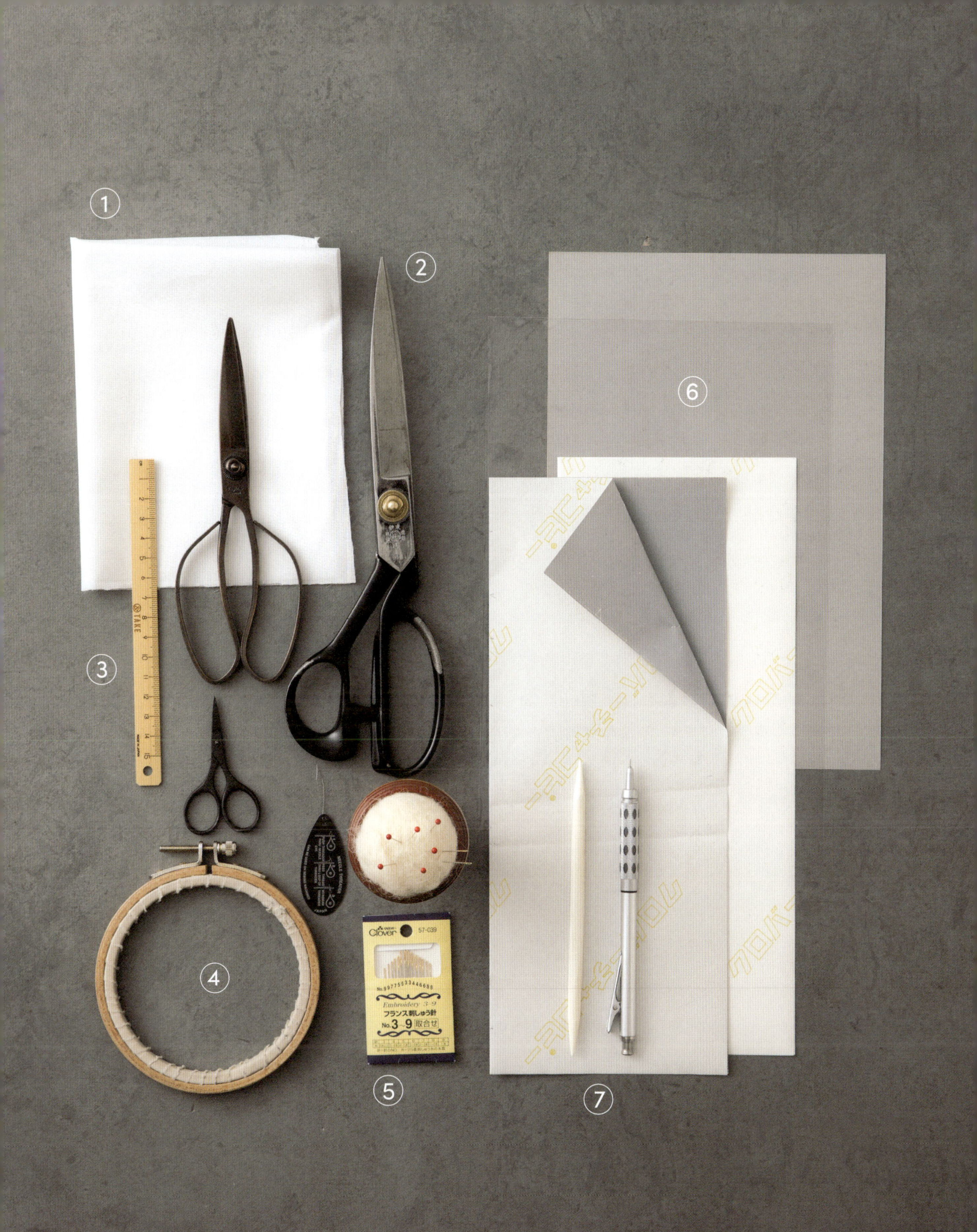
1
2
3
4
5
6
7
Clover
57-039
Embroidery 3-9
フランス刺しゅう針
No.3~9 取合せ

Nadeln

Die Projekte in diesem Buch wurden mit französischen Sticknadeln gestickt. Diese besonderen Nadeln besitzen eine sehr scharfe Spitze sowie ein breites Öhr, das das Einfädeln erleichtert. Sie sind in verschiedenen Größen erhältlich. Stimmen Sie sie auf die Dicke des Stoffs und die Stärke des ausgewählten Stickgarns ab.

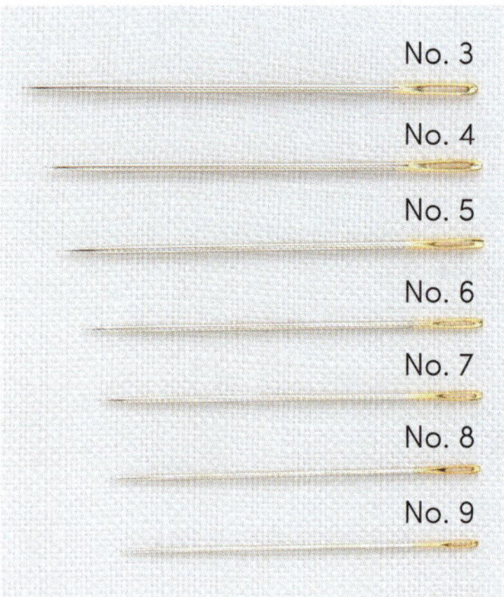

Die auf dem Foto gezeigten und unten aufgelisteten Nadeln sind Sticknadeln der Firma Clover Gold Eye. Je nach Hersteller können Nadelnummern und -stärken unterschiedlich ausfallen. Das Foto zeigt die Nadeln in Originalgröße.

Die Tabelle zeigt an, welche Nadelgröße sich für welche Fadenanzahl des Garns No. 25 eignet:

Nadelgröße	**Stickgarn No. 25 Anzahl der Fäden**
No. 3	6-fädig oder stärker
No. 4	5–6-fädig
No. 5	4–5-fädig
No. 6	3–4-fädig
No. 7	2–3-fädig
No. 8	1–2-fädig
No. 9	1-fädig

Stickgarn

Die Projekte in diesem Buch wurden mit Stickgarn No. 25 gestickt. Dies ist die gebräuchlichste Garnstärke, die in einer großen Auswahl an Farben erhältlich ist. Sie besteht aus sechs leicht voneinander zu trennenden Fäden. Je mehr Fäden man verwendet, desto dicker wird der Stich.
Für alle hier gezeigten Stickereien wurde Garn der Marke Olympus verwendet. Auf Seite 60 finden Sie eine Tabelle mit Farbalternativen für Garn der Marke DMC.

Stickleinen

Alle in diesem Buch vorgestellten Projekte wurden auf Leinen gestickt, das in unterschiedlichen Gewichten erhältlich ist.
Für die meisten Stickereien, wie jene mit rosa und ockerfarbenem Hintergrund von Seite 45, wurde leichtes Leinen verwendet. Einige Taschenprojekte (4, 23 und 24) wurden aus gröberem und robusterem Leinen gearbeitet, wie die Stickereien auf blaubeerfarbenem und salbeigrünem Stoff von Seite 45. Wählen Sie Farbe und Stärke des Stoffs passend zum geplanten Verwendungszweck aus. Waschen Sie alle Stoffe vor dem Besticken (siehe Seite 47).

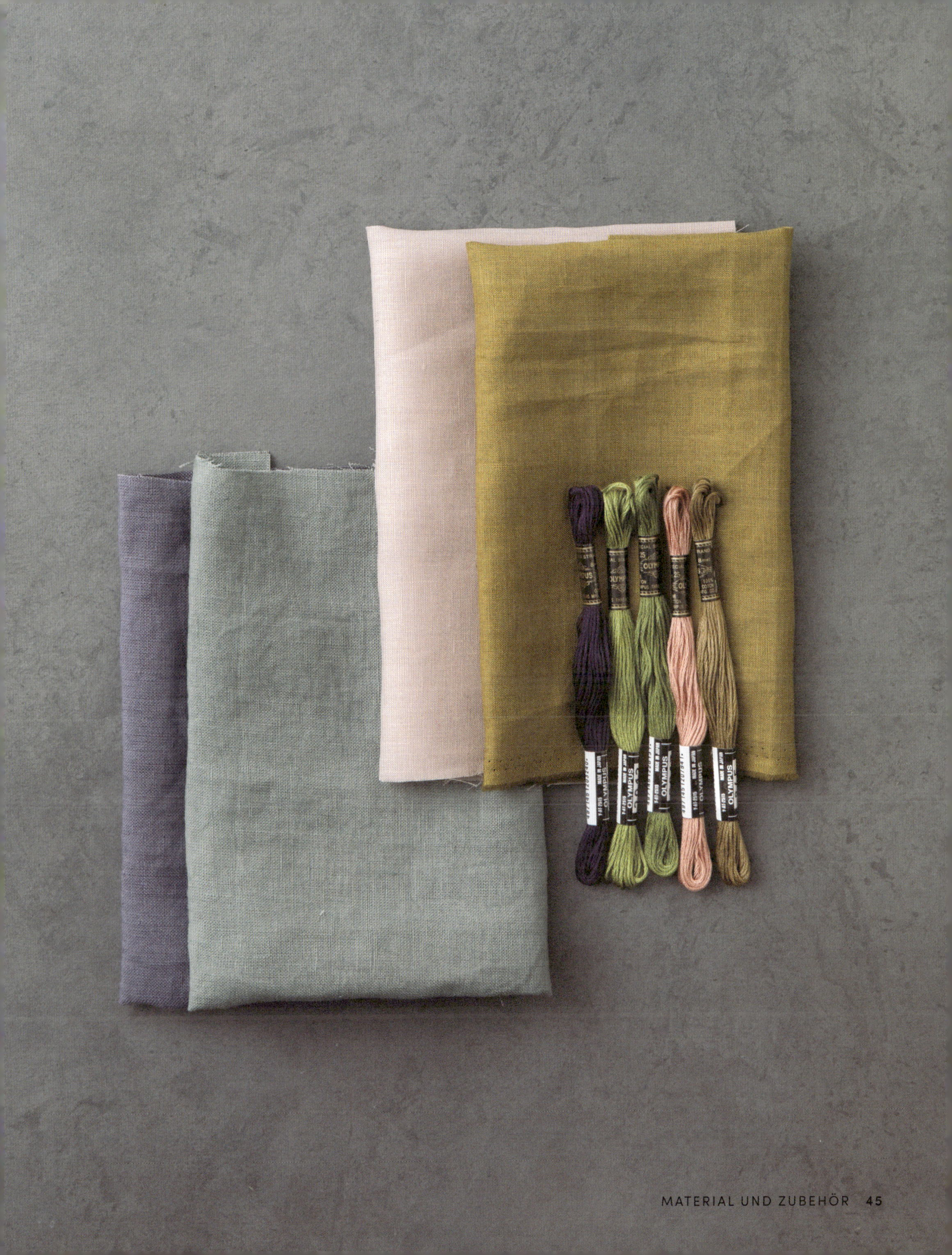
OLYMPUS

ES KANN LOSGEHEN!

Bevor man mit dem Sticken beginnt, bereitet man Garn und Stoff vor und überträgt das gewählte Motiv auf den Stoff. Alle dafür wichtigen Techniken und Methoden werden im Folgenden anschaulich erklärt.

Vorbereitung des Garns

Trennen Sie vor dem Sticken stets die Fäden eines Garnabschnitts voneinander, selbst dann, wenn Sie 6-fädig sticken wollen. So erhalten Sie glatte, saubere Stiche, und das Garn verknotet sich nicht.

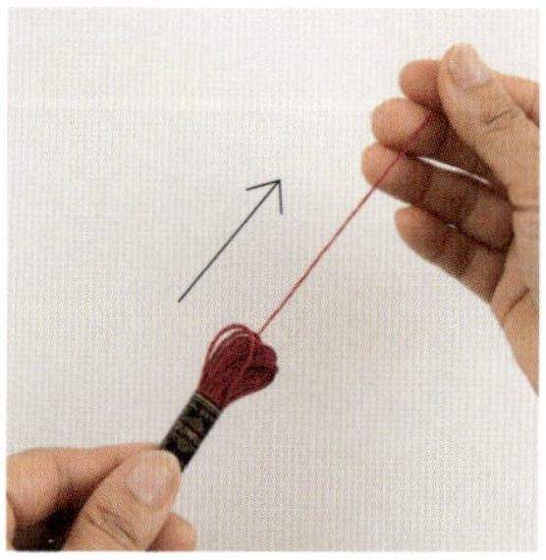

1. Garnstrang am Etikett festhalten und das Ende behutsam herausziehen.

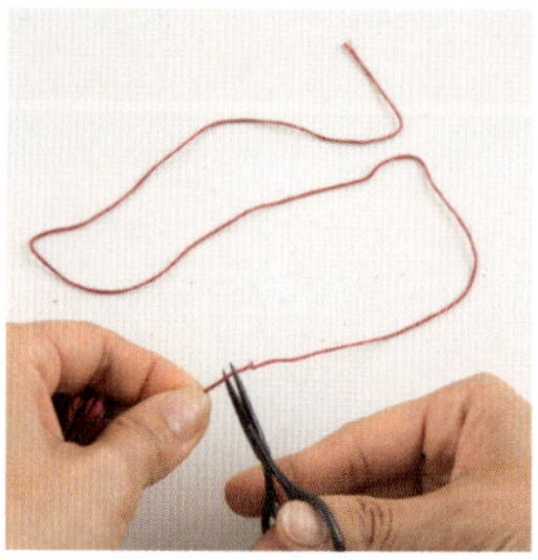

2. Ein ca. 50 cm langes Stück Garn abschneiden. Ein allzu langer Faden verknotet sich beim Sticken leicht.

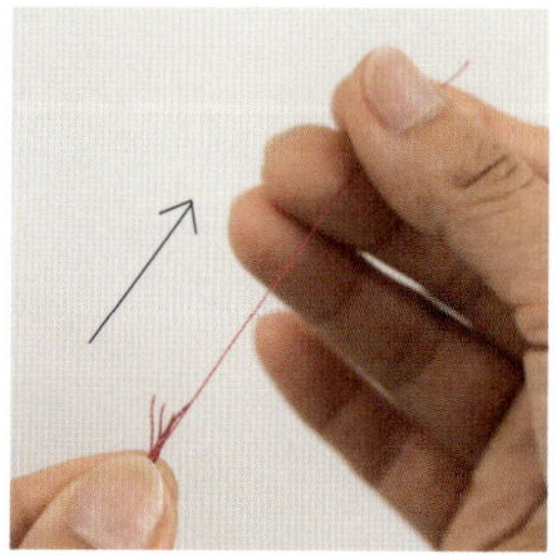

3. Dann jeden Faden einzeln von den anderen trennen.

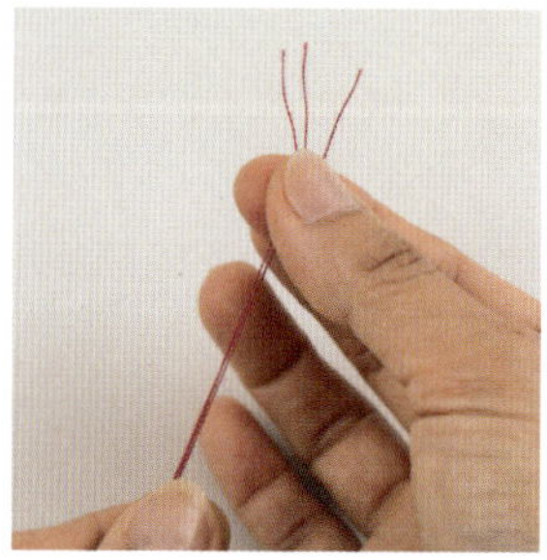

4. Nun die gewünschte Fadenanzahl zusammenlegen.

Einfädeln

Mit dieser einfachen Methode lässt sich das Garn leicht durch das Nadelöhr fädeln.

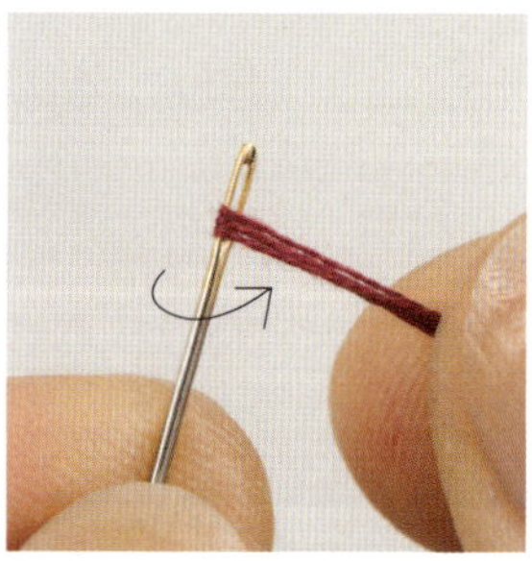

1. Garn um das Öhr legen und Faden anziehen, damit ein Knick entsteht.

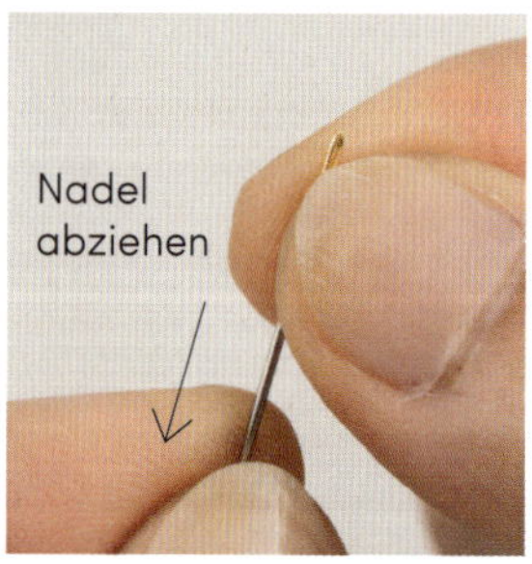

2. Garn über dem Öhr zusammendrücken, dann die Nadel nach unten abziehen.

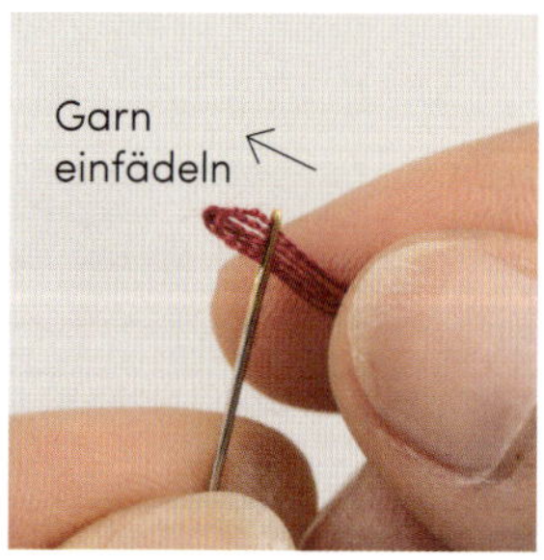

3. Das flach gedrückte Garn in das Öhr fädeln.

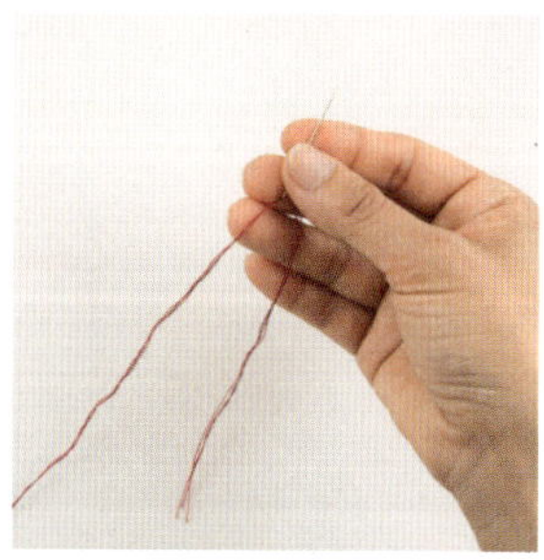

4. Das Garn ca. 10 cm weit durch das Öhr ziehen.

Stoff vorwaschen

Waschen Sie den Stoff vor dem Sticken, vor allem dann, wenn auch das fertige Stück später oft gewaschen werden soll, wie es bei einer Schürze oder einem Geschirrtuch der Fall ist. Dazu weichen Sie das Stoffstück etwa eine Stunde lang in Wasser ein. Wringen Sie es anschließend nicht aus, sondern streichen Sie es nur sorgfältig glatt. Bügeln Sie den Stoff, bevor er ganz trocken ist, und ziehen Sie dabei, falls nötig, den Fadenverlauf gerade.

Einlage aufbügeln

Vor dem Übertragen des Stickmotivs wird die Einlage auf die linke Stoffseite (LS) aufgebügelt. Dies verhindert, dass sich der Stoff beim Sticken verzieht.

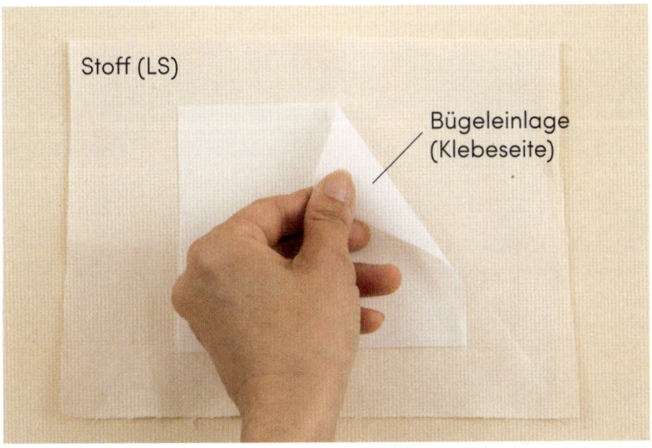

1. Einlage etwas größer als das Stickmotiv zuschneiden. Einlage-Klebeseite (raue Seite) auf die linke Seite des Stickstoffs legen.

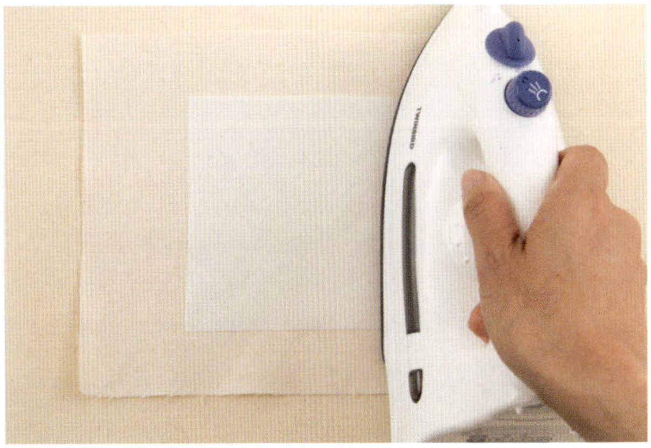

2. Das Bügeleisen auf eine für den Stoff geeignete Temperatur einstellen, dann 10 bis 15 Sekunden auf die Einlage drücken.

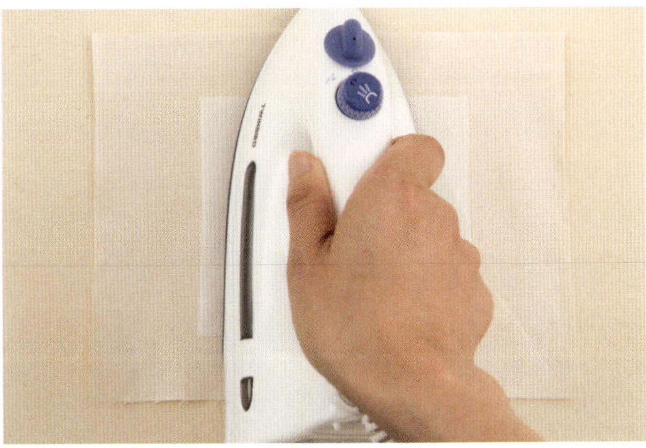

3. Bügeleisen anheben und schrittweise, leicht seitlich verschoben, wieder auflegen.

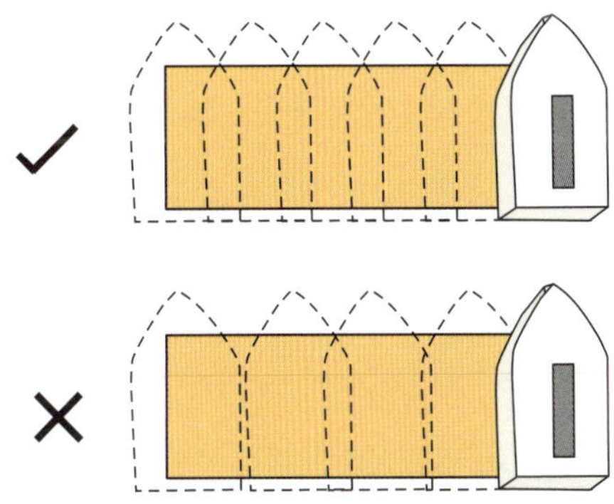

4. Die Fläche sollte, wie abgebildet, leicht überlappend gebügelt werden. Das Eisen dabei nicht über die Fläche hin und her schieben. Stickstoff dann flach liegend abkühlen lassen.

Übertragen des Stickmotivs

Das sorgfältige Übertragen der Linien auf den Stoff ist der erste Schritt zu einer schönen Stickerei.

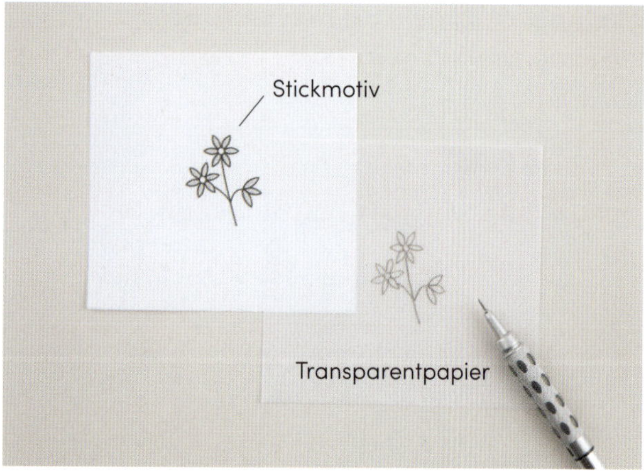

1. Das Transparentpapier auf die Motivzeichnung legen und die Linien mit einem Bleistift nachziehen. **Hinweis:** Es ist hilfreich, das Motiv aus dem Buch zuvor auf ein Blatt Papier abzupausen, oder es zu kopieren.

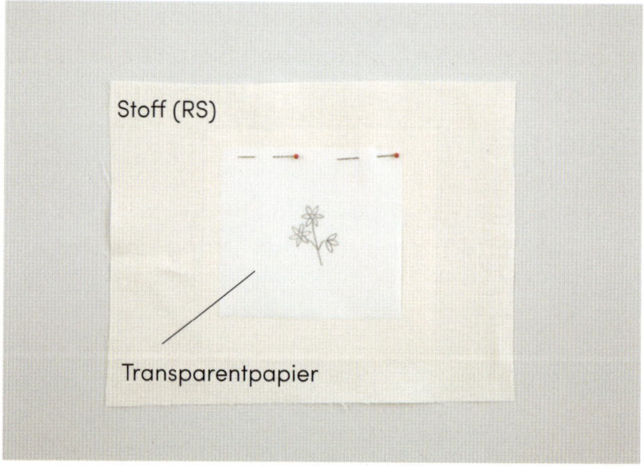

2. Das Transparentpapier auf den Stoff legen und an einer Seite feststecken.

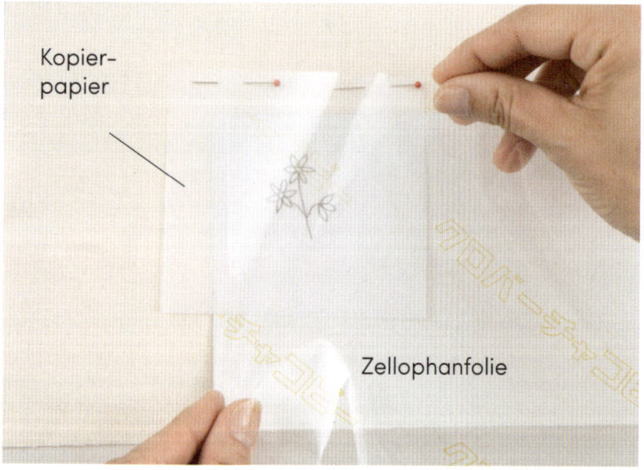

3. Zwischen Stoff und Transparentpapier ein Blatt Kopierpapier legen, und zwar mit der färbenden Seite auf den Stoff. Über das Transparentpapier eine Folie legen.

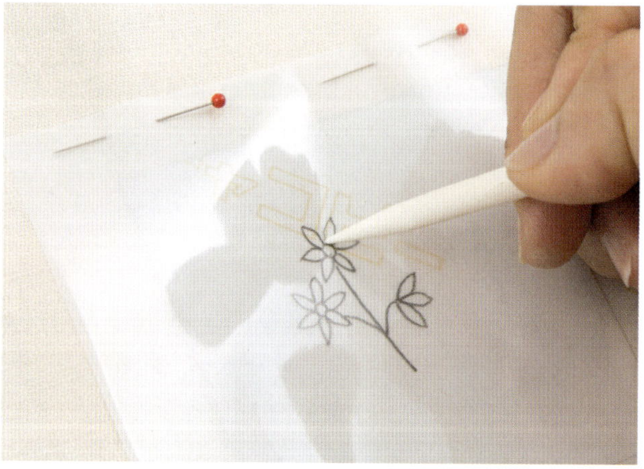

4. Mit einem Prägestift die Stickkonturen nachziehen. Durch den Druck der Stiftspitze wird die Farbe vom Kopierpapier auf den Stoff übertragen. Die Folie verhindert dabei das Einreißen des Transparentpapiers.

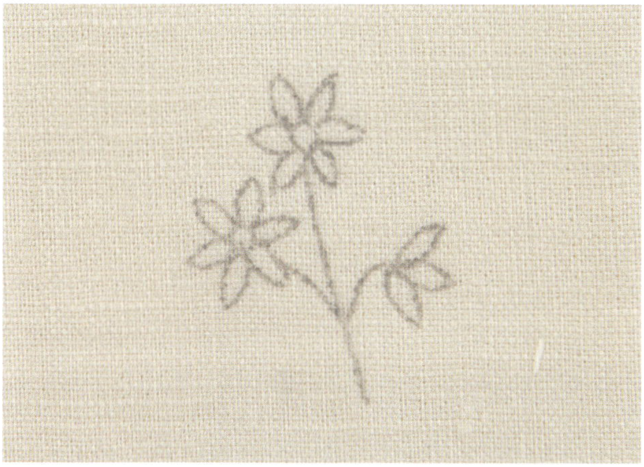

5. Papier und Folie entfernen und prüfen, ob das Motiv vollständig auf den Stoff vorgezeichnet ist.

6. Bei Bedarf blasse oder fehlende Linien mit einem Markierstift nachziehen.

Nützliche Helfer

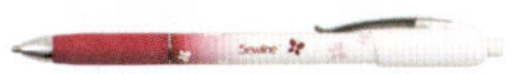

Markierstift

Verwenden Sie einen Markierstift für Stoff, wie den Sewline Fabric Pencil. Die Markierungen können mit einem extra Radierstift oder einem feuchten Tuch entfernt werden.

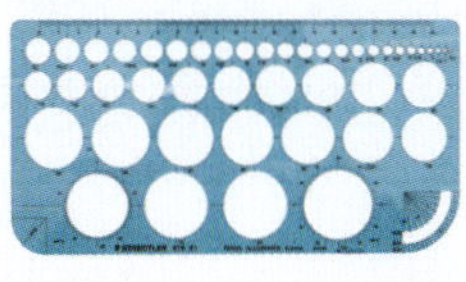

Kreisschablone

Eine Schablone für Kreise in verschiedenen Größen ist beim Übertragen von kreisförmigen Motiven auf Stoff sehr praktisch.

Stoff in Stickrahmen einspannen

Ein Stickrahmen hält den Stoff gleichmäßig gespannt und verhindert, dass er sich verzieht. Legen Sie den Stoff neu ein, falls die Spannung beim Sticken nachlässt.

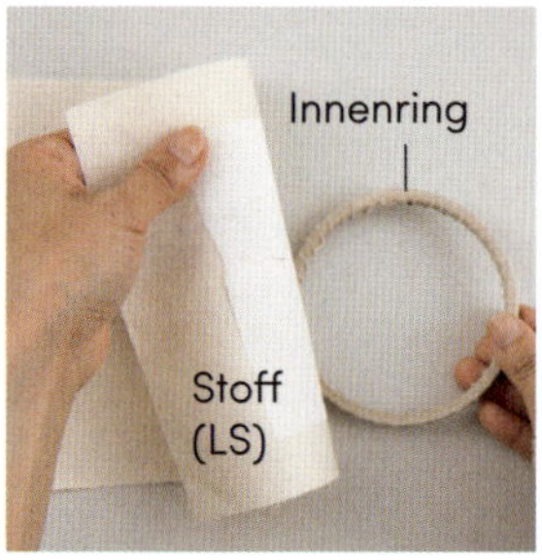

1. Die Schraube am äußeren Stickring lösen und den inneren Ring herausnehmen. Den Stoff über den Innenring legen.

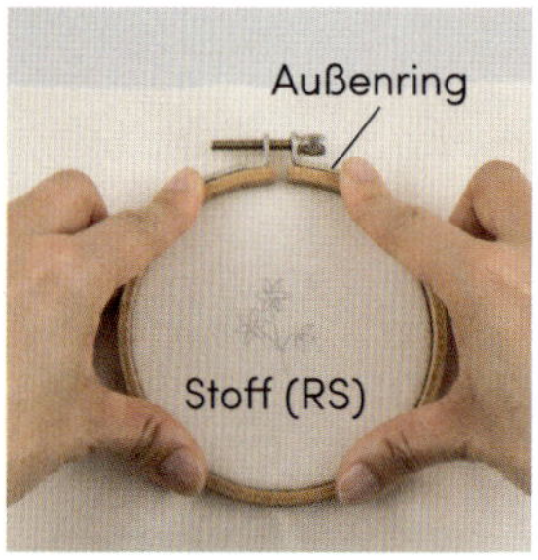

2. Den Stoff so positionieren, dass das Motiv genau in der Mitte liegt. Dann den Außenring über den Stoff stülpen.

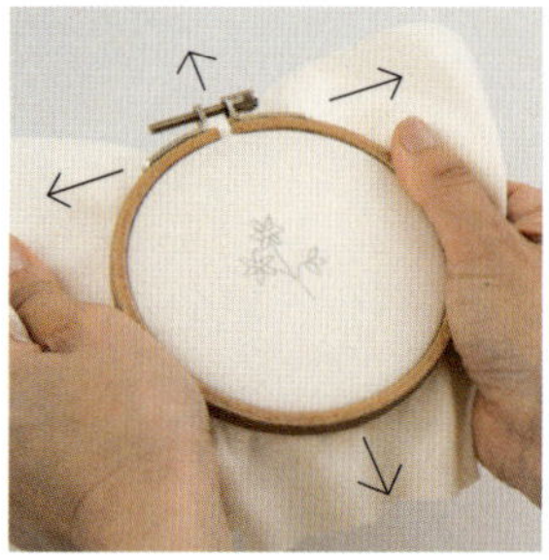

3. Den Stoff behutsam in alle vier Richtungen ziehen, dabei auf geraden Fadenverlauf achten.

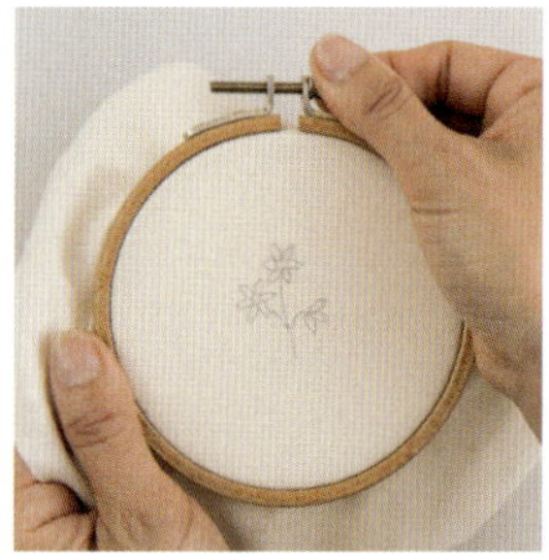

4. Die Schraube fest anziehen, damit der Außenring den Stoff und den Innenring fest umschließt.

So beginnen Sie …

Die Nadel in 3 bis 4 cm Abstand vom Anfangspunkt von der rechten Stoffseite (RS) nach unten stechen, dabei den Faden oben 10 cm hängen lassen. Dann nach oben zum Anfangspunkt ausstechen und mit dem Sticken des Motivs beginnen. Dabei darauf achten, dass das lange Fadenende nicht durch den Stoff gezogen wird. Es wird erst nach Abschluss der Stickarbeit vernäht.

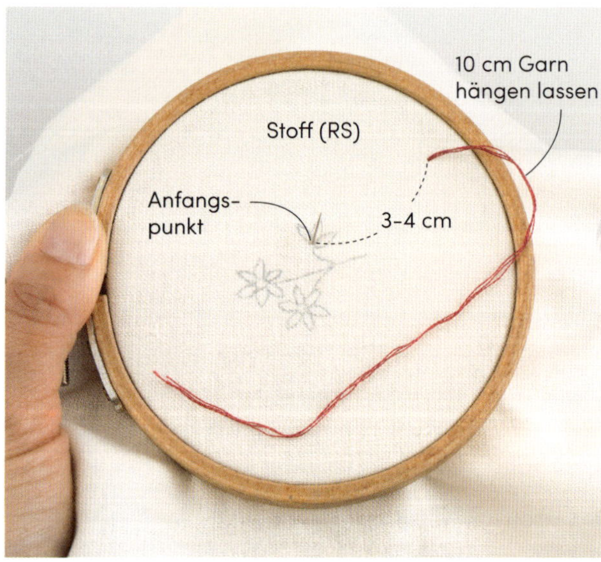

Fäden vernähen

Vernähen Sie die Fadenenden zum Schluss sorgfältig auf der linken Stoffseite (LS), damit die Stickerei von der rechten Seite (RS) sauber aussieht und sich nicht auflösen kann.

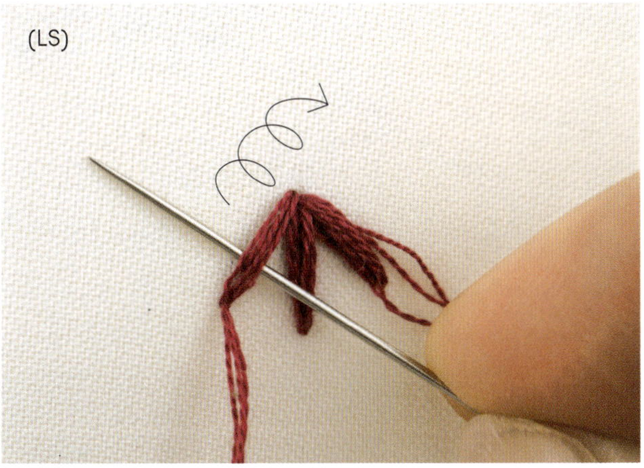

1. Auf der linken Stoffseite die Nadel zwei- bis dreimal unter einem Stich hindurchführen. Wichtig dabei ist, den Stoff nicht zu erfassen!

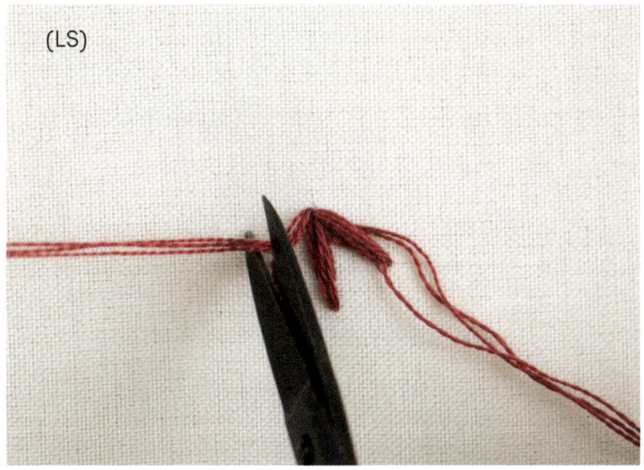

2. Das Fadenende dicht am Stoff kürzen.

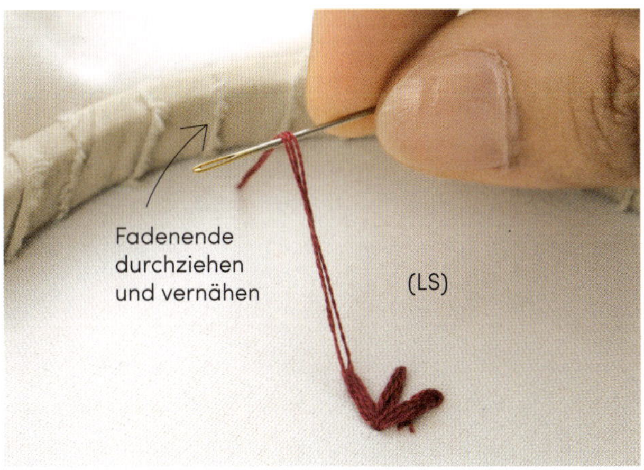

3. Das andere Fadenende von der rechten Stoffseite auf die linke ziehen. In die Sticknadel einfädeln und wie in Schritt 1 und 2 vernähen.

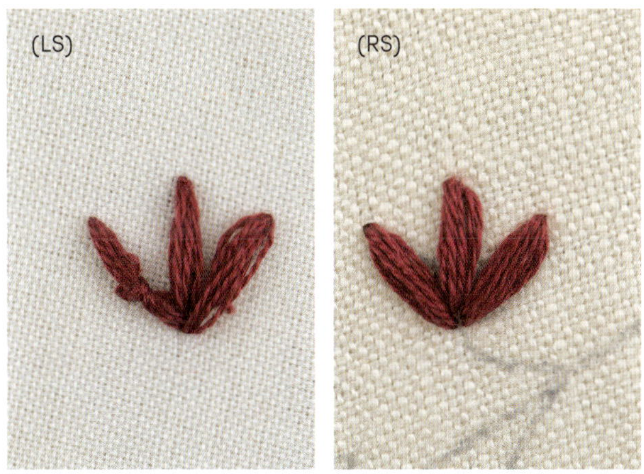

4. Ansicht der vernähten Fadenenden. Beim Vernähen des Fadens dürfen die Stiche nicht zu fest zusammengezogen werden.

Alternative Methoden zum Vernähen

Bei Arbeiten in Plattstich oder versetztem Plattstich kann man die Fadenenden unter den Stickstichen auf der rechten Stoffseite verbergen.

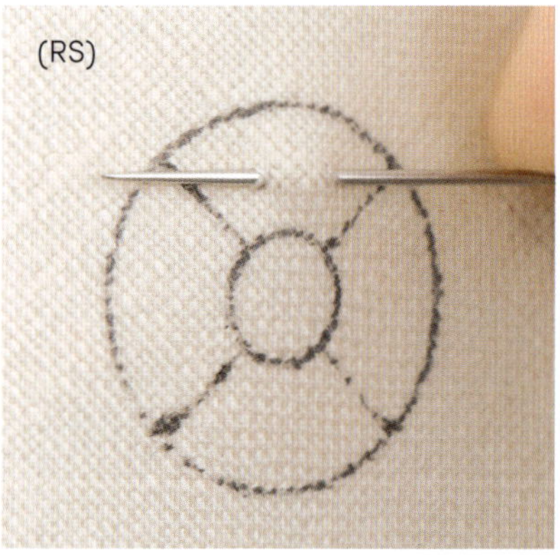

1. Die Nadel für einen kleinen Stich auf der rechten Seite durch den Stoff führen, ein langes Fadenende hängen lassen.

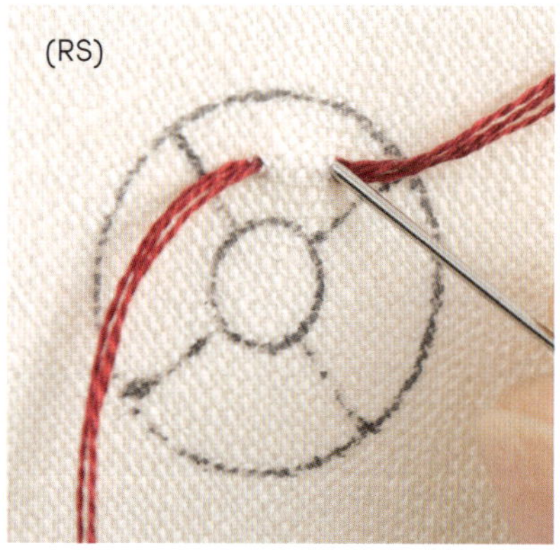

2. Die Nadel für einen Rückstich durch den Einstichpunkt von Schritt 1 führen.

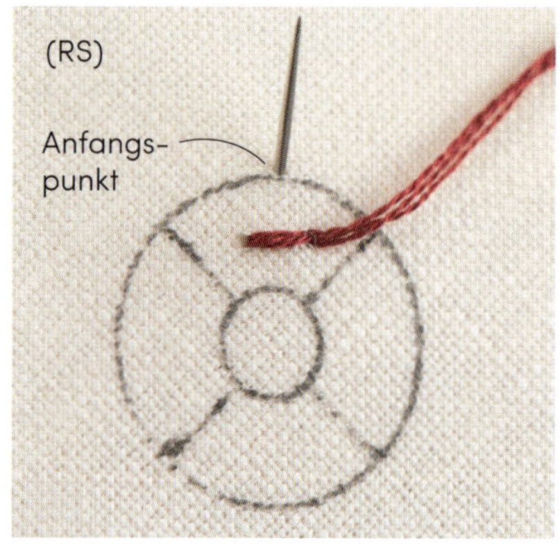

3. Die Nadel am Anfangspunkt der Stickerei ausstechen. Das Fadenende muss dabei lang bleiben, und der Rückstich darf sich nicht zusammenziehen.

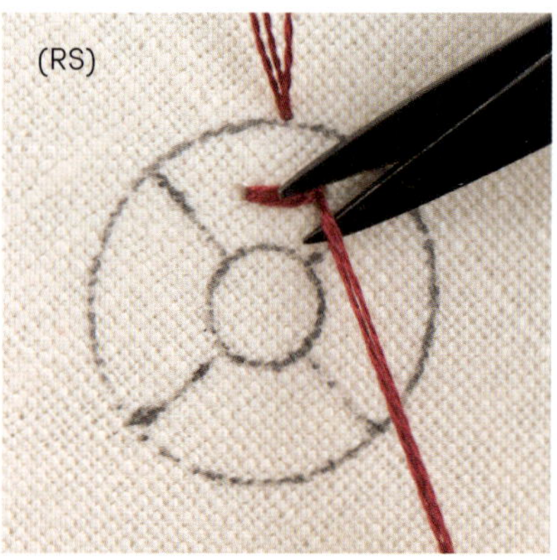

4. Das Fadenende nun dicht am Stoff kürzen.

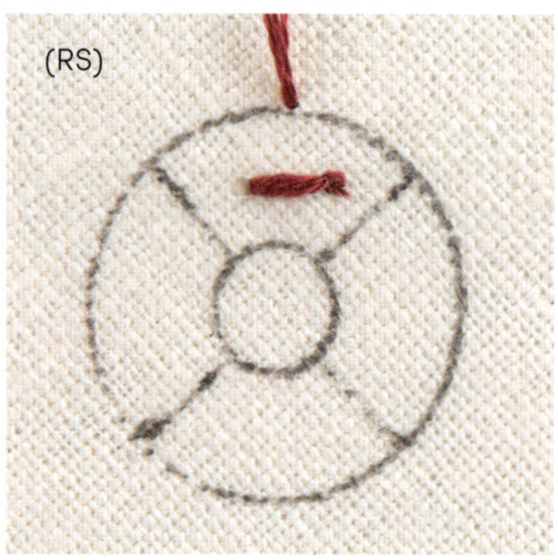

5. Motivfläche dicht mit Plattstichen ausfüllen, dabei den Rückstich abdecken.

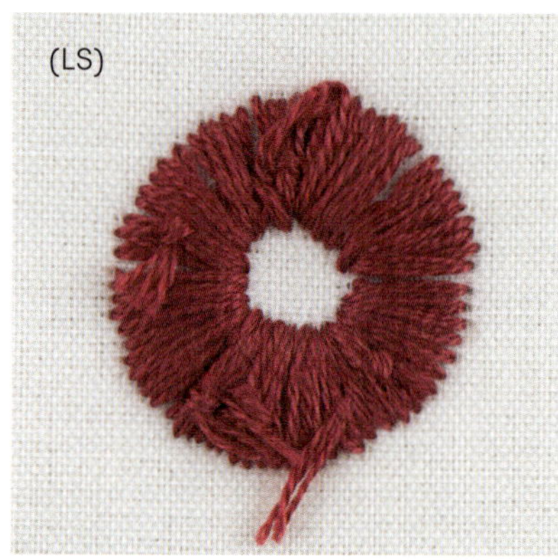

6. Nach Besticken der Fläche die Fadenenden vernähen, diese dafür auf der linken Stoffseite zwei- bis dreimal unter einem Stich hindurchführen. Fadenende kürzen.

Stickerei fertigstellen

Vor dem Bügeln müssen alle Markierungen entfernt werden, denn die Bügelhitze würde sie sonst im Stoff fixieren.

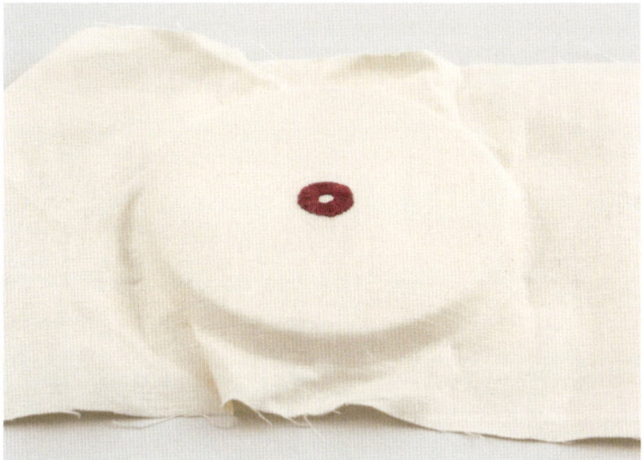

1. Nachdem das Motiv fertig gestickt ist, den Stoff aus dem Rahmen herausnehmen.

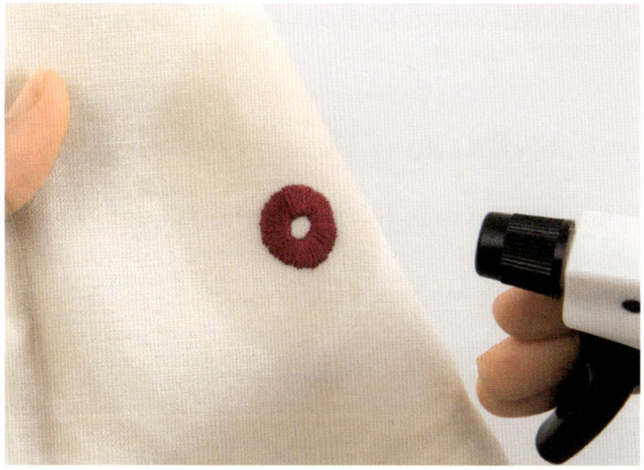

2. Den Stoff befeuchten, um die Markierungen besser entfernen zu können.

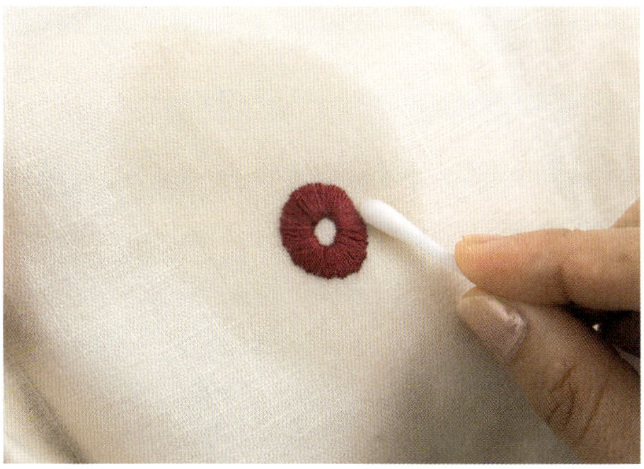

3. Sichtbare Markierungen mit angefeuchtetem Wattestäbchen sanft wegreiben.

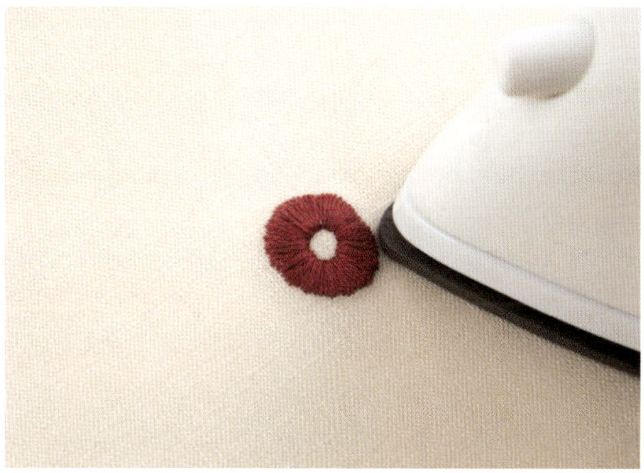

4. Mit der Spitze des Bügeleisens die Stellen glätten, an denen Markierungen entfernt wurden. Die Stickerei dabei nicht mitbügeln!

STICKTECHNIKEN

Mit den folgenden, auf einfachen Grundstichen aufbauenden Techniken erzielen Sie interessante dreidimensionale Effekte.

MARGERITENSTICH MIT SPANNSTICH INNEN

Mit dieser Technik werden häufig Blütenblätter und kleine Blätter gestickt. Arbeiten Sie von der Basis des Blütenblattes oder Blattes zur Spitze hin, um ein plastisches Ergebnis zu erzielen.

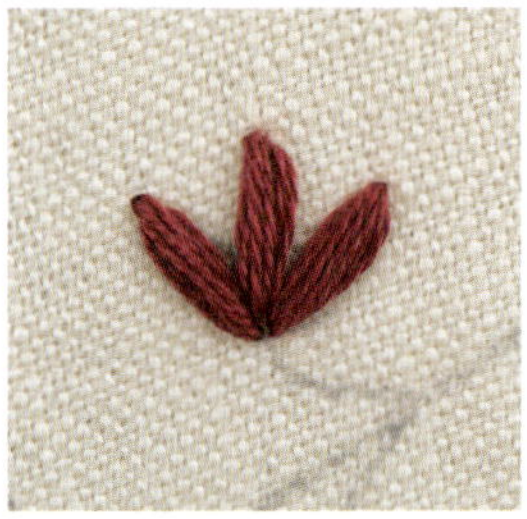

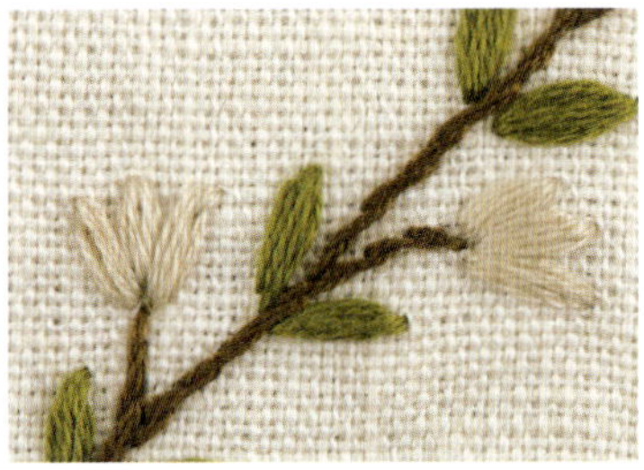

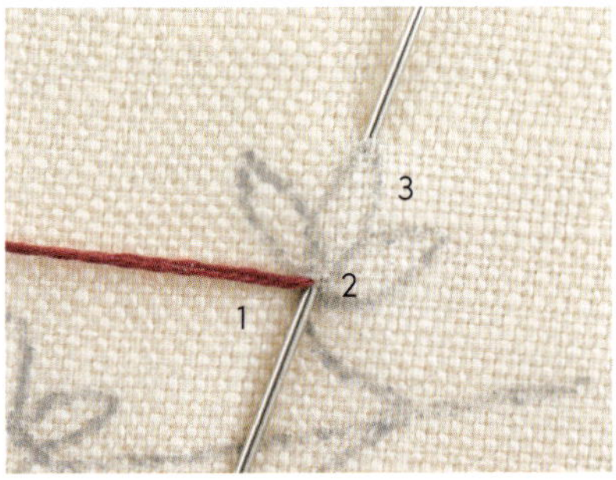

1. Mit einem Margeritenstich beginnen: Nadel anfangs bei 1 ausstechen, bei 2 einstechen und bei 3 wieder ausstechen.

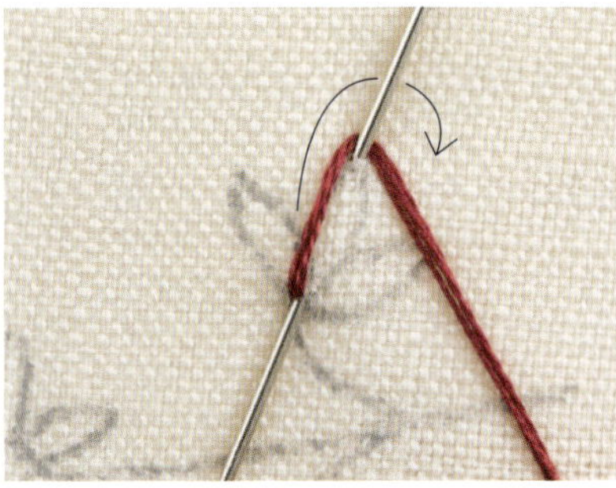

2. Die Nadel bei 3 stecken lassen, den Faden um die Nadelspitze legen und straff ziehen.

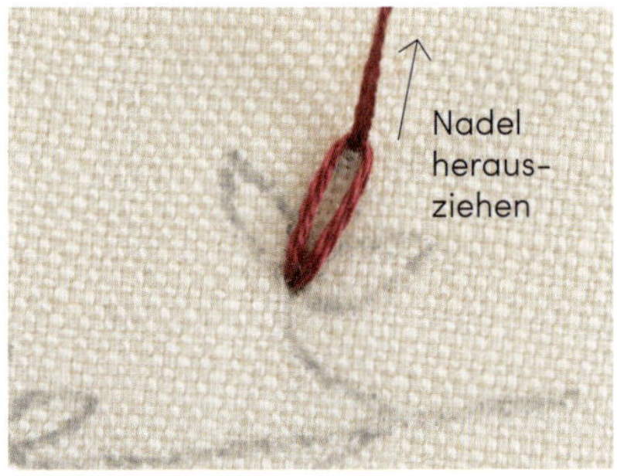

3. Die Nadel dann aus dem Stoff ziehen, damit sich eine Schlinge bildet.

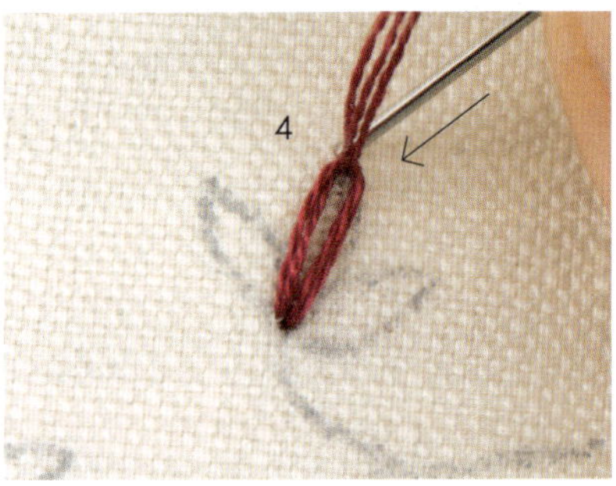

4. Mit einem kleinen geraden Spannstich die Schlinge am Stoff fixieren.

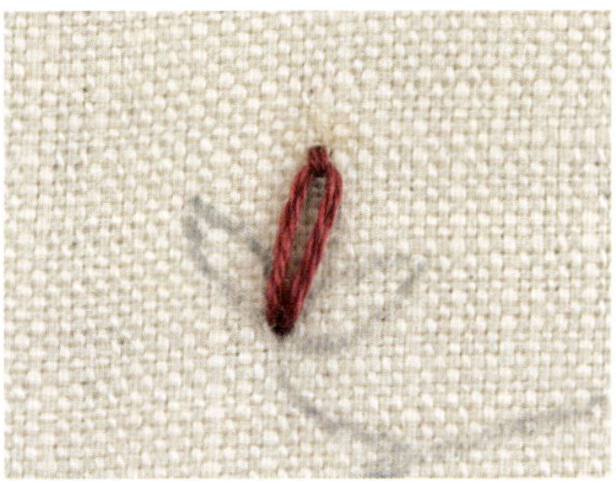

5. Der Margeritenstich ist fertig. Nun die Mitte der Schlinge mit einem Spannstich füllen.

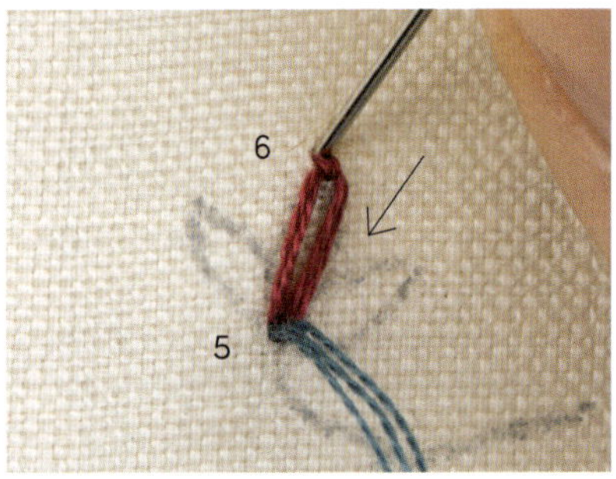

6. Die Nadel dazu bei 5 ausstechen (wie bei Ausstichpunkt 1), bei 6 einstechen (wie bei Einstichpunkt 4).

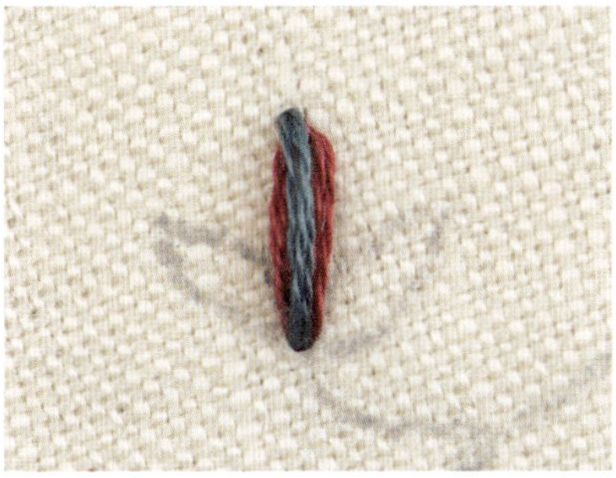 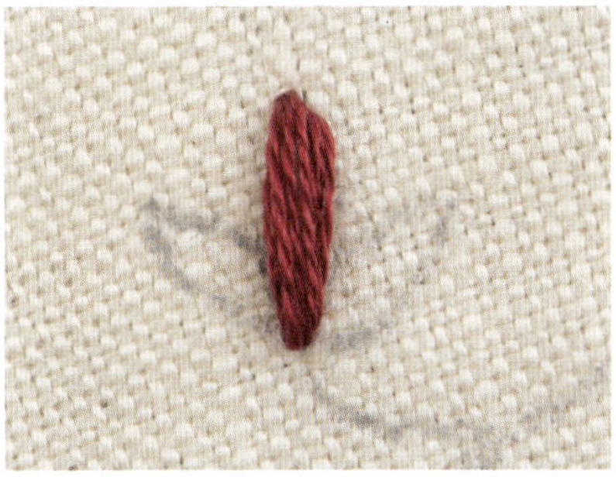

7. Zur besseren Veranschaulichung wurden hier zwei verschiedenfarbige Garne verwendet. Sticken Sie den Margeritenstich und den Spannstich aus demselben Garn. Achten Sie darauf, die Stiche gleichmäßig, aber nie allzu straff zu spannen.

Tipp

Bei diesem Motiv (von Seite 11) bestehen die Blütenblätter aus mit Spannstichen ausgefüllten Margeritenstichen. Kleine grüne Spannstiche wurden über die weißen Stiche gestickt, um den Blüten mehr Farbe und Volumen zu verleihen. Die große Blüte wird von der Mitte nach außen gestickt, die kleine Knospe von der Basis zur Spitze.

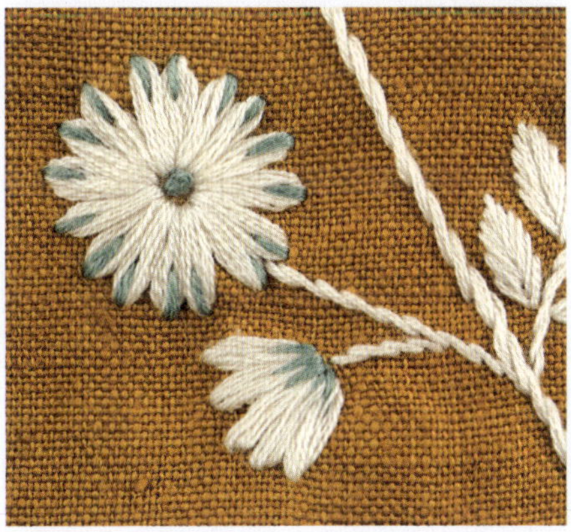

PLATTSTICHRING

Zeichnen Sie Führungslinien im Ring ein, die die Richtung der Stiche vorgeben. **Anmerkung:** Diese Linien erscheinen auf den Vorlagen als feine blaue Striche. Achten Sie beim Sticken der Plattstiche darauf, dicht an den Konturen ein- und auszustechen, damit der Ring gleichmäßig wird.

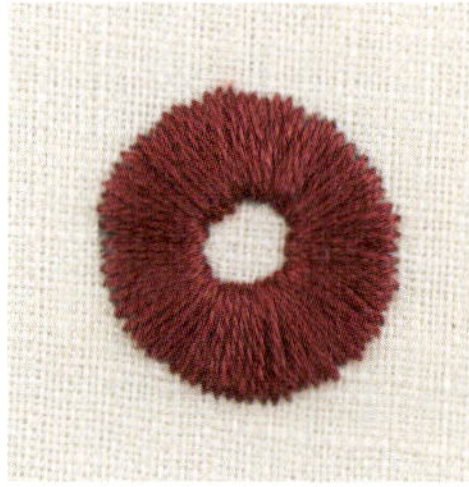

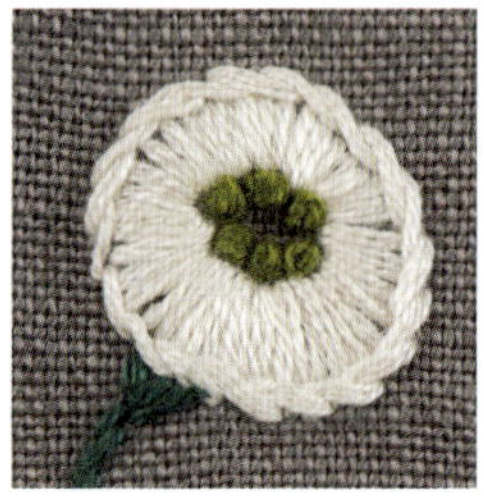

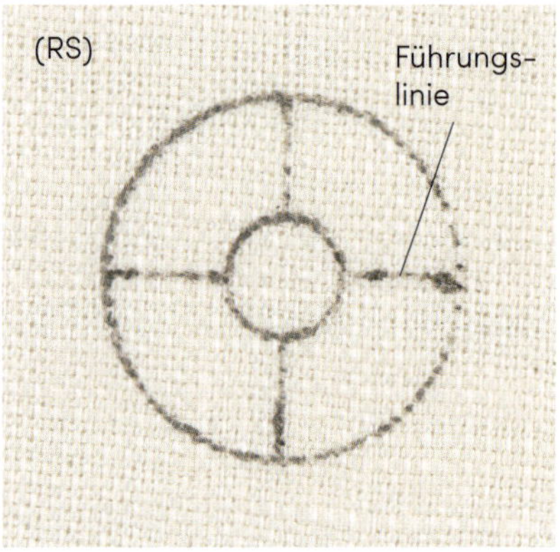

1. Zeichnen Sie nach dem Übertragen des Motivs auf den Stoff Führungslinien ein, um eine gleichmäßige Ausrichtung der Stiche vorzugeben.

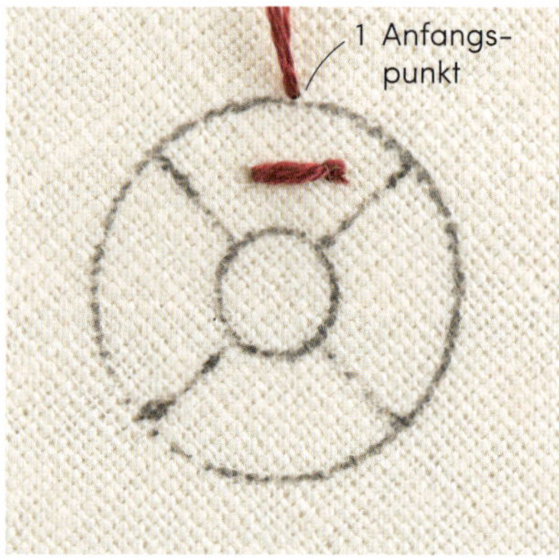

2. Mit dem Sticken beginnen und den Faden fixieren (siehe Seite 52). Die Nadel in der Mitte eines Kreissegments knapp außerhalb der Außenlinie ausstechen (Punkt 1).

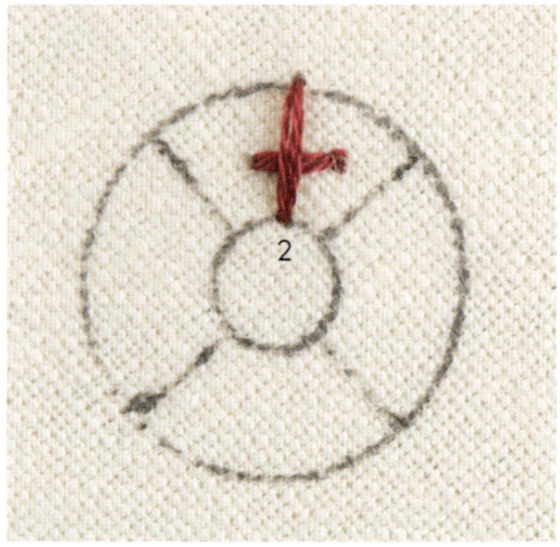

3. Die Nadel direkt am inneren Kreis einstechen (Punkt 2). Auf diese Weise weitersticken, um die rechte Hälfte des ersten Kreissegments auszufüllen.

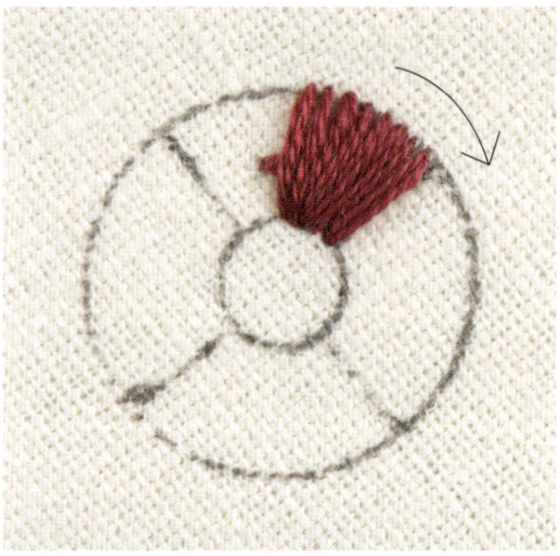

4. Die Stiche möglichst dicht und parallel zueinander sticken, ohne dass sie überlappen. Entlang der inneren Kreislinie dicht an dicht einstechen, entlang der äußeren mit winzigen Abständen.

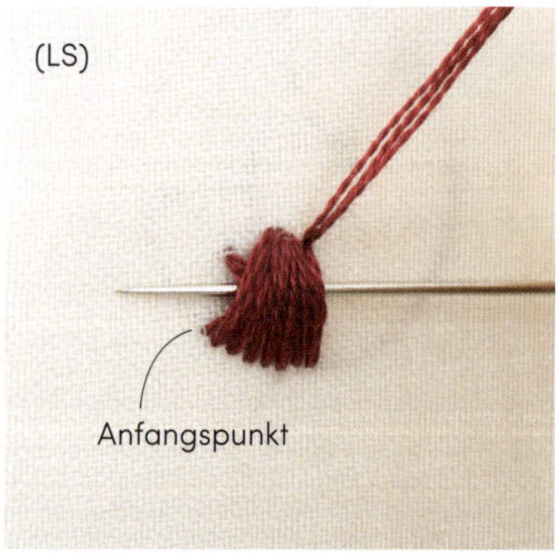

5. Nun die linke Hälfte des ersten Kreissegments ausfüllen. Die Nadel auf der linken Stoffseite unter den Stichen zum Anfangspunkt zurückführen. Darauf achten, dabei nicht in den Stoff zu stechen.

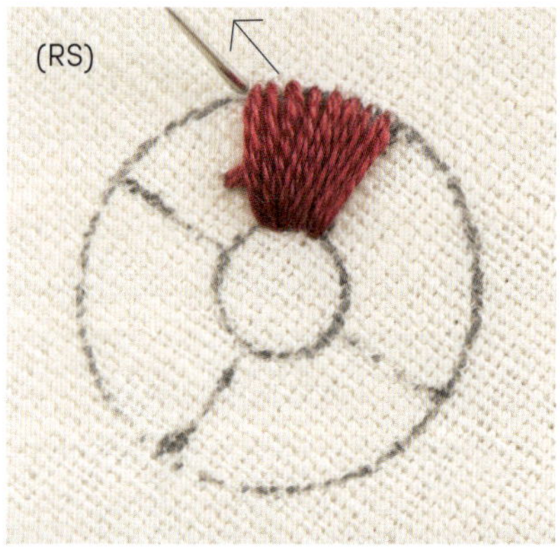

6. Die Nadel am Anfangspunkt (1) herausziehen und die linke Hälfte des Kreissegments auf die gleiche Weise wie zuvor mit Plattstichen ausfüllen.

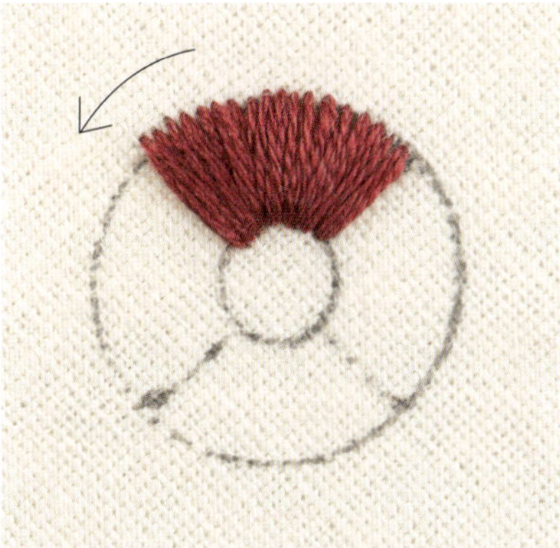

7. Ansicht des fertig gestickten ersten Segments.

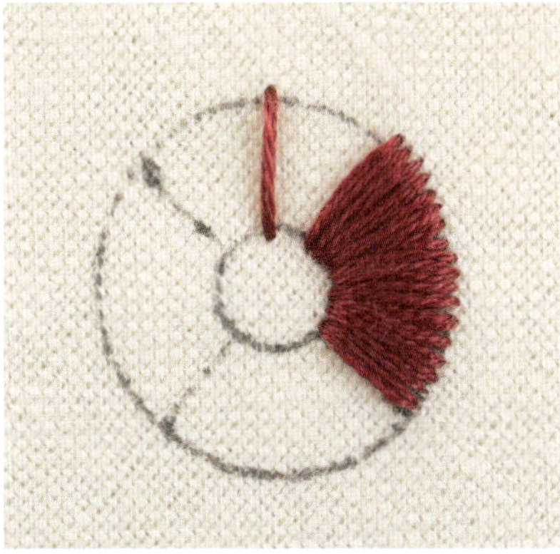

8. Auf dieselbe Weise den übrigen Ring besticken, dabei ein Segment nach dem anderen ausfüllen. Der Stickrahmen kann dabei gedreht werden.

Tipp

Beim Sticken von Plattstichen kann mithilfe des linken Mittelfingers die Nadel an der richtigen Stelle positioniert werden, um sie zur rechten Stoffseite auszustechen. Auf den Fotos rechts wurde zur besseren Veranschaulichung durchsichtiger weißer Organdy verwendet.

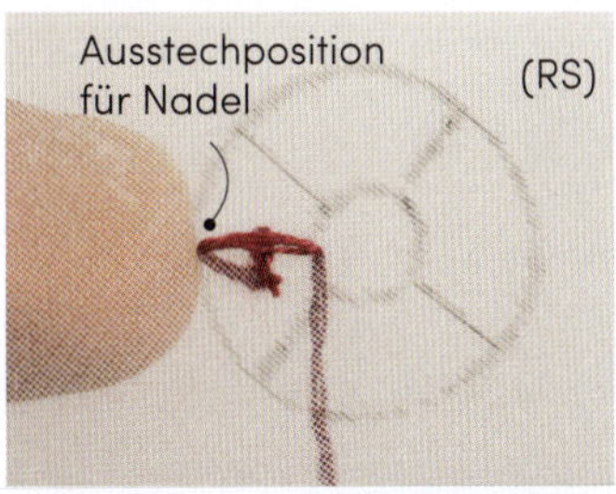

1. Den linken Mittelfinger von unten an die Stelle des Stoffs schieben, an der die Nadel nach oben ausgestochen werden soll.

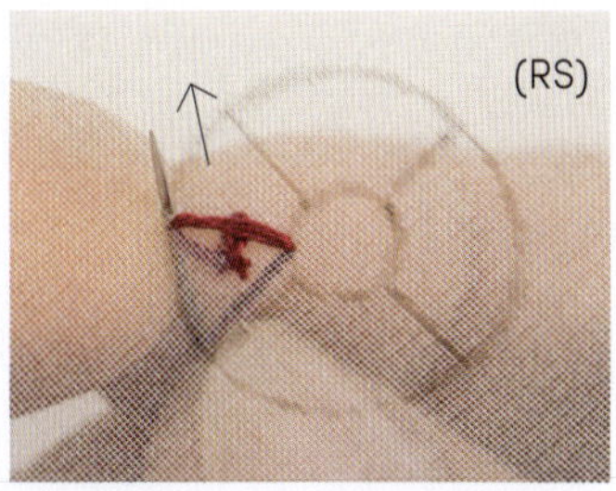

2. Mit dem Finger als Führung die Nadel durch den Stoff stecken. Der Finger stützt dabei die Nadel.

DOPPELTE STIELSTICHLINIEN

Man wendet diese Variante an, wenn man eine dickere Linie, wie etwa für einen kräftigeren Stängel, erzeugen möchte. Die kordelartige Linie wirkt dann sehr plastisch.

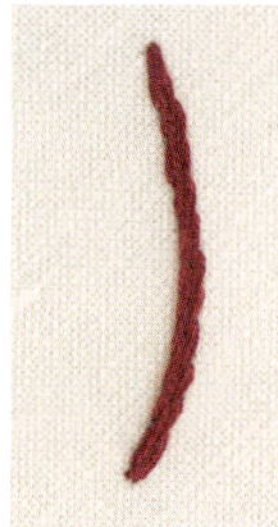

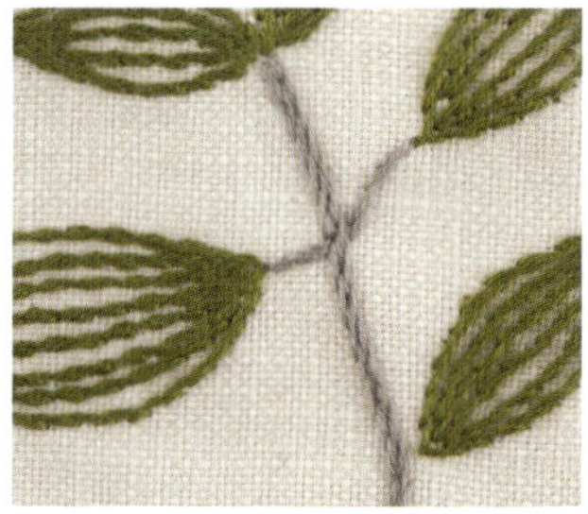

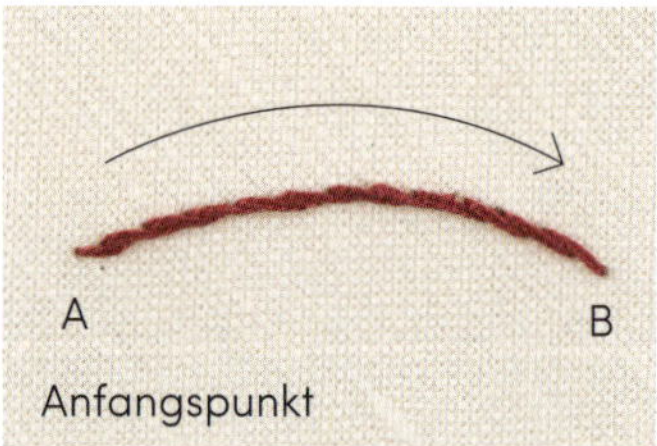

1. Eine Reihe Stielstiche von links nach rechts sticken (von A nach B).

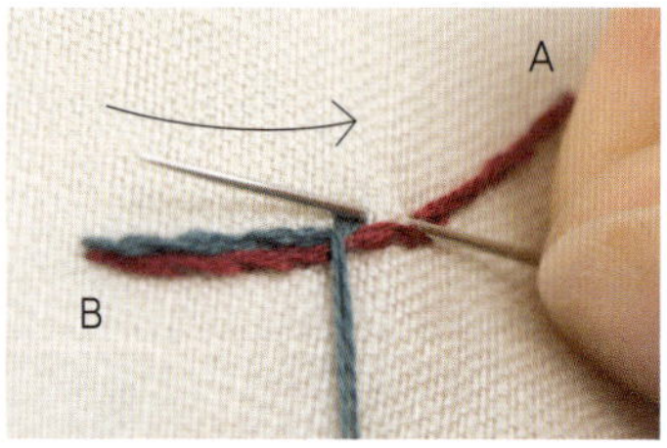

2. Um die zweite Linie zu sticken, den Stickrahmen um 180 Grad drehen und wieder von links nach rechts sticken (von B nach A) und dabei dicht an der ersten Linie bleiben.
Hier wird zur besseren Veranschaulichung Garn in zwei Farben verwendet.

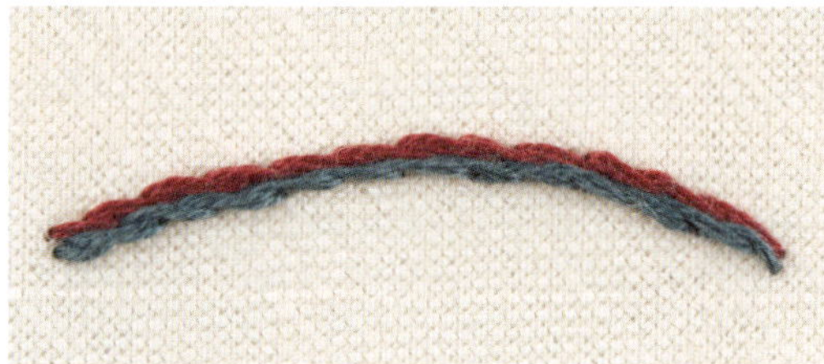

3. Der Biegung der ersten Linie folgen, ohne in diese hineinzusticken.

Stielstich-Variationen

Füllen Sie die Fläche eines Motivs mit Stielstichen, indem Sie die Reihen dicht an dicht sticken, wie oben gezeigt. Siehe Projekt 6 auf Seite 13.

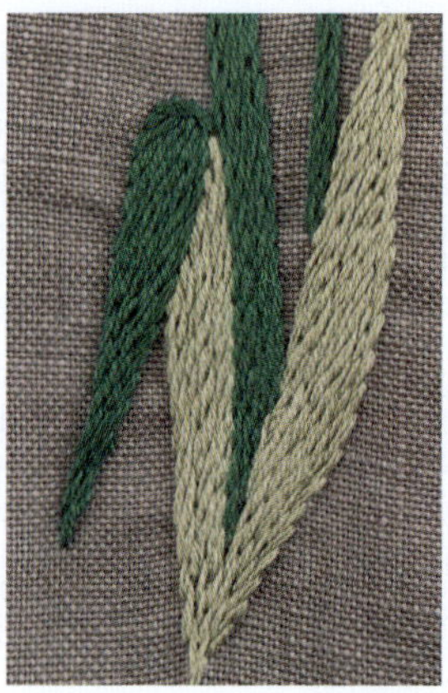

Füllen Sie die Fläche eines Motivs mit Stielstichen, lassen Sie aber zwischen den Stickreihen kleine Zwischenräume. Siehe Projekt 24 auf Seite 32.

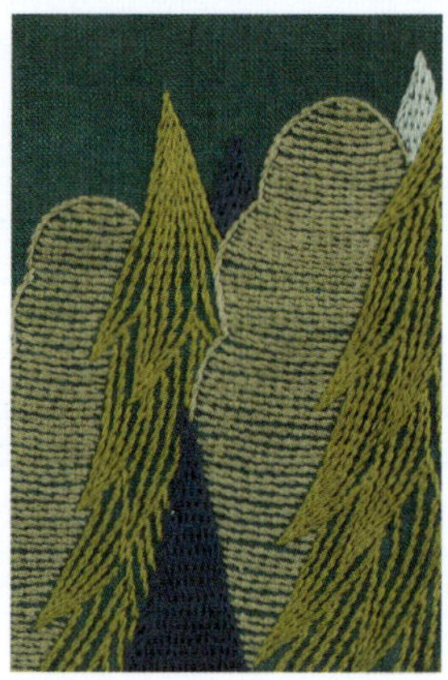

STIELSTICH FÜR KONTUREN

So erhalten die Motive schöne Konturen: Füllen Sie die Flächen mit Plattstich aus und fassen Sie diese anschließend mit Stielstichen ein. Siehe Projekt 2 auf Seite 10.

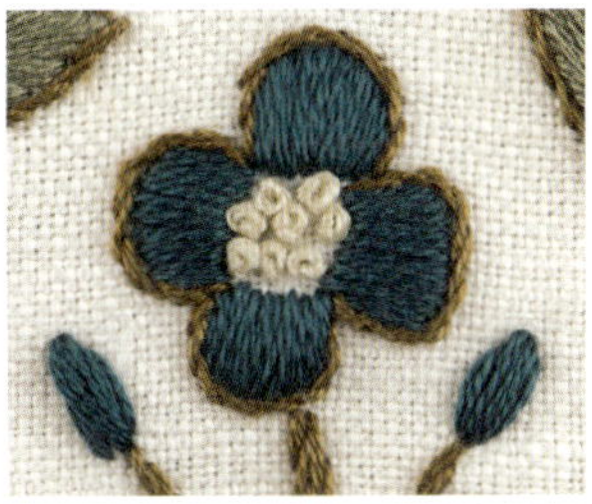

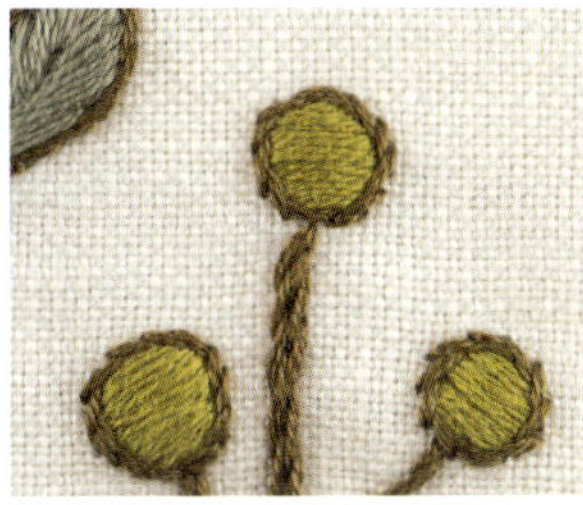

PLATTSTICH MIT ZWEI GARNFARBEN

Farbverlaufeffekte entstehen, wenn man Garntöne mixt. Kombinieren Sie beim 3-fädigen Sticken zwei Fäden einer Farbe mit einem andersfarbigem. Siehe Projekt 1 auf Seite 9.

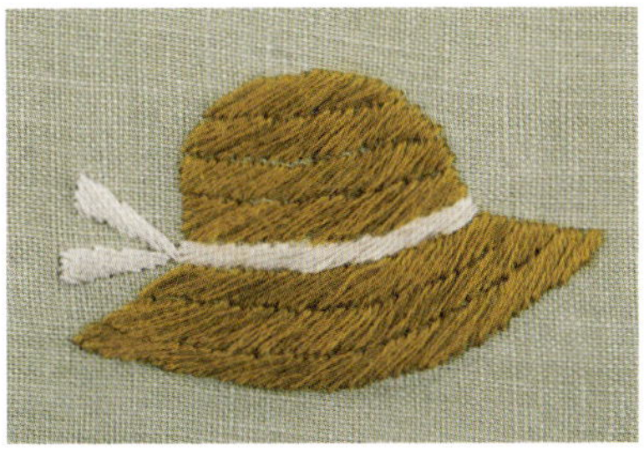

Wenn auf der Stickvorlage etwa (2) rot + (1) blau angegeben ist, verwenden Sie zwei Fäden vom roten Garn und einen Faden vom blauen.

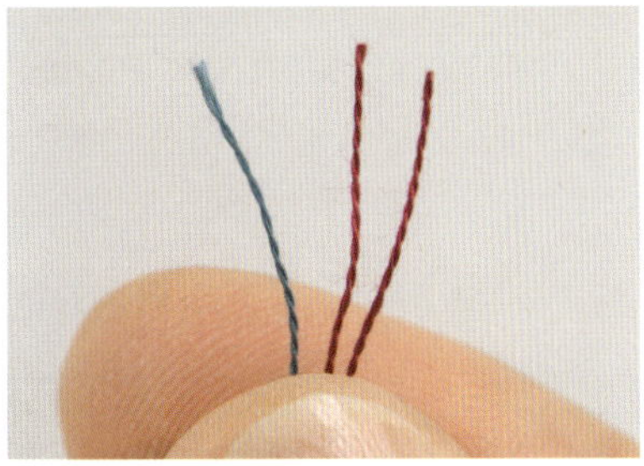

AUSFÜLLEN MIT KNÖTCHENSTICHEN

Um eine Fläche mit Knötchenstichen zu füllen, am Rand des Motivs beginnen und zur Mitte arbeiten. Knötchen dicht an dicht sticken, ohne Überlappung. Siehe Projekt 21 auf Seite 28.

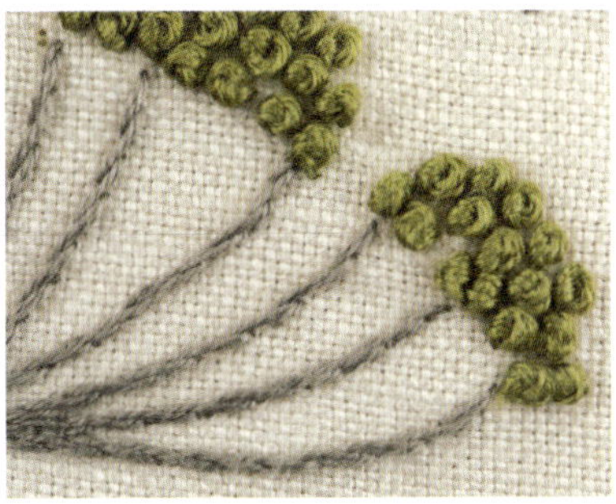

AUSFÜLLEN MIT FLIEGENSTICHEN

Fläche mit V-förmigen Fliegenstichen füllen, jeden mit einem kurzem Spannstich fixieren. Diese Eule hat so ein flauschig wirkendes Gefieder erhalten. Siehe Projekt 7 auf Seite 15.

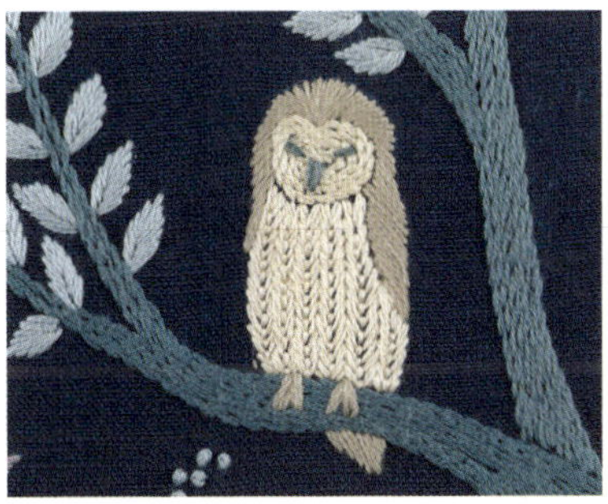

PROJEKTANLEITUNGEN

Hier finden Sie nützliche Hinweise für den Umgang mit den Stickvorlagen sowie eine Tabelle mit Alternativen zum verwendeten Stickgarn.

Die Stickvorlagen lesen

Bei den Vorlagen finden Sie alle Informationen zum Nachsticken der Projekte in diesem Buch. Die Grafik hier rechts zeigt Ihnen, wie die Kürzel und Hinweise zu den einzelnen Stickmotiven zu verstehen sind.

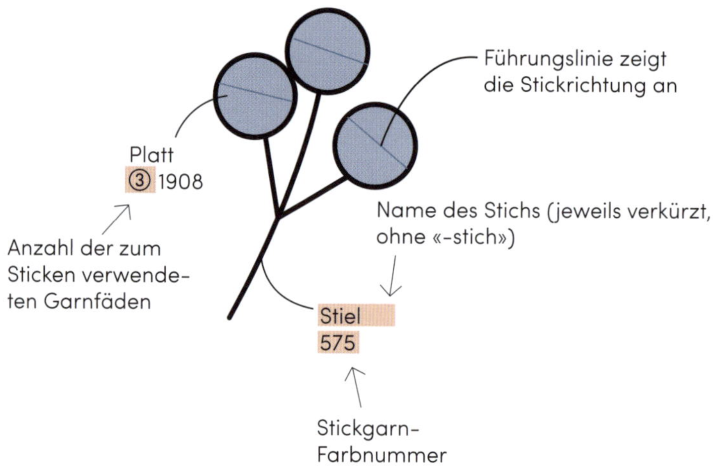

Farbnummerntabelle für die verwendeten Stickgarne

Für die Projekte in diesem Buch wurden Garne von Olympus verwendet, eine in Japan beliebte und weltweit erhältliche Marke. Alternativ dazu empfiehlt sich das Garn von DMC, in der Tabelle ist aufgelistet, welche DMC-Garnfarben denen von Olympus entsprechen.

OLYMPUS	DMC	OLYMPUS	DMC	OLYMPUS	DMC	OLYMPUS	DMC
135	917	324	939	632	3042	1904	3687
167	221	341	927	712	921	1908	3685
202	503	342	926	742	842	2011	470
203	502	343	924	744	3863	2012	470
204	501	344	924	785	976	2013	469
206	500	393	517	794	316	2015	936
214	470	413	647	810	762	2835	832
218	469	423	3022	811	3024	3042	415
237	460	432	169	841	822	3043	930
257	319	486	414	843	612		
283	833	561	831	845	611		
288	3012	564	831	1601	316		
292	166	565	830	1602	316		
294	732	575	400	1603	221		

1 PROJEKT VON SEITE 9

- Material: Olympus-Stickgarn No. 25 in 288, 432, 564, 565, 712, 742, 810, 841, 2013, 2835, 3042
- Plattstich, sofern nicht anders angegeben
- 3-fädig sticken, sofern nicht anders angegeben

Stickvorlage in Originalgröße

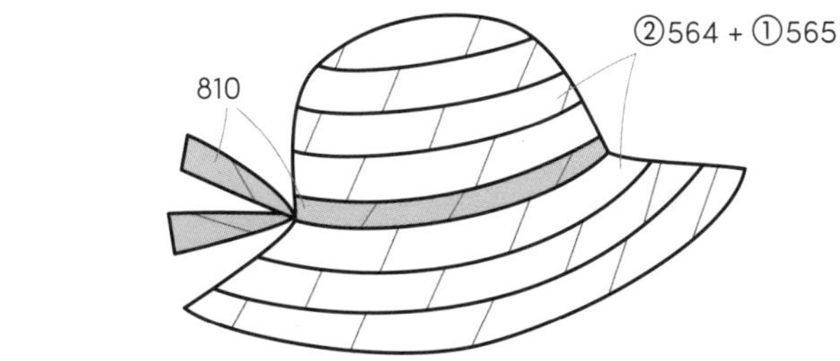

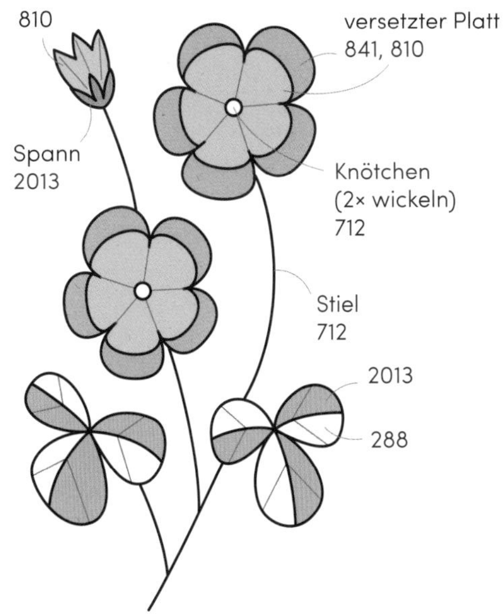

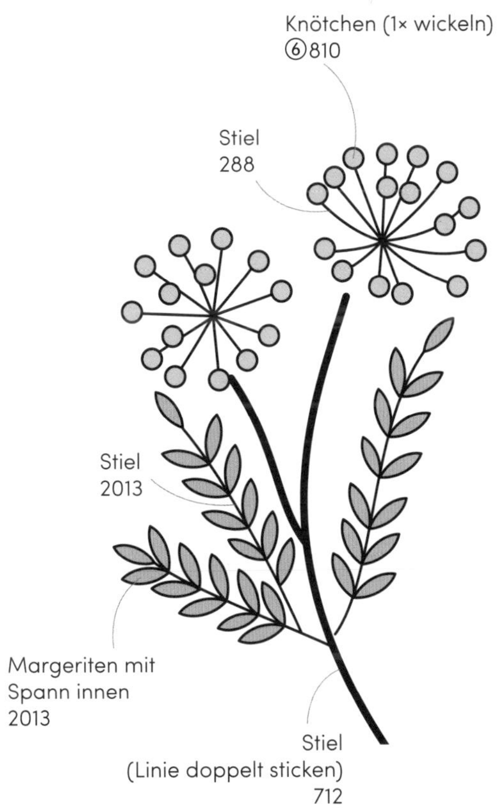

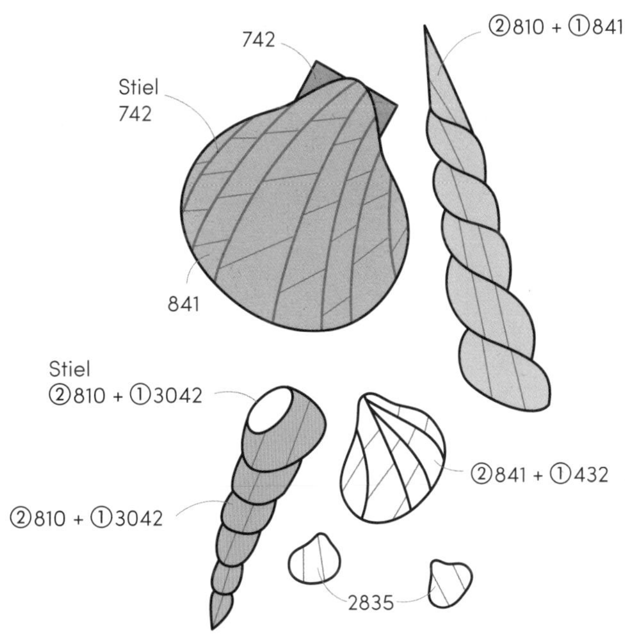

2 PROJEKT VON SEITE 10

- Material: Olympus-Stickgarn No. 25 in 343, 432, 632, 841, 845, 2835
- 3-fädig sticken, sofern nicht anders angegeben

Stickvorlage in Originalgröße

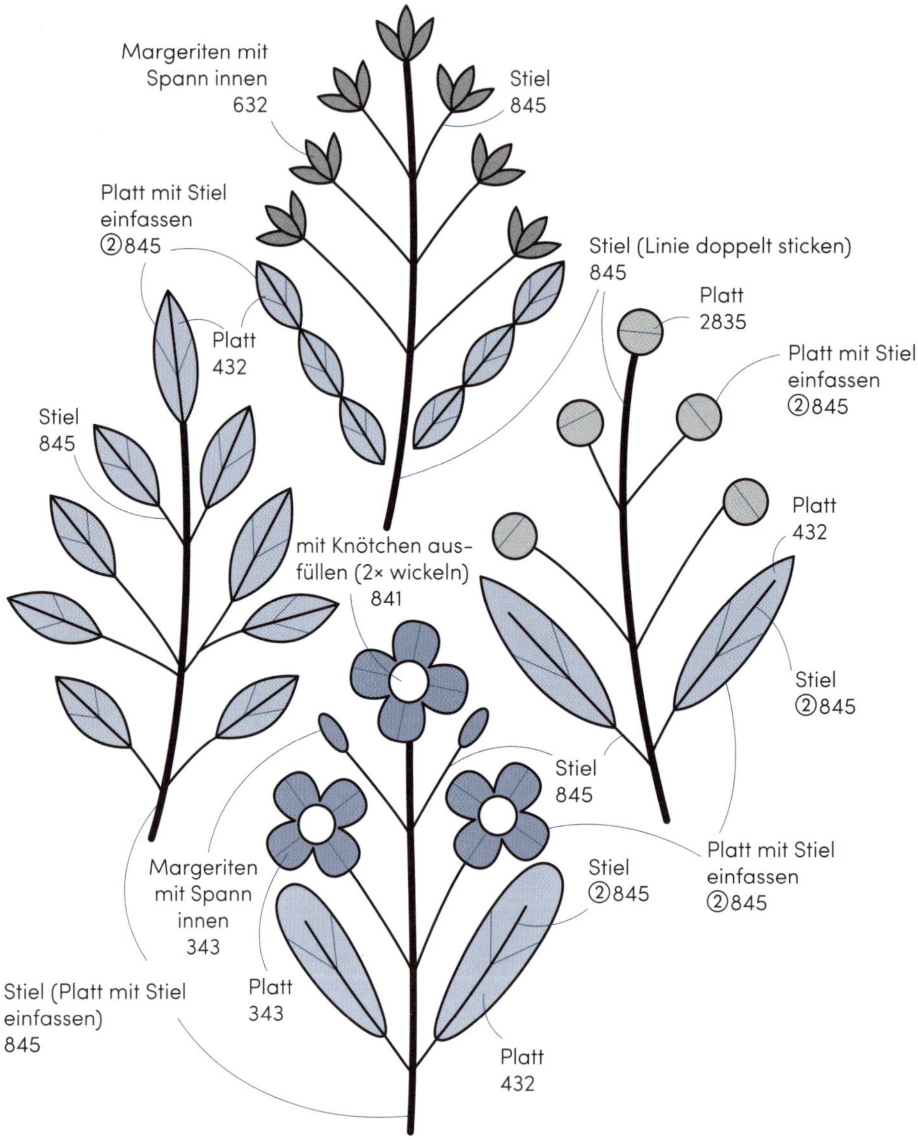

3 PROJEKT VON SEITE 10

- Material: Olympus-Stickgarn No. 25 in 413 und 810
- 3-fädig sticken, sofern nicht anders angegeben

Stickvorlage in Originalgröße

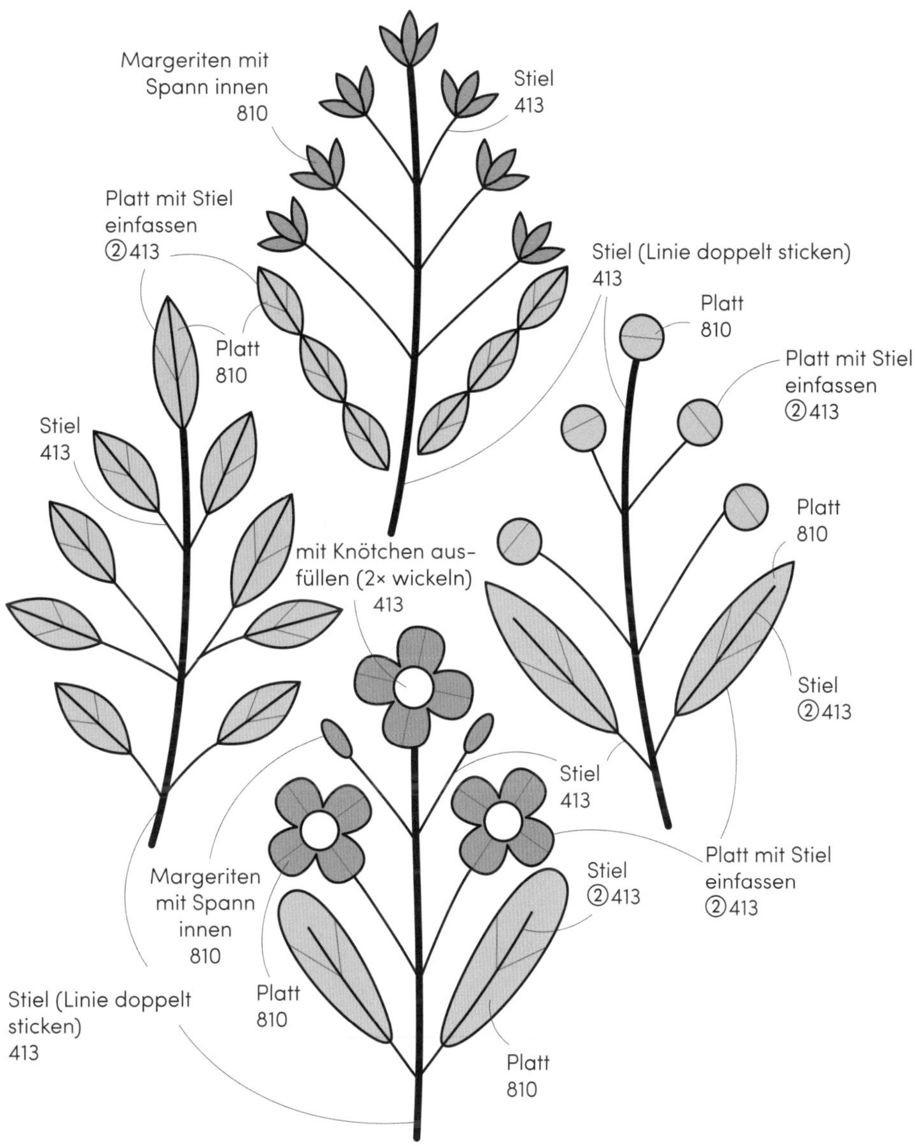

4 PROJEKT VON SEITE 11

ZUGBEUTEL

Material

- 64,5 × 64,5 cm Leinen in Ocker (für das Außenteil)
- 55 × 45 cm Baumwollstoff (für das Futter)
- 55 × 45 cm Bügeleinlage
- 1,70 m Band (2,5–3 cm breit)
- Olympus-Stickgarn No. 25 in 203 und 811

Nähanleitung

Arbeiten Sie mit 1 cm Nahtzugabe, sofern nicht anders angegeben.

1. Aus dem Leinen für das Außenteil ein Rechteck mit 64,5 × 37 cm zuschneiden. Auf der rechten Stoffseite mittig ein Rechteck mit 49,5 × 22 cm markieren. Einlage in dieser Größe auf die linke Stoffseite innerhalb der Markierung aufbügeln. Die Vorlage von Seite 67 auf das markierte Rechteck übertragen, dabei die Rapports wie rechts positionieren. Nach Anleitung sticken. Teil auf die Markierung zurückschneiden.

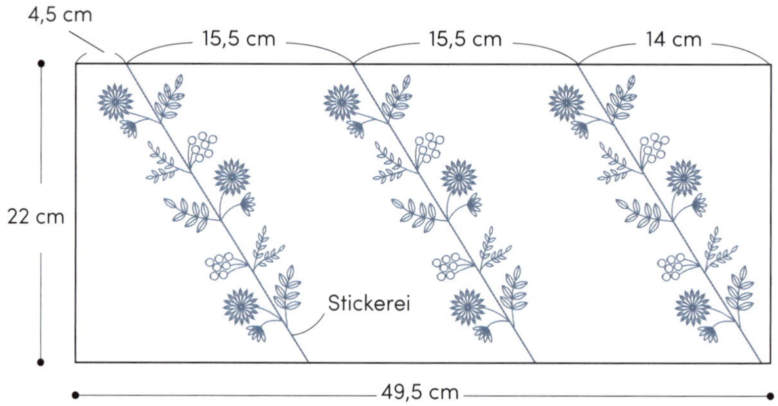

2. Stickteil rechts auf rechts quer mittig falten. Oben und unten jeweils den Bruch und die Mitte der Kante markieren. Teil zum Schlauch zusammennähen. Nahtzugaben ausbügeln.

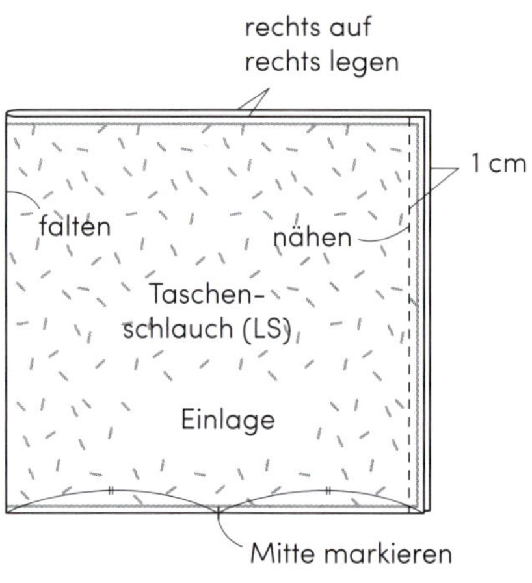

3. Für den Boden aus Leinen und Einlage je ein rundes Teil mit 17 cm Durchmesser zuschneiden. Einlage auf linke Stoffseite aufbügeln. Wie abgebildet, am Rand Viertelsegmente markieren (oben, unten und zwei Seiten).

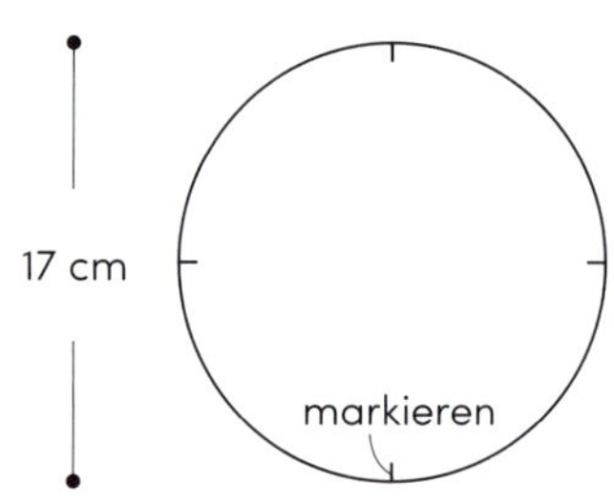

4. Boden und Taschenschlauch so rechts auf rechts legen, dass die Naht auf einer Bodenmarkierung liegt, restliche Markierungen jeweils aufeinanderlegen. Ringsherum stecken und zusammennähen (möglichst ohne Falten). Wenn der Schlauch nicht auf den Boden passt, kann eine einzige Falte an der Nahtzugabe des Schlauchs eingelegt werden.

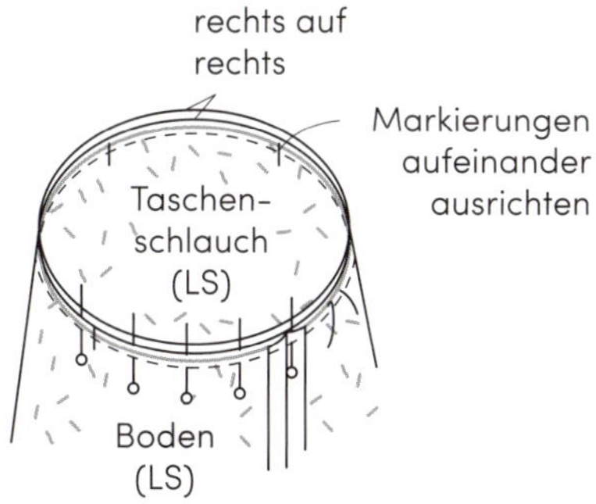

5. Aus dem Futterstoff ein Rechteck mit 49,5 × 22 cm und ein rundes Teil mit 17 cm Durchmesser zuschneiden. Wie in Schritt 2 bis 4 zusammennähen, aber beim Nähen des Futterschlauchs in der Naht 10 cm offen lassen.

6. Aus dem Leinen für den Zugbandtunnel zwei Streifen mit 25 × 7 cm zuschneiden.

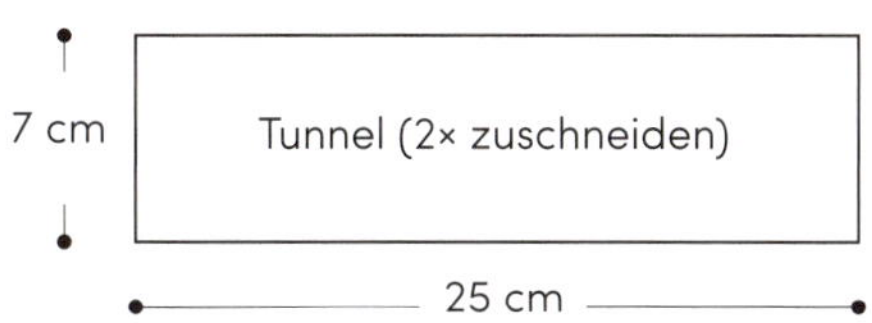

7. Die Schmalseiten der Tunnel je 1 cm nach links falten und bügeln, mit 7 mm Randabstand absteppen. Jeden Tunnel längs mittig falten, sodass er 3,5 cm breit ist. Die Mitte markieren.

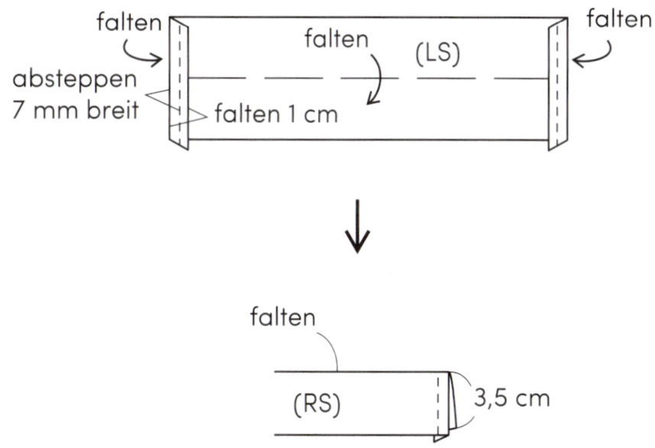

8. Einen gefalteten Tunnel Mitte auf Mitte auf die vordere Taschenoberkante legen, den zweiten Tunnel Mitte auf Mitte auf die rückwärtige Oberkante. Mit 7 mm Randabstand festheften.

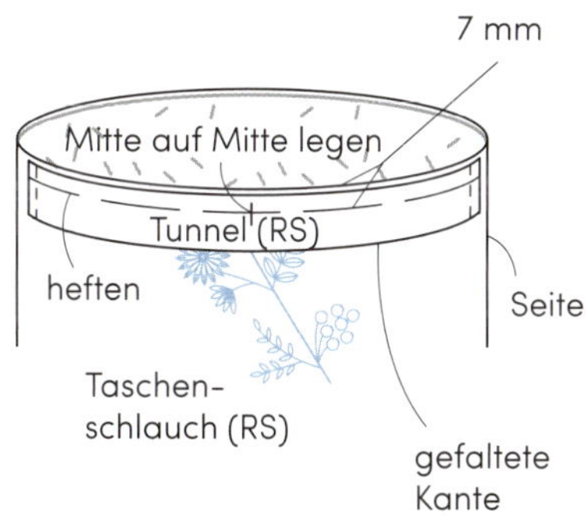

9. Außenteil rechts auf rechts in das Futter stecken. Mit 1 cm Randabstand an der Oberkante zusammennähen. Tasche auf rechts wenden. Die Nahtzugaben der Öffnung im Futter auseinanderfalten und Naht von Hand schließen.

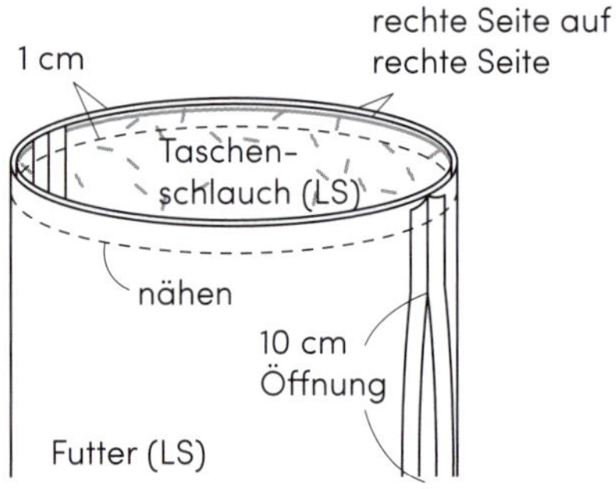

10. Band halbieren. Bänder wie abgebildet gegenläufig in den Tunnel einfädeln.

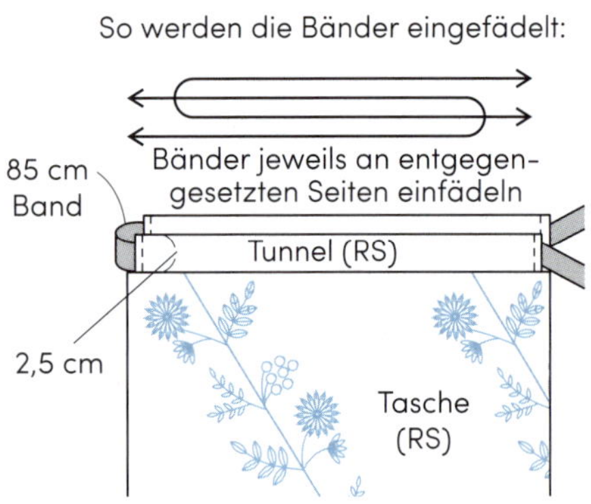

11. Bandenden jeweils durch Knoten verbinden.

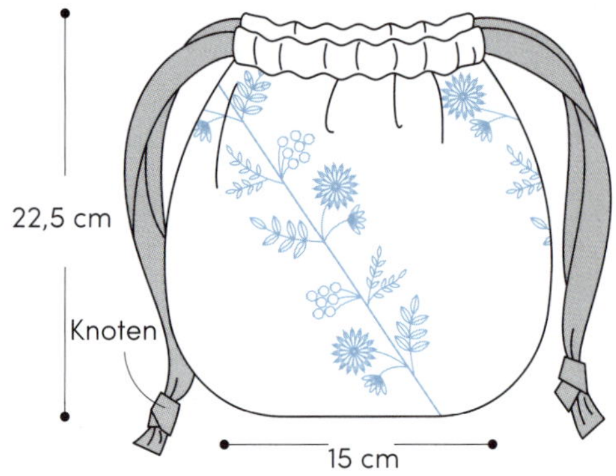

Stickvorlage in Originalgröße

- 3-fädig sticken, sofern nicht anders angegeben
- Farbe No. 811 verwenden, sofern nicht anders angegeben

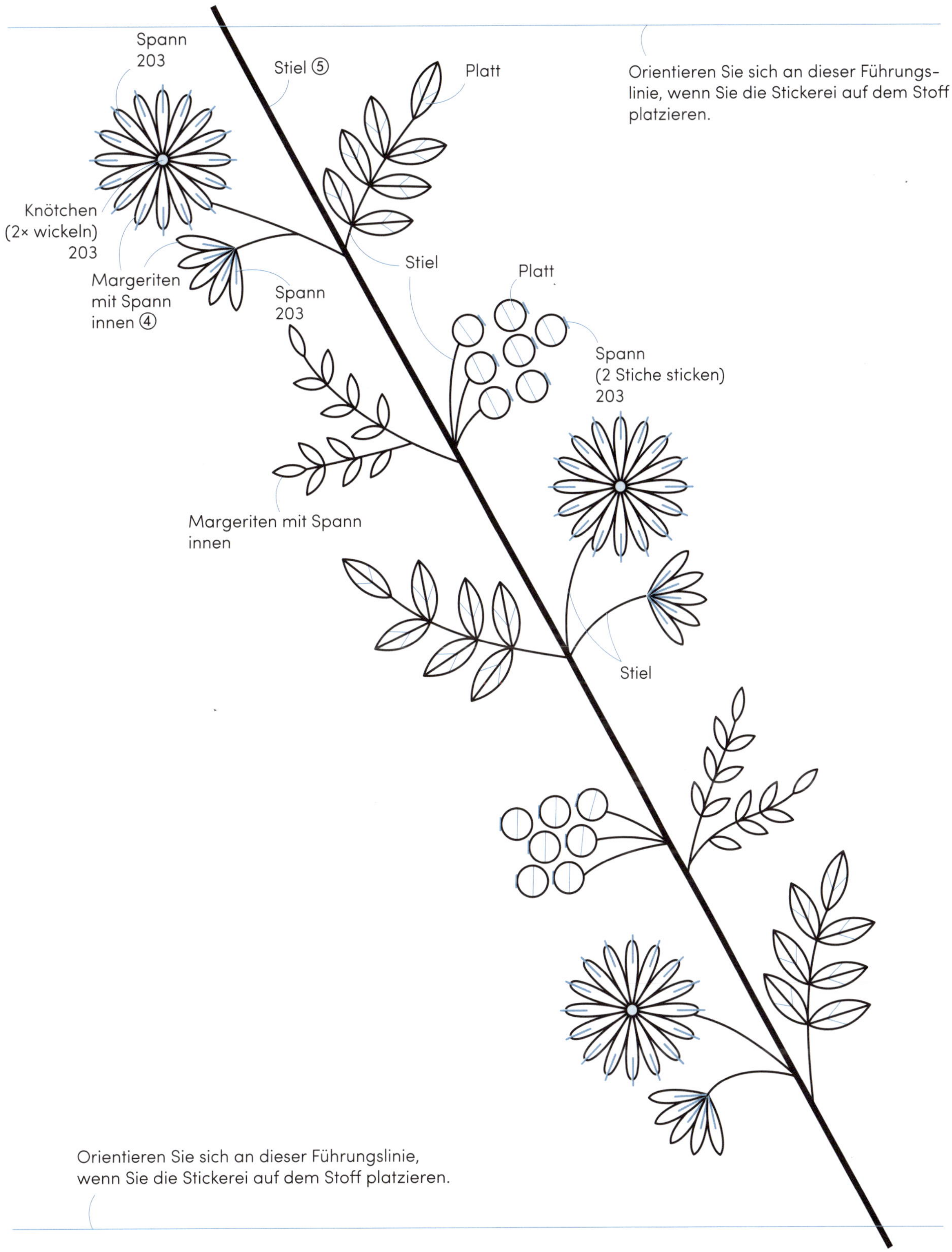

5 PROJEKT VON SEITE 12
DECKCHEN

Material

- 40 × 40 cm Leinen in Rohweiß
- Olympus-Stickgarn No. 25 in 324, 343, 632, 2835

Nähanleitung

1. Die Stickvorlage von Seite 69 auf das Leinen (40 × 40 cm) übertragen, dabei die Rapports wie unten abgebildet positionieren. Nach Anleitung sticken. Hier wird die Rückseite des Stoffs nicht mit Einlage verstärkt, weil sie beim fertigen Deckchen sichtbar bleibt.

2. Das bestickte Stoffstück auf ein Quadrat mit 34 cm Seitenlänge zurückschneiden. Vom Stickereirand zur Stoffkante sollten ringsherum 3 cm für die Saumzugabe stehen bleiben.

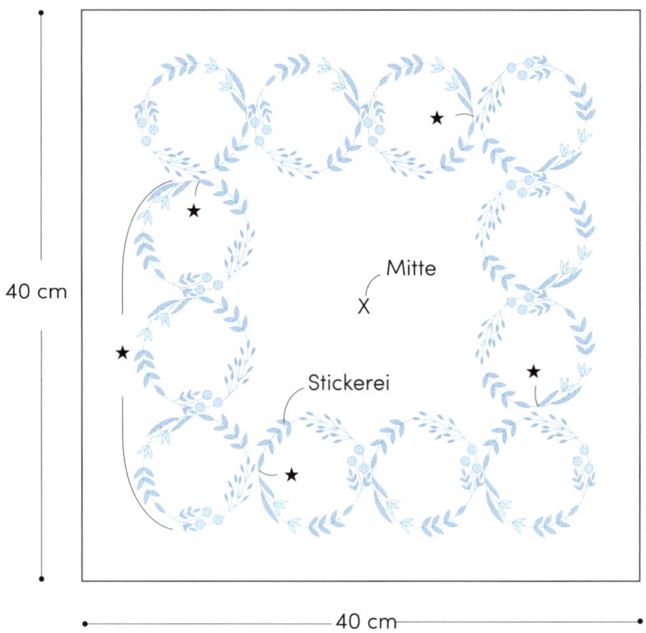

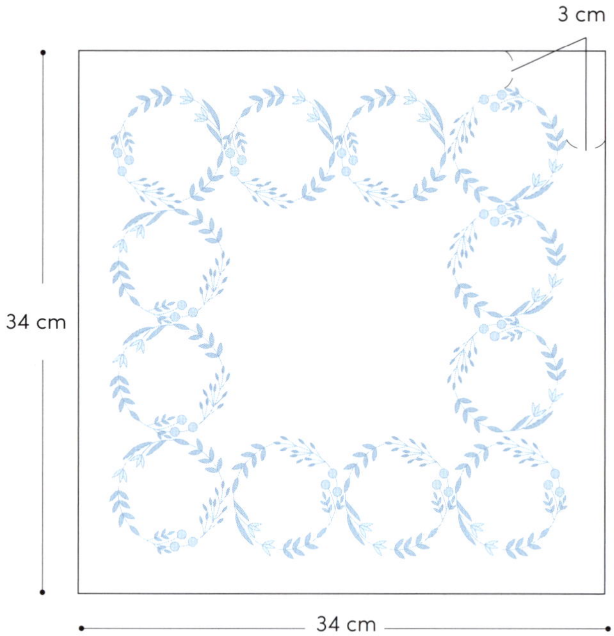

★ = 1 Rapport

3. An allen Ecken ein jeweils 1,5 cm großes Quadrat herausschneiden. Dadurch vermeidet man am Saum unschöne Verdickungen.

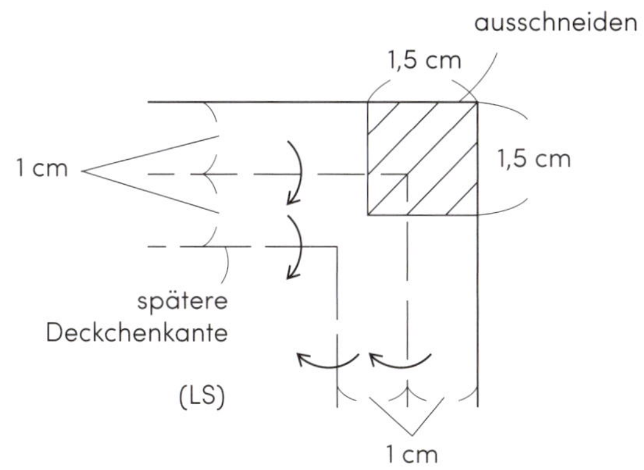

4. Die offenen Kanten zweimal je 1 cm umschlagen und die Ränder von Hand so säumen, dass die Stiche von rechts nicht sichtbar sind.

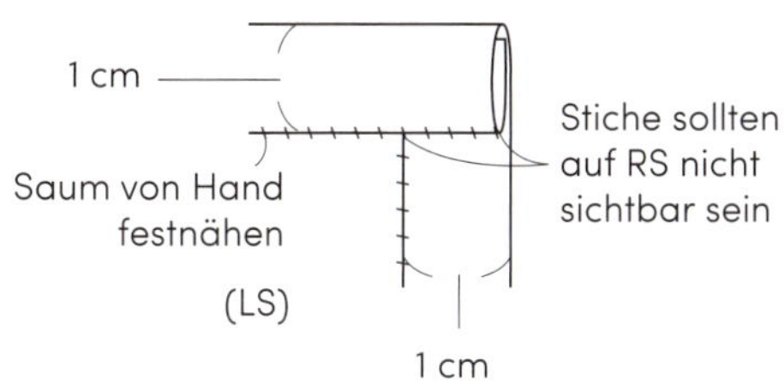

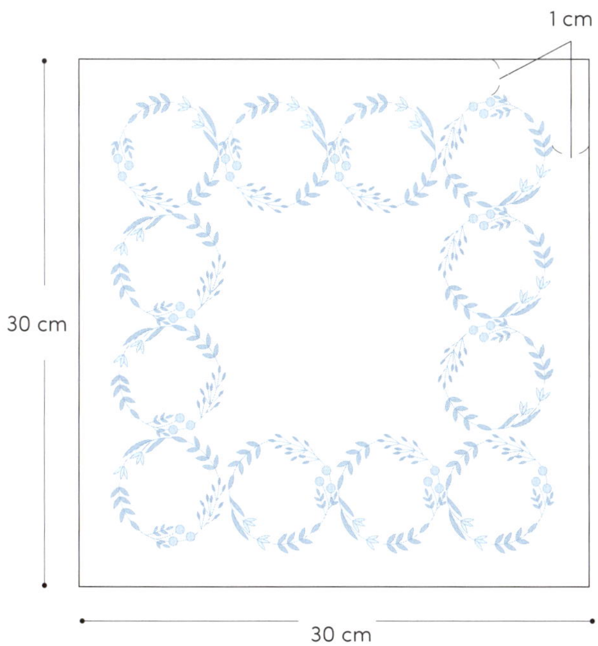

Stickvorlage in Originalgröße

- 3-fädig sticken

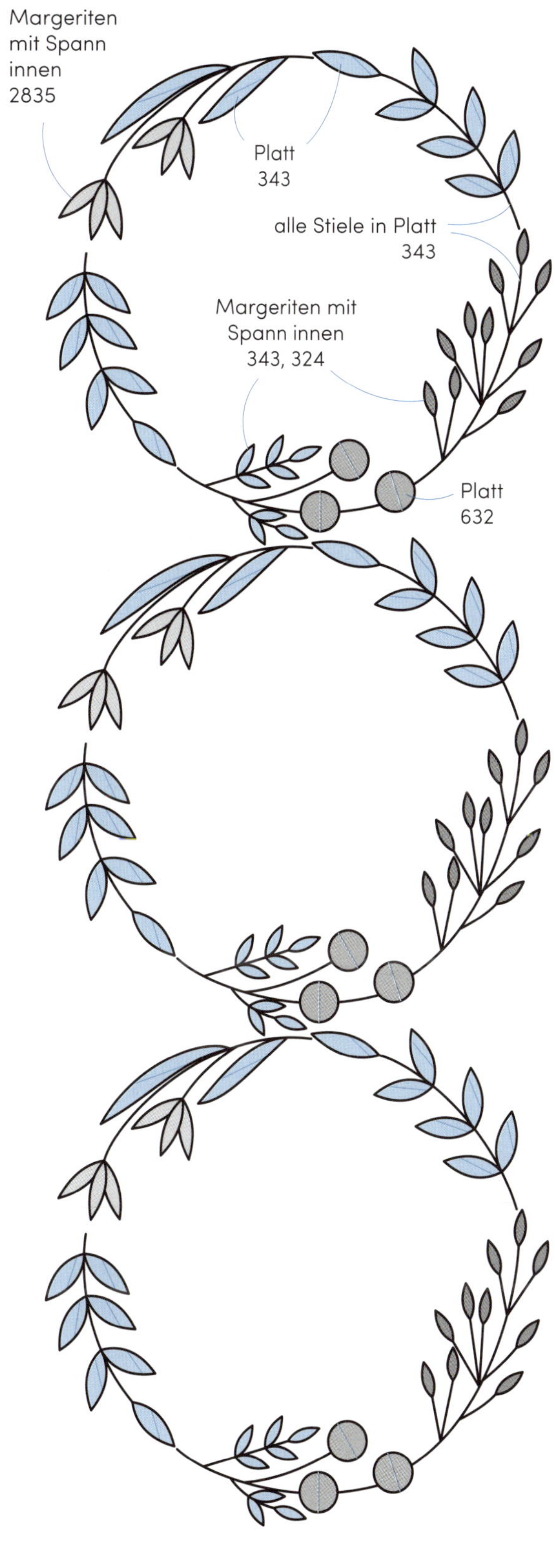

6 **PROJEKT VON SEITE 13**
SCHÜRZE

Material

- 90 × 80 cm Leinen in Grau
- Olympus-Stickgarn No. 25 in 218, 257, 343, 432, 561, 811
- 3-fädig sticken, sofern nicht anders angegeben

Nähanleitung

Mit 1 cm Nahtzugabe arbeiten, sofern nicht anders angegeben.

1. Aus dem Leinen ein Rechteck mit 86 × 46 cm zuschneiden, an der Oberkante wie abgebildet Falten einzeichnen. Die Stickmotive von Seite 72–73 auf den Stoff übertragen, dabei die Blumen wie abgebildet positionieren. Nach Anleitung sticken. **Anmerkung:** Die linke Stoffseite wird nicht mit Einlage verstärkt, weil sie bei der fertigen Schürze sichtbar bleibt.

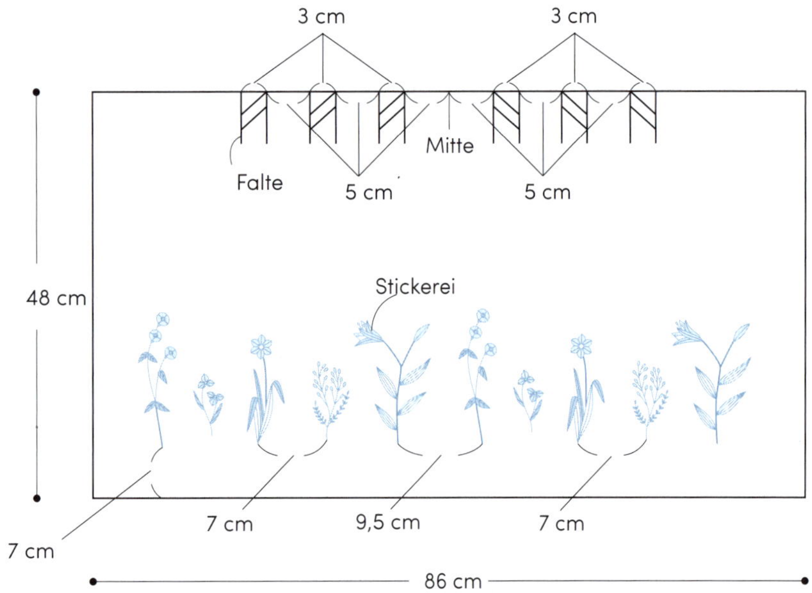

2. Falten wie abgebildet legen und mit Heftstichen fixieren.

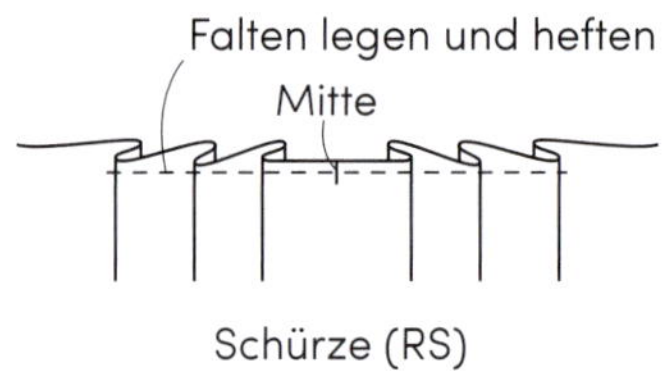

3. Schürzenteil seitlich an jeder Schmalkante zweimal je 1 cm breit umschlagen, bügeln und absteppen (siehe Abbildung zu Schritt 11 auf Seite 72).

4. Für den Bund einen Streifen mit 66 × 10 cm zuschneiden. Längs mittig falten und bügeln, um die Mittellinie zu markieren.

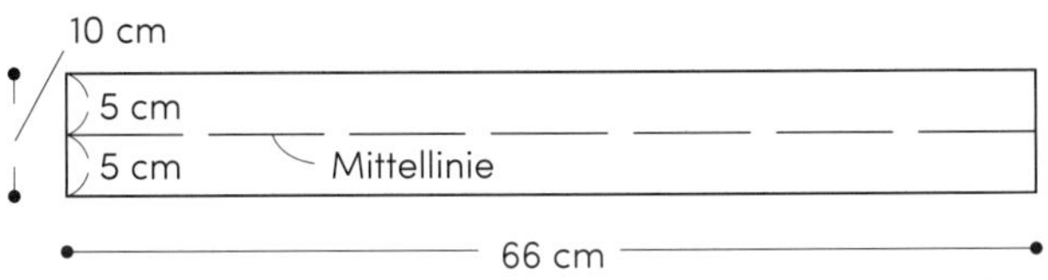

5. Bund aufgefaltet rechts auf rechts so auf die Schürzenoberkante legen, dass er an jeder Ecke 1 cm übersteht. Mit 1 cm Nahtzugabe festnähen.

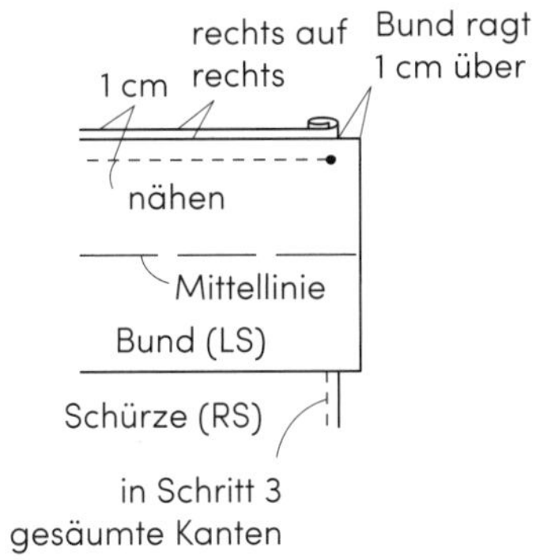

6. Für die Bänder zwei Streifen mit 62 × 8 cm zuschneiden. Bei jedem Band von einer unteren Ecke 3 cm an der Längskante abmessen und markieren. Jeweils eine schräge Linie von der oberen Ecke zur Markierung ziehen. Das Band an dieser Linie kürzen. Am geraden Bandende jeweils mittig für die Falte 1,5 cm markieren.

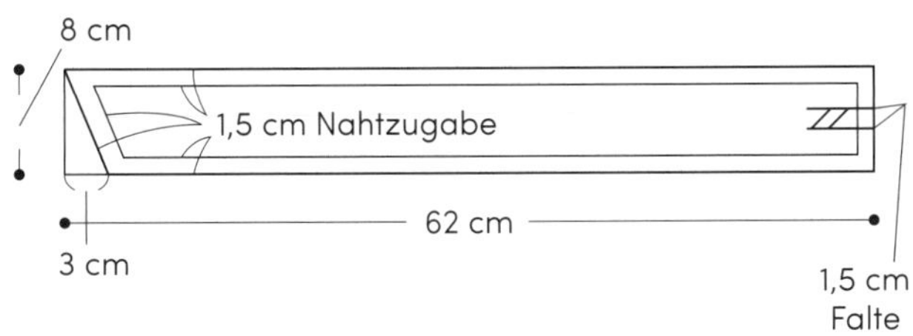

7. Diese Falte bei jedem Band einlegen und festheften. Dann die Kanten zweimal je 7 mm umschlagen und absteppen.

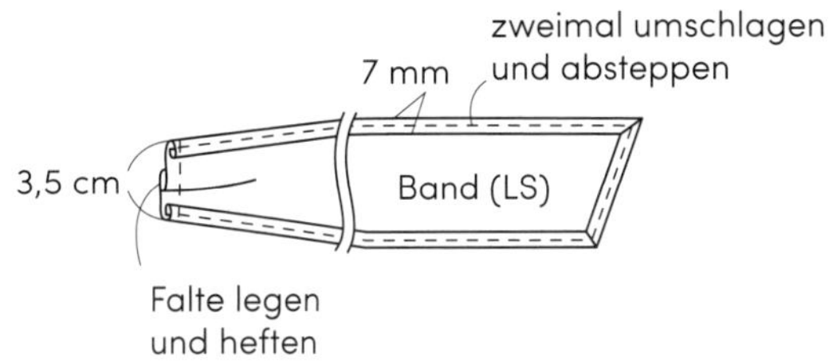

8. Bundnaht nach oben bügeln. Jedes Band mit dem Faltenende rechts auf rechts so auf den aufgefalteten Bund legen, dass die Bandunterkante auf der Bundansatznaht liegt. Bänder festheften.

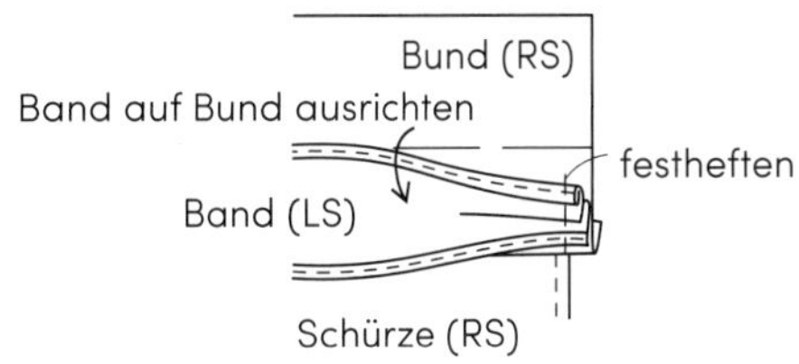

9. Den Bund entlang der Mittellinie über das Band umklappen. An jedem Ende mit 1 cm Nahtzugabe festnähen. Dabei an der Bruchkante beginnen und 1 cm vor der Bundunterkante enden.

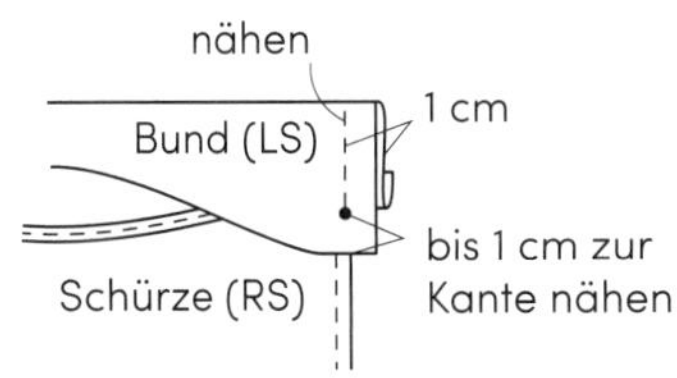

10. Bund auf rechts wenden. Die Nahtzugabe an der Unterkante einschlagen und von Hand an der Bundnaht festnähen.

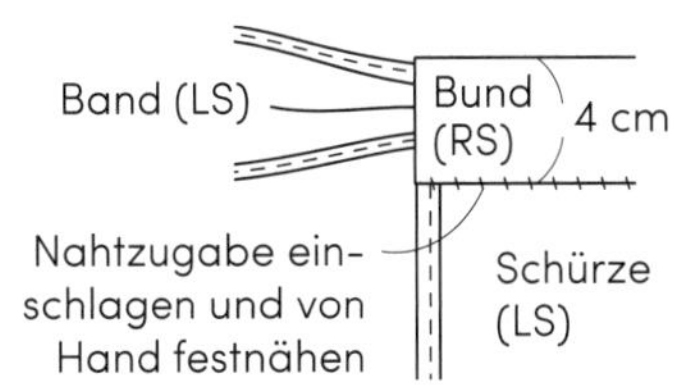

11. Den unteren Saum der Schürze zweimal je 1 cm breit umschlagen und feststeppen.

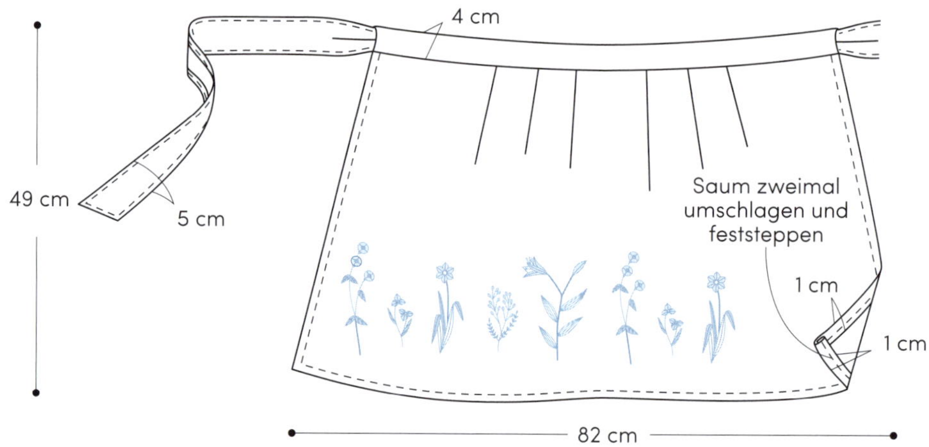

Stickvorlage in Originalgröße

- 3-fädig sticken, sofern nicht anders angegeben

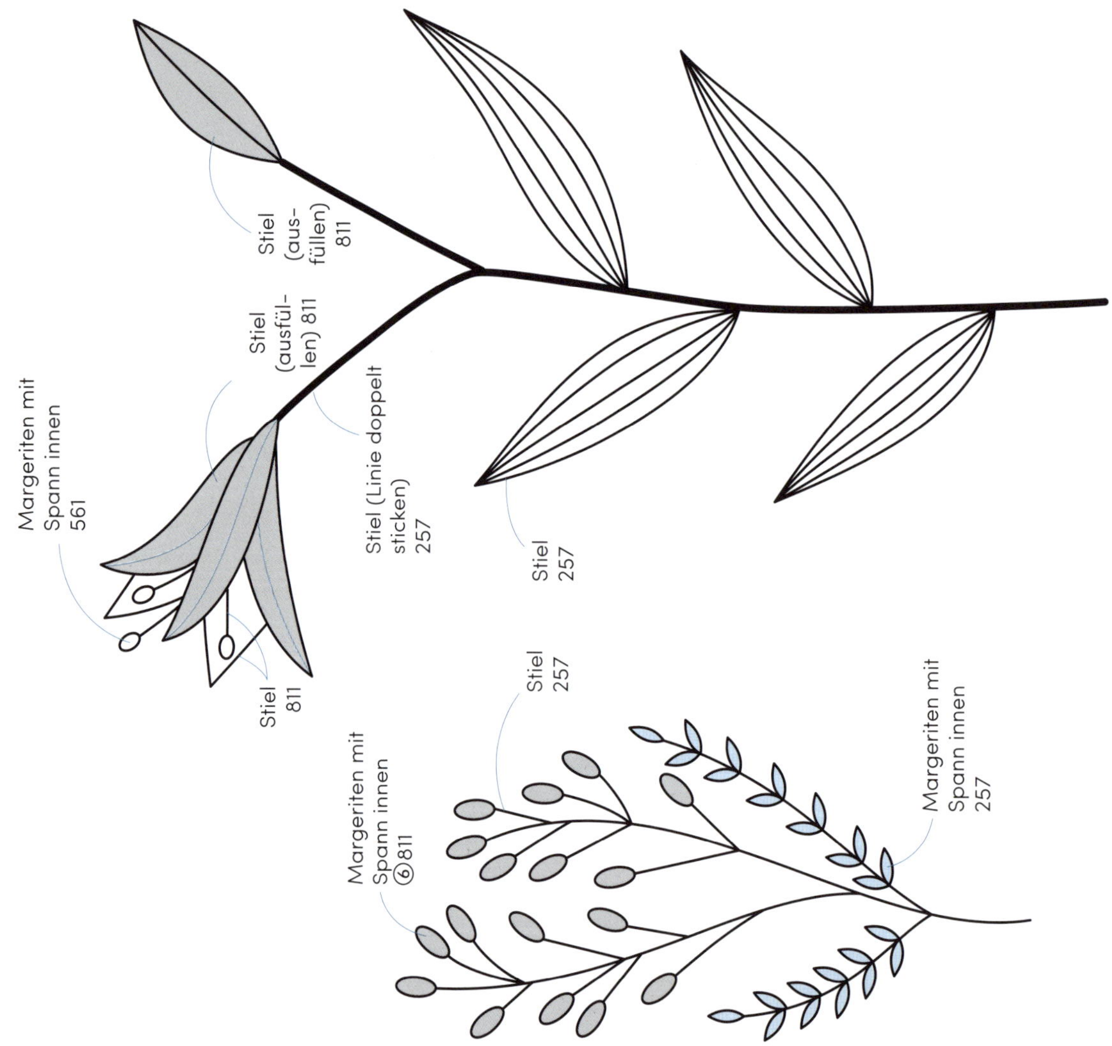

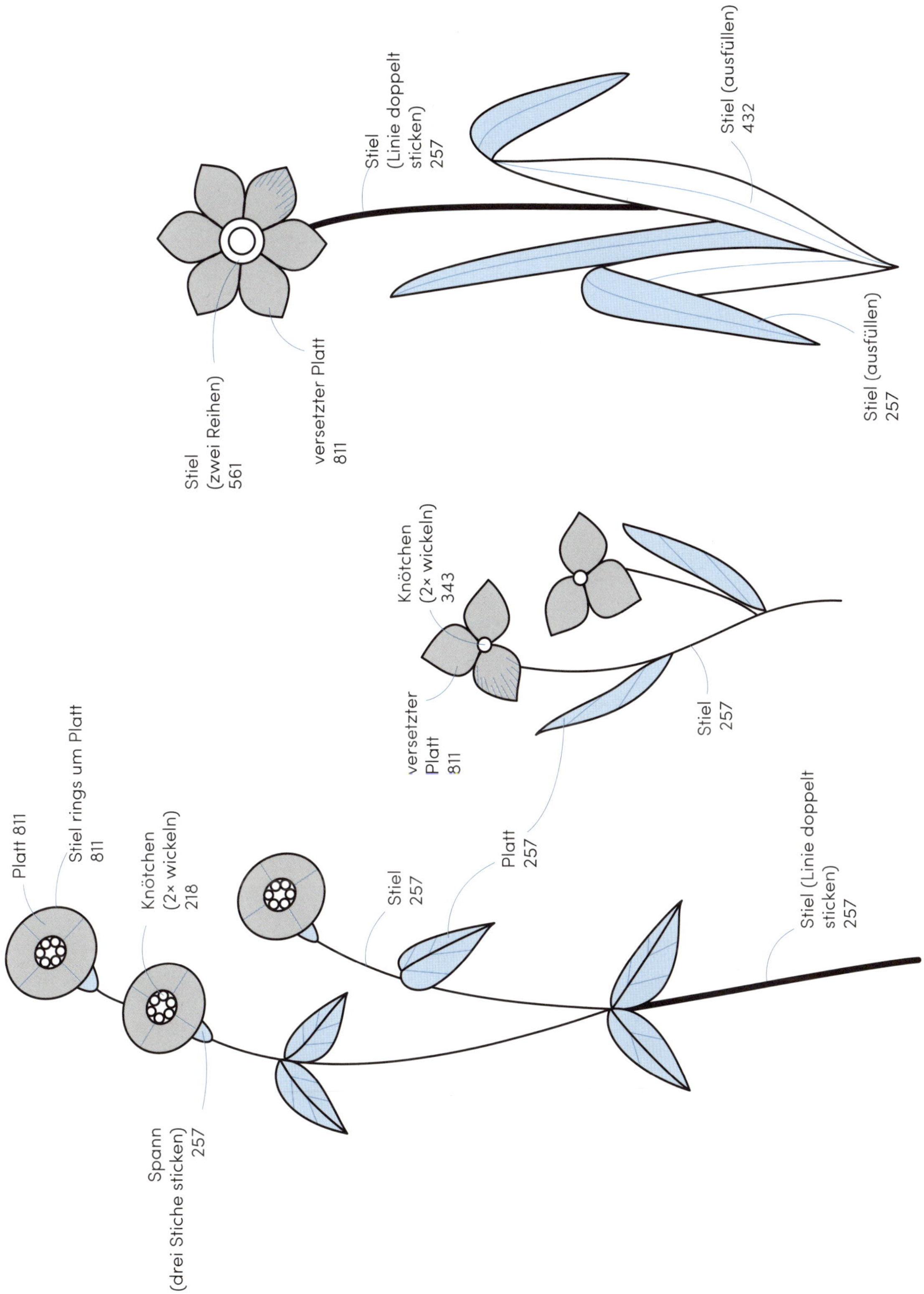
Stiel (Linie doppelt sticken) 257
Stiel (ausfüllen) 432
Stiel (zwei Reihen) 561
versetzter Platt 811
Stiel (ausfüllen) 257
Knötchen (2× wickeln) 343
versetzter Platt 811
Stiel 257
Platt 811
Stiel rings um Platt 811
Knötchen (2× wickeln) 218
Stiel 257
Platt 257
Stiel (Linie doppelt sticken) 257
Spann (drei Stiche sticken) 257

7 PROJEKT VON SEITE 15

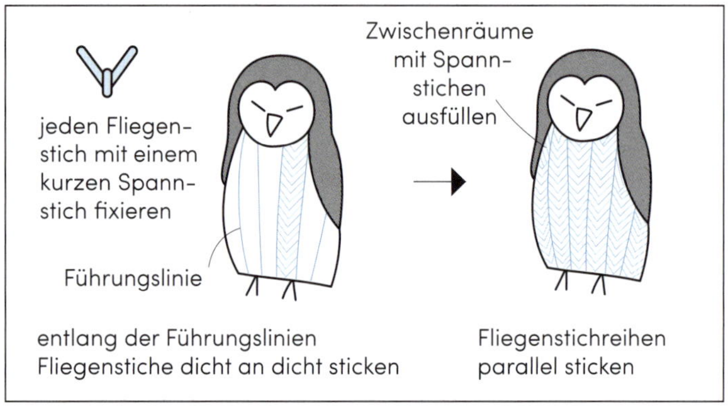

Stickvorlage in Originalgröße

- Material: Olympus-Stickgarn No. 25 in 341, 343, 423, 632, 841, 1602
- 2-fädig sticken, sofern nicht anders angegeben

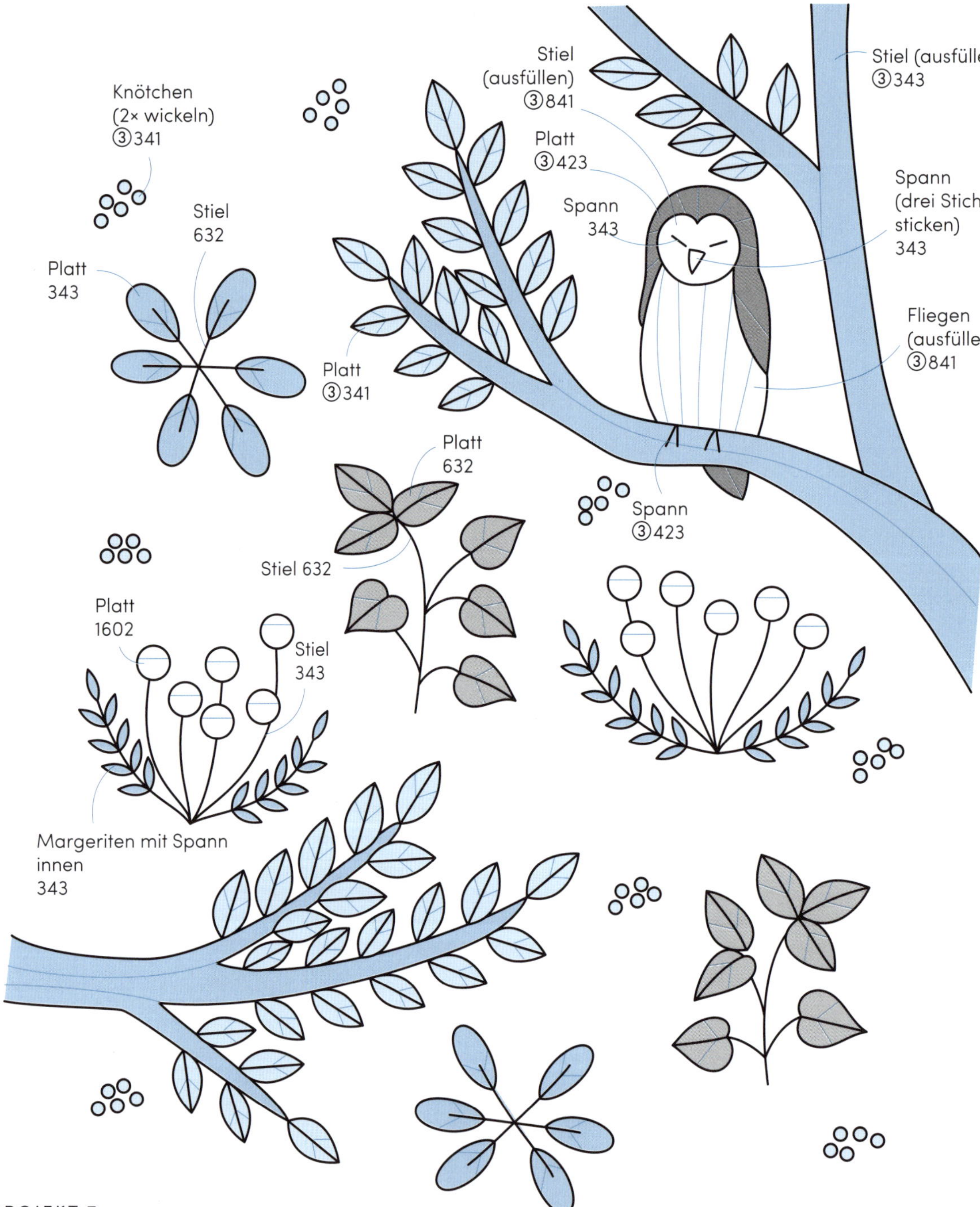

8 PROJEKT VON SEITE 16

Stickvorlage in Originalgröße

- Material: Olympus-Stickgarn No. 25 in 632, 841, 2835
- 841 verwenden, wenn nicht anders angegeben
- Stielstiche (3), sofern nicht anders angegeben
- ★ = Margeritenstich mit Spannstich

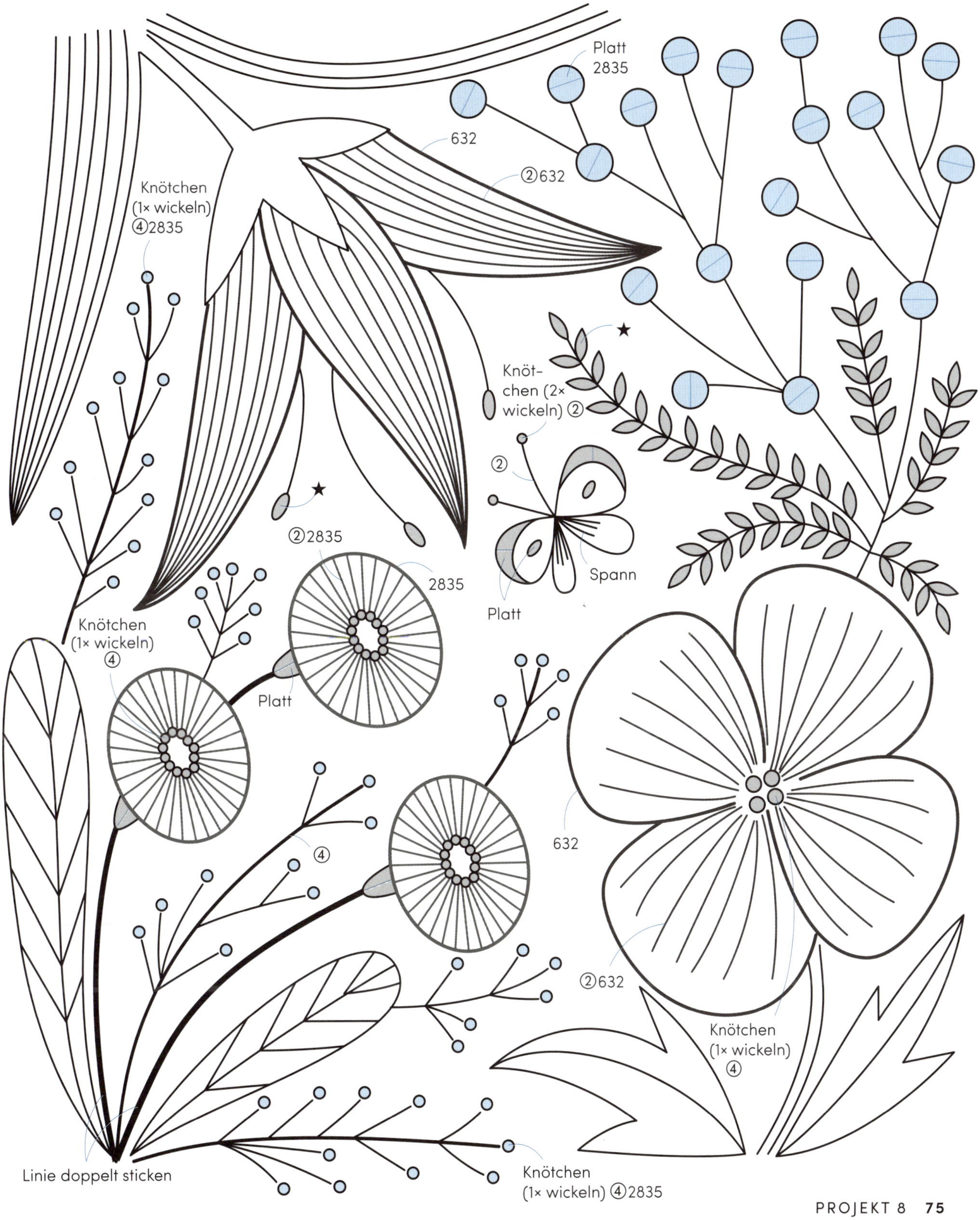

9 **PROJEKT VON SEITE 17**
TASCHE

Material

- 35 × 30 cm Leinen in Weiß (für das Vorderteil)
- 40 × 70 cm Leinen in Blau (für Rückteil, Futter und Henkel)
- 25 × 20 cm Bügeleinlage
- Olympus-Stickgarn No. 25 in 393

Nähanleitung

Arbeiten Sie mit 1 cm Nahtzugabe, sofern nicht anders angegeben.

1. Zuerst für das Vorderteil aus weißem Leinen (35 × 30 cm) auf der linken Stoffseite mittig die Einlage (25 × 20 cm) aufbügeln. Dann die Stickvorlage von Seite 78 auf den Stoff übertragen. Nach Anleitung sticken. Rings um die fertige Stickerei ein Rechteck mit 21 × 18 cm für die Nähte markieren, an allen Seiten 1 cm Nahtzugabe anfügen. Das Teil auf dieses Maß zurückschneiden.

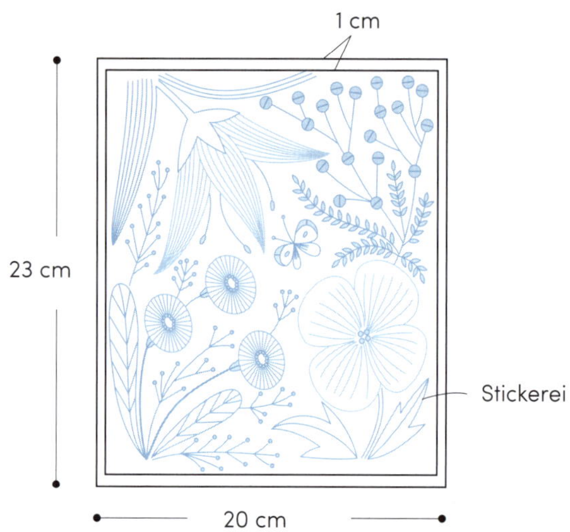

2. Aus dem blauen Leinen für die Henkel zwei Streifen mit 4 × 37 cm zuschneiden.

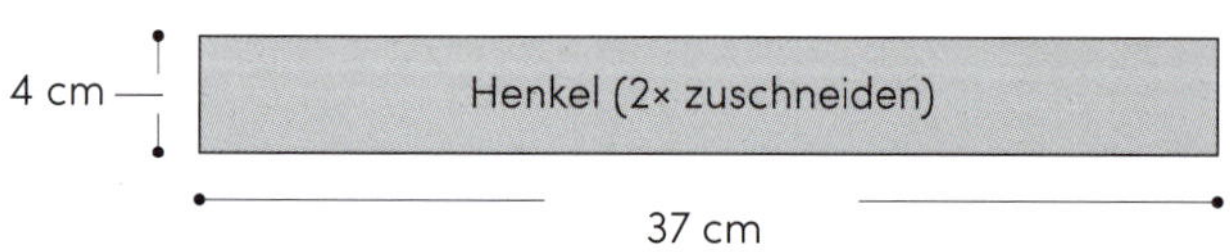

3. Bei jedem Henkel die Längskanten 1 cm nach links umschlagen, dann das Teil längs mittig falten und bügeln. Knappkantig absteppen.

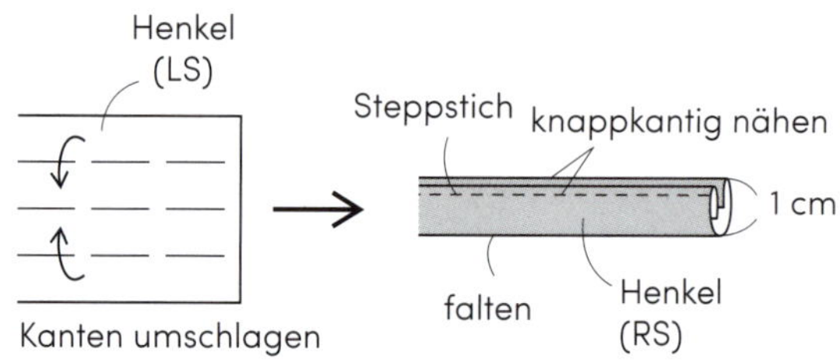

4. Einen Henkel anhand der Maßangaben wie abgebildet an das Vorderteil der Tasche heften.

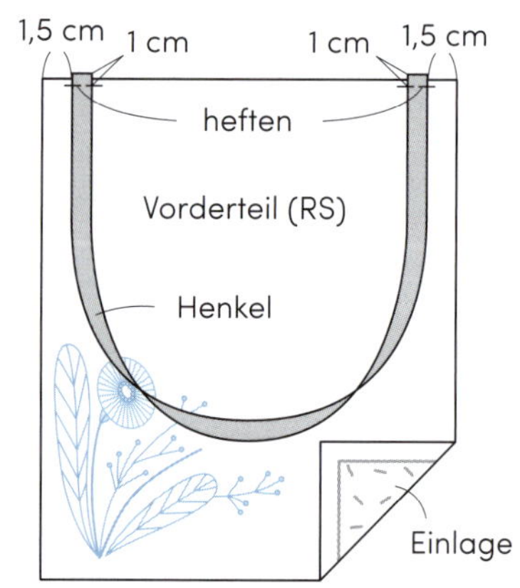

5. Aus blauem Leinen das Futtervorderteil mit 23 × 20 cm zuschneiden. Taschen- und Futtervorderteil rechts auf rechts legen, oben zusammennähen. Nahtzugaben auseinanderbügeln.

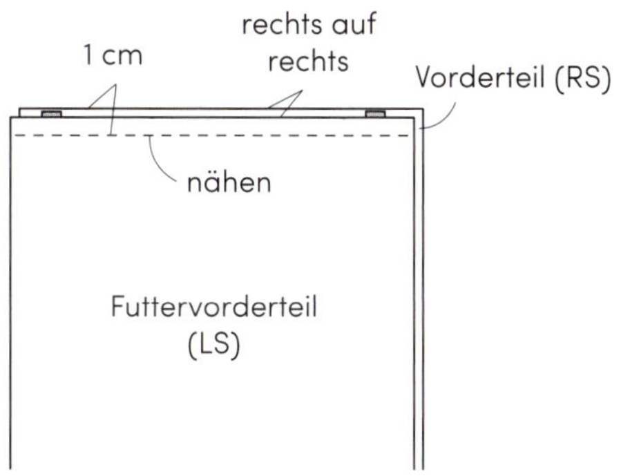

6. Aus dem blauen Leinen ein Taschen- und ein Futterrückteil mit je 23 × 20 cm zuschneiden. Anhand der Maßangaben in Schritt 4 den zweiten Henkel an das Taschenrückteil heften. Das Taschen- und Futterrückteil rechts auf rechts aufeinanderlegen. An der Oberkante zusammennähen. Nahtzugaben auseinanderbügeln.

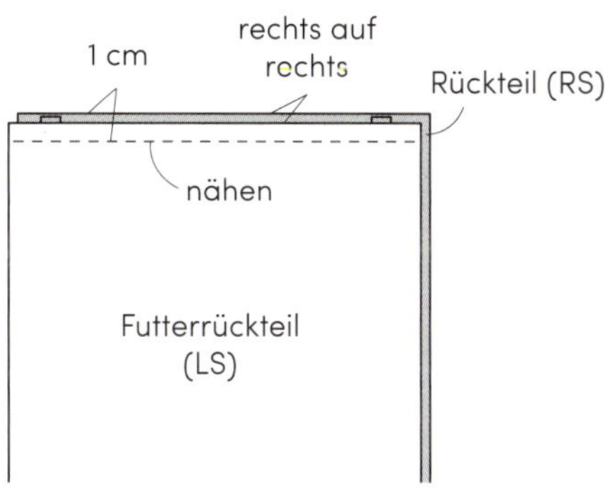

7. Die beiden aufgefalteten Taschenteile von Schritt 5 und 6 rechts auf rechts aufeinanderlegen. An allen Seiten zusammennähen, dabei im Futter unten eine 8 cm lange Öffnung lassen.

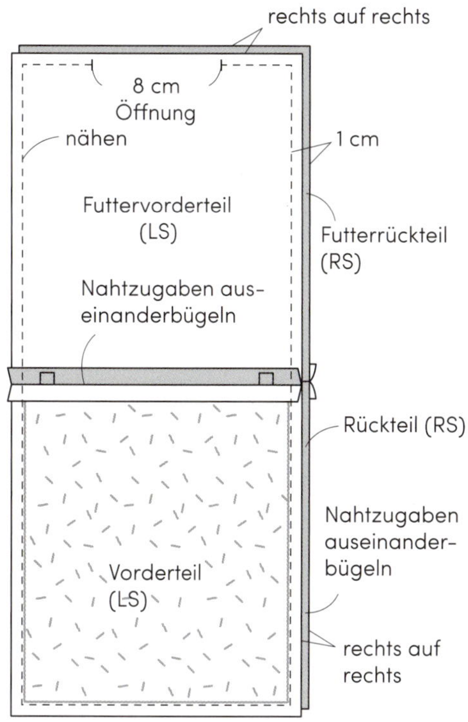

8. Die Tasche durch die Öffnung im Futter auf rechts wenden. Die Nahtzugaben der Öffnung einschlagen und diese von Hand zunähen.

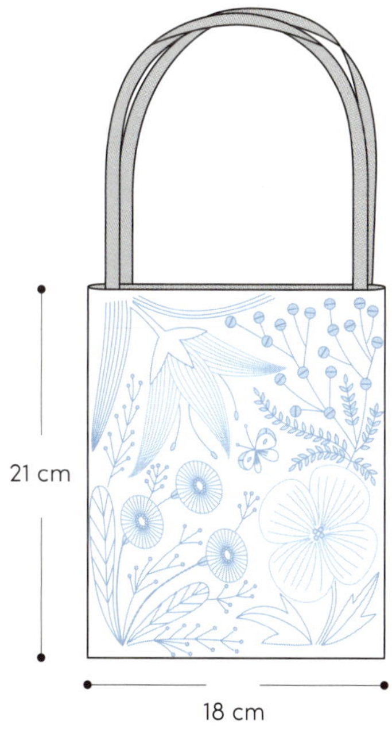

Stickvorlage in Originalgröße

- Stickgarn No. 393 für alle Stiche verwenden
- Stielstiche (3), sofern nicht anders angegeben
- ★ = Margeritenstich mit Spannstich innen

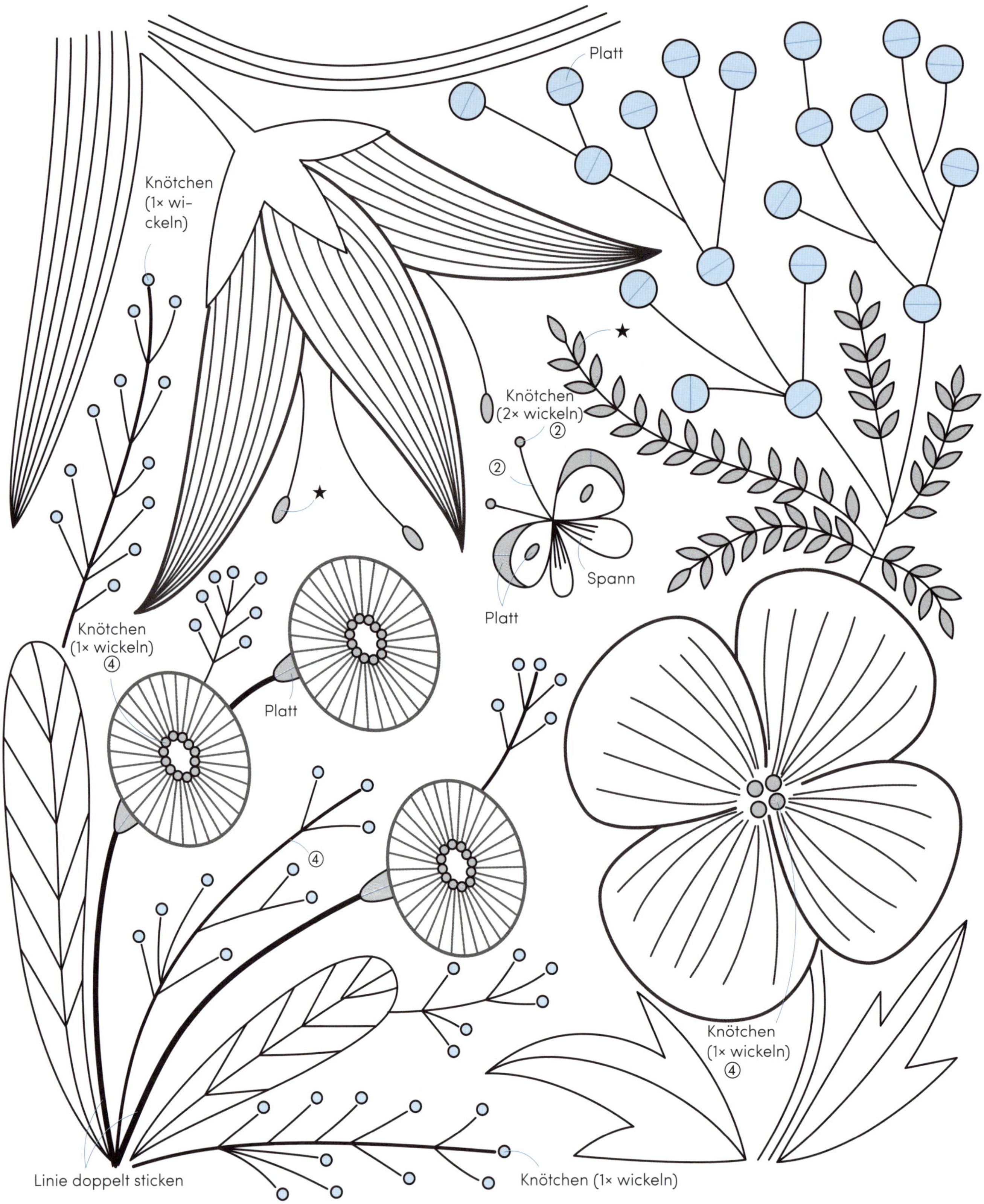

10 **PROJEKT VON SEITE 18**
BROSCHE/OHRCLIPS

Material

FÜR BEIDES

- 15 × 15 cm Leinen in Rosa oder Beige
- 10 × 10 cm Bügeleinlage
- Olympus-Stickgarn No. 25 (Farbnummern siehe Stickvorlage)

FÜR DIE BROSCHE

- ein runder Broschenrohling (3,5 cm Durchmesser) oder ein ovaler Broschenrohling (3,5 × 4,5 cm)
- eine Broschennadel (2,5 cm lang)
- 5 × 5 cm Leder oder dicker Filz

FÜR DIE OHRCLIPS

- ein Paar Ohrclips-Rohlinge (1,5 cm Durchmesser)
- Karton

Anleitung

FÜR DIE BROSCHE

1. Leinen (15 × 15 cm) von links mittig mit Einlage (10 × 10 cm) verstärken. Die gewünschte Vorlage (Seite 81) auf die rechte Stoffseite übertragen. Nach Anleitung sticken. Teil auf 6,5 cm zurückschneiden (1,5 cm Nahtzugabe ist enthalten).

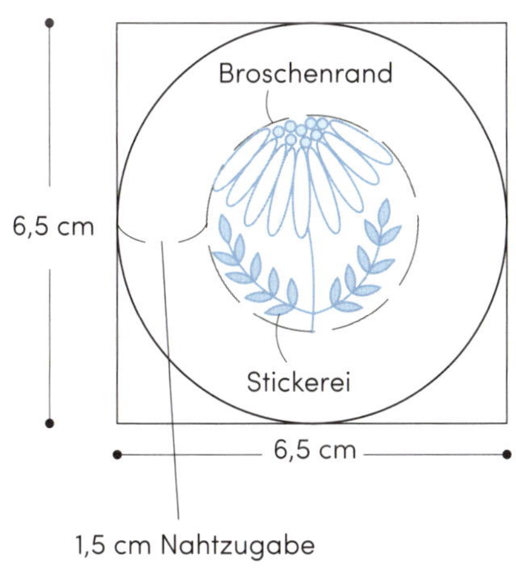

2. Rings um den Stoffrand Vorstiche nähen, Fadenenden hängen lassen. Rohling auf die linke Stoffseite legen, Fadenenden vorsichtig anziehen, damit sich der Stoff um den Rohling spannt. Stoffrand mit ein paar Stichen fixieren, Fadenenden verknoten.

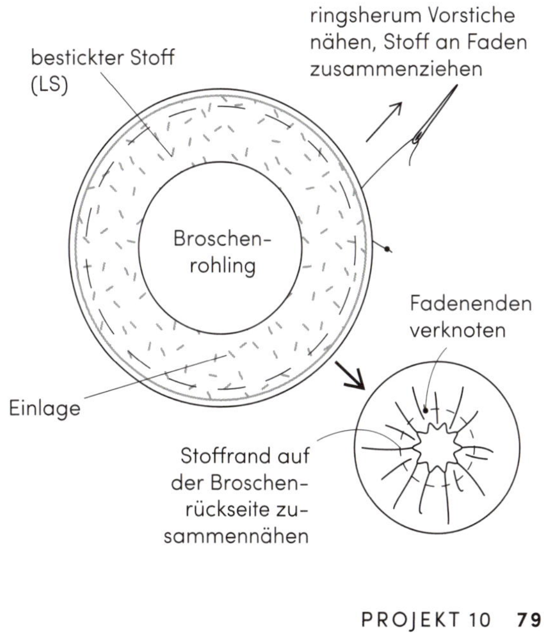

3. Den Umriss der Brosche auf dem Leder- oder Filzstück nachzeichnen. Innerhalb der Kontur ausschneiden, damit die Scheibe etwas kleiner als die Brosche ist. Broschennadel auf die Scheibe aufnähen.

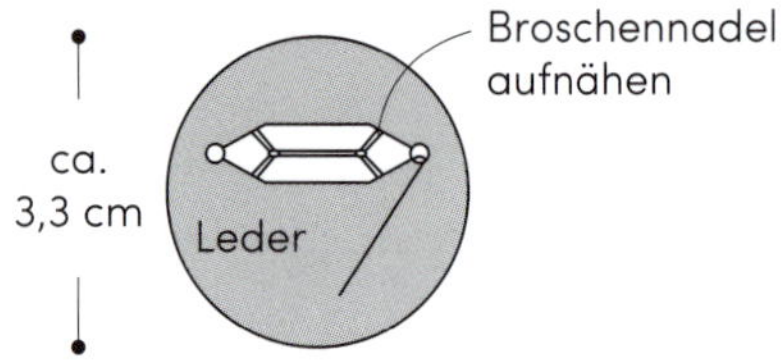

4. Das Broschenrückteil von Schritt 3 auf die Rückseite des bezogenen Rohlings kleben.

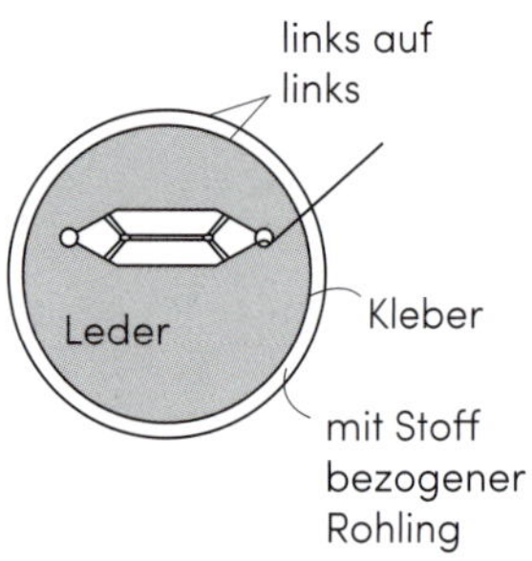

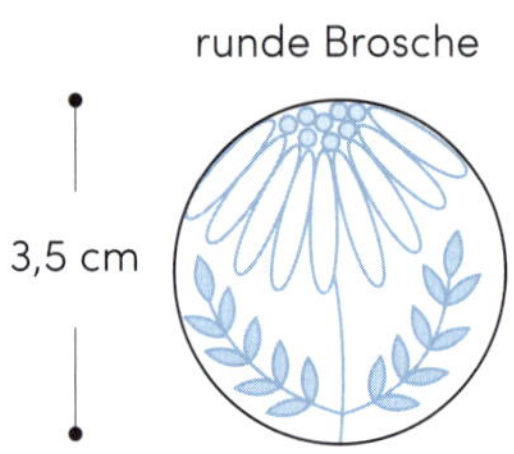

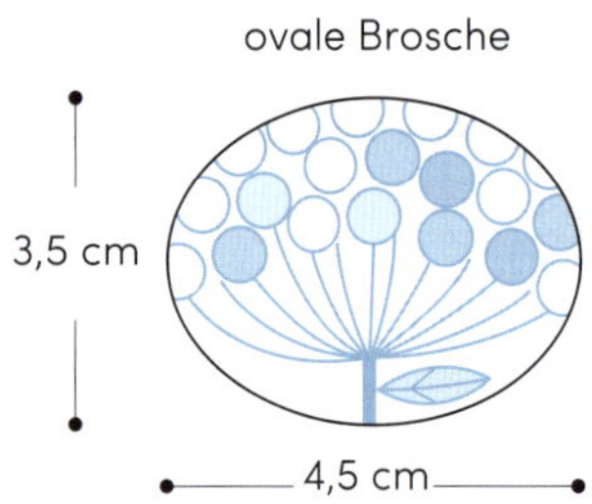

FÜR DIE OHRCLIPS

1. Leinen (15 × 15 cm) mittig mit Einlage verstärken. Die gewünschte Vorlage von Seite 81 auf den Stoff übertragen. Nach Anleitung sticken. Stickteil wie abgebildet auf 2,5 cm zurückschneiden (5 mm Nahtzugabe ist enthalten).

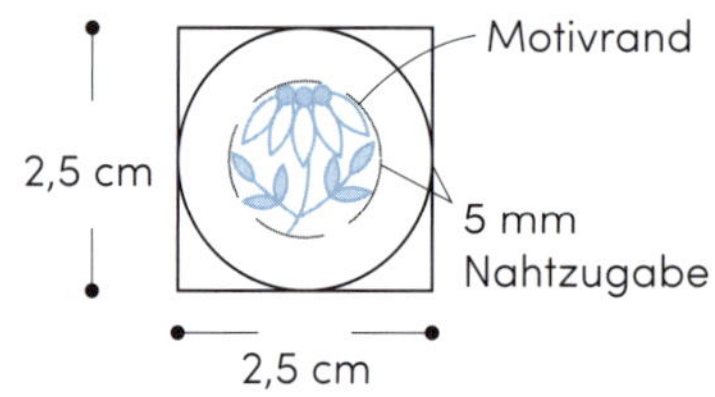

2. Aus Karton eine Scheibe mit 1,5 cm Durchmesser ausschneiden. Rund um den Stickteilrand Vorstiche nähen, Fadenenden hängen lassen. Scheibe auf die linke Stoffseite legen, Fadenenden vorsichtig anziehen, damit sich der Stoff um die Scheibe spannt. Stoffrand mit einigen Stichen fixieren, Fadenenden verknoten.

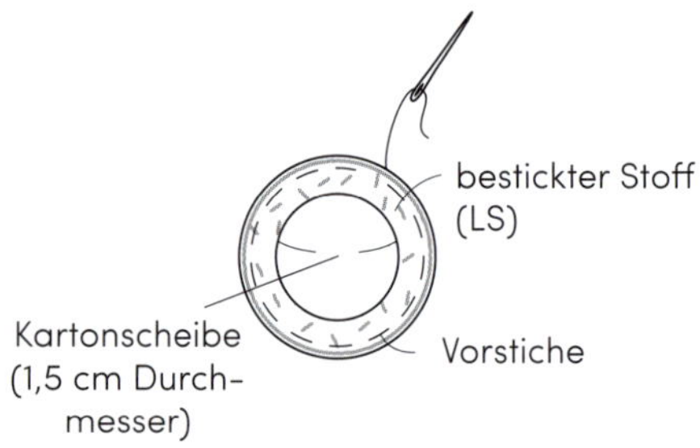

3. Ohrclip-Rohling auf die Rückseite der bezogenen Kartonscheibe aufkleben. Für den zweiten Ohrclip Schritt 1 bis 3 wiederholen.

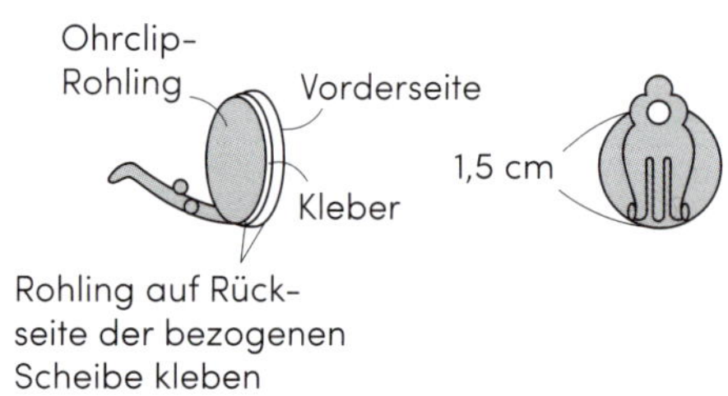

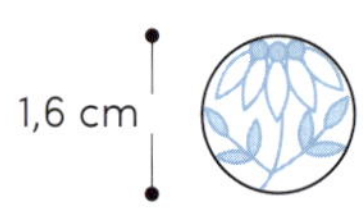

Stickvorlage in Originalgröße

- 3-fädig sticken, sofern nicht anders angegeben
- alle Knötchenstiche 2 × wickeln
- ★ = Margeritenstiche mit Spannstich innen

BROSCHEN

beiger Stoff

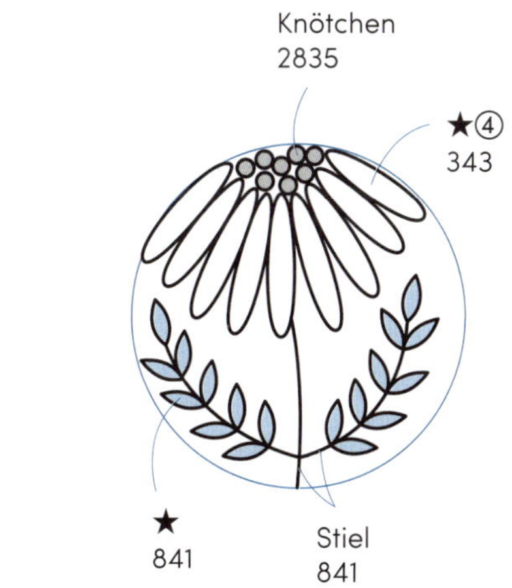

rosa Stoff

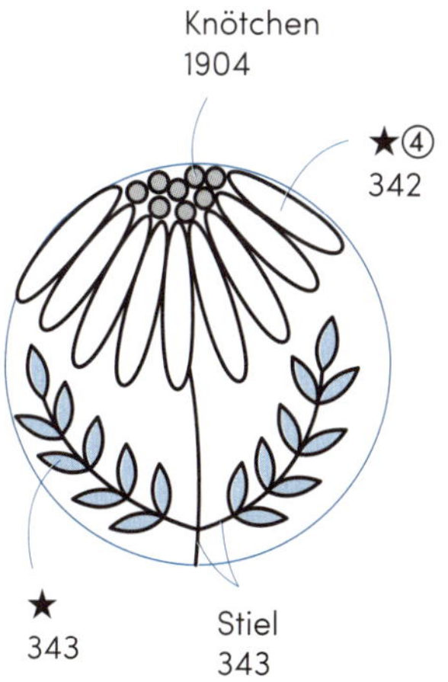

beiger Stoff

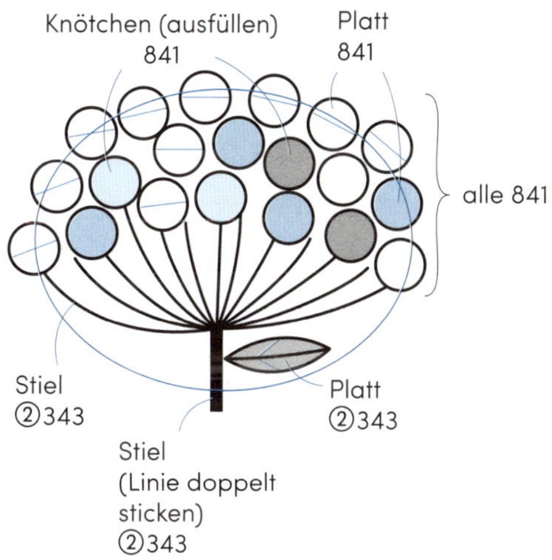

rosa Stoff

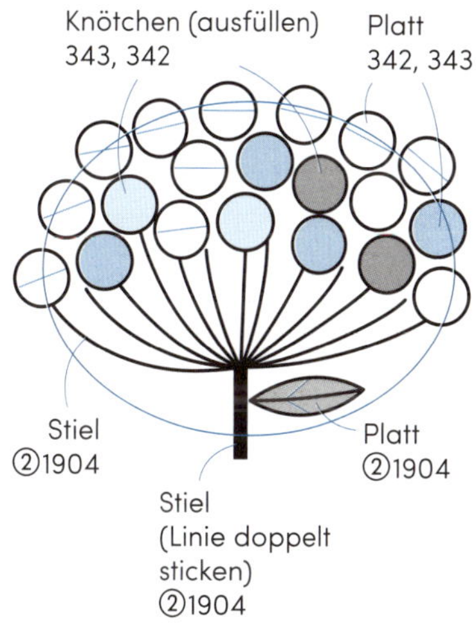

OHRCLIPS

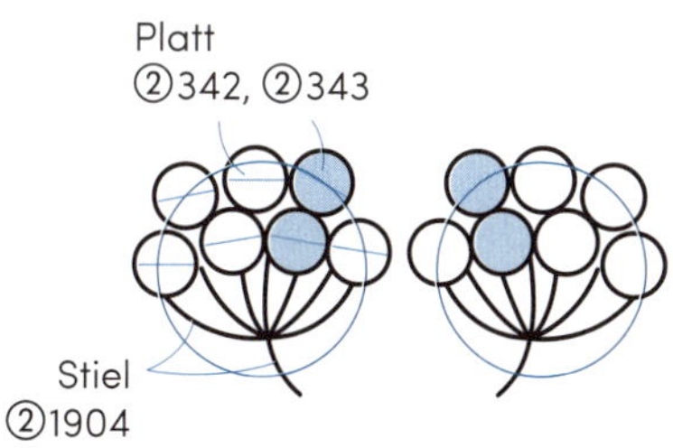

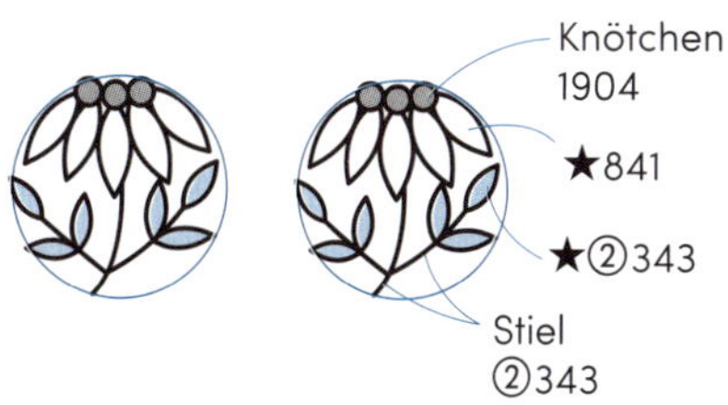

11 PROJEKT VON SEITE 19

Stickvorlage in Originalgröße

- Material: Olympus-Stickgarn No. 25 in 343, 1601, 1602, 1603
- Plattstich, sofern nicht anders angegeben
- alle Stiche 3-fädig sticken

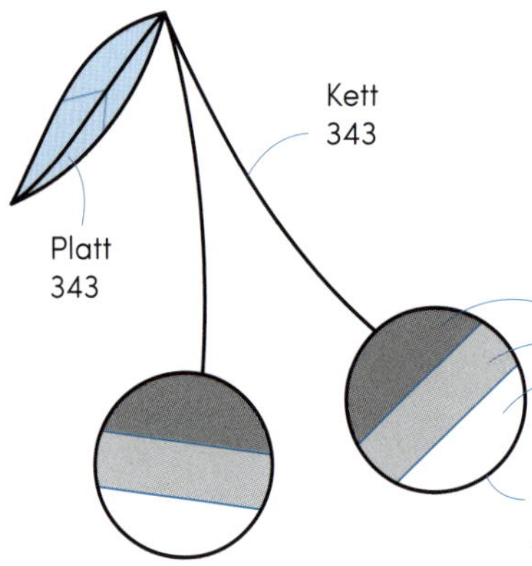

12 PROJEKT VON SEITE 19

Stickvorlage in Originalgröße

- Material: Olympus-Stickgarn No. 25 in 294, 841, 1601, 1602, 1904
- alle Stiche 3-fädig sticken

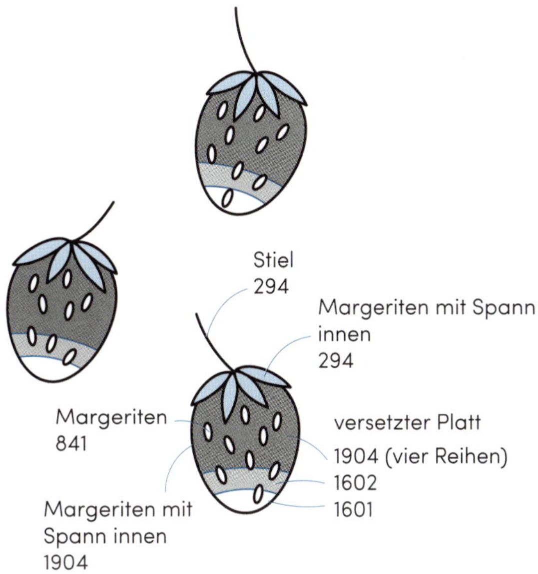

Stickvorlage in Originalgröße

- Material: Olympus-Stickgarn No. 25 in 135 und 294
- 3-fädig sticken, sofern nicht anders angegeben

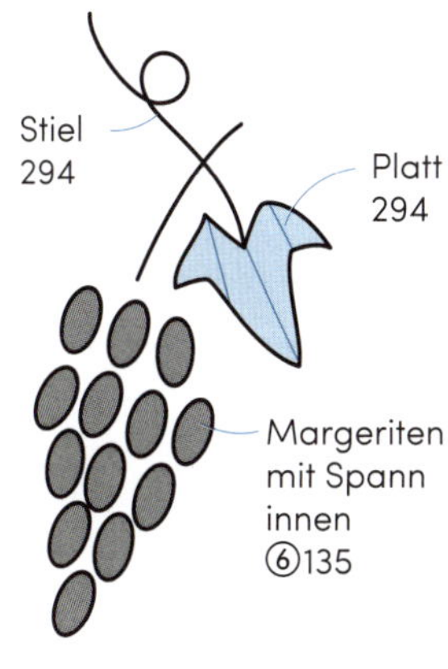

13 **PROJEKT VON SEITE 21**

Stickvorlage in Originalgröße

- Material: Olympus-Stickgarn No. 25 in 575, 794, 841, 1908, 2015
- 2-fädig sticken, sonst wie angegeben

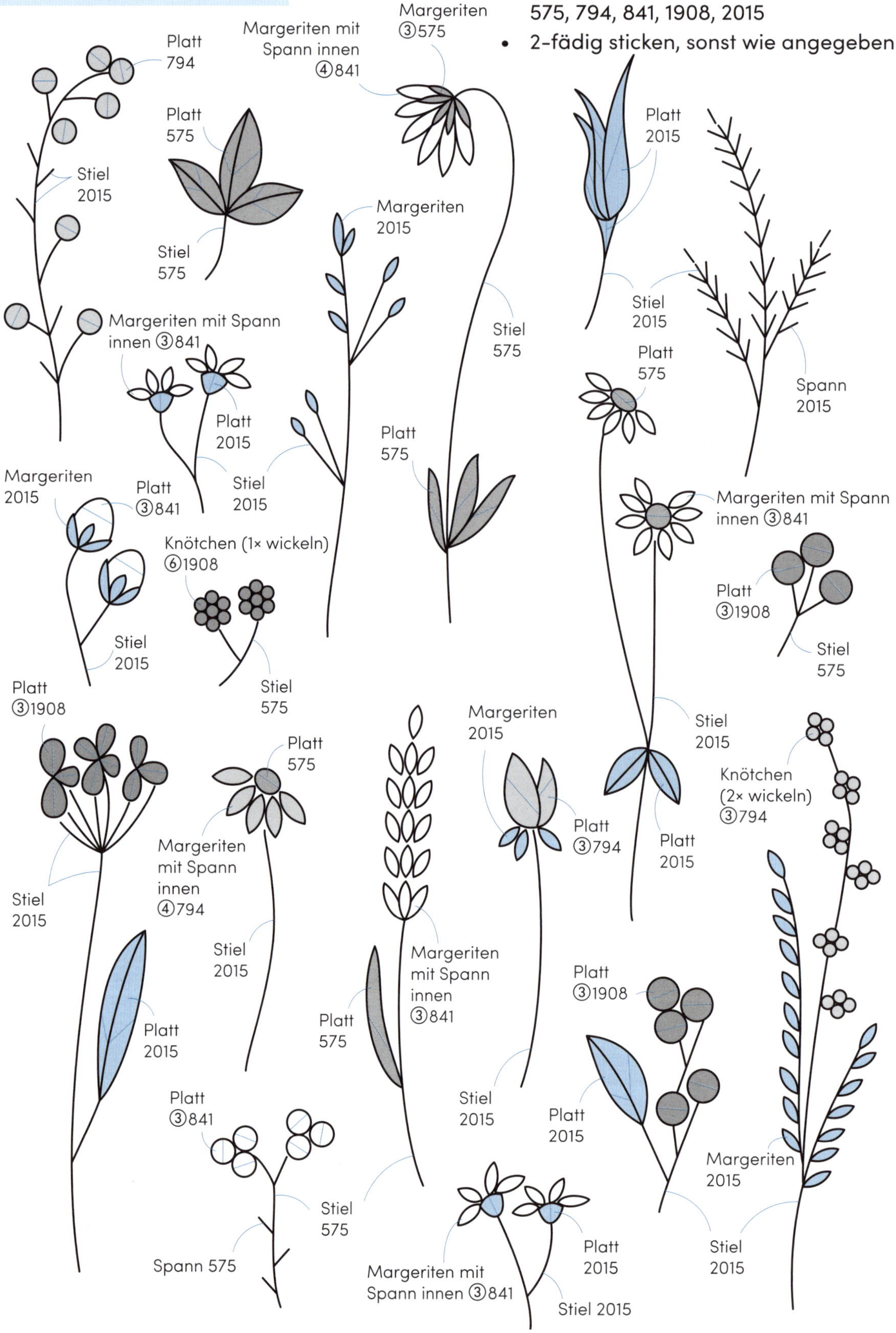

14 PROJEKT VON SEITE 22
TRAGETASCHE

Material

- 90 × 30 cm Leinen in Rosa (für das Außenteil)
- 90 × 30 cm Baumwollstoff (für das Futter)
- 50 × 30 cm Bügeleinlage
- Olympus-Stickgarn No. 25 in 432, 632, 744, 1603, 3042, 3043

Nähanleitung

1. Aus dem Leinen das Außenteil mit 90 × 25 cm zuschneiden. Aus der Einlage ein Teil mit 50 × 25 cm zuschneiden und mittig auf den Stickbereich (linke Stoffseite) aufbügeln. Die Vorlage von Seite 87 auf den Stoff übertragen. Nach Anleitung sticken. Das Stickteil wie abgebildet in Rautenform zuschneiden (1 cm Nahtzugabe ist enthalten). Wie abgebildet Markierungen anbringen.

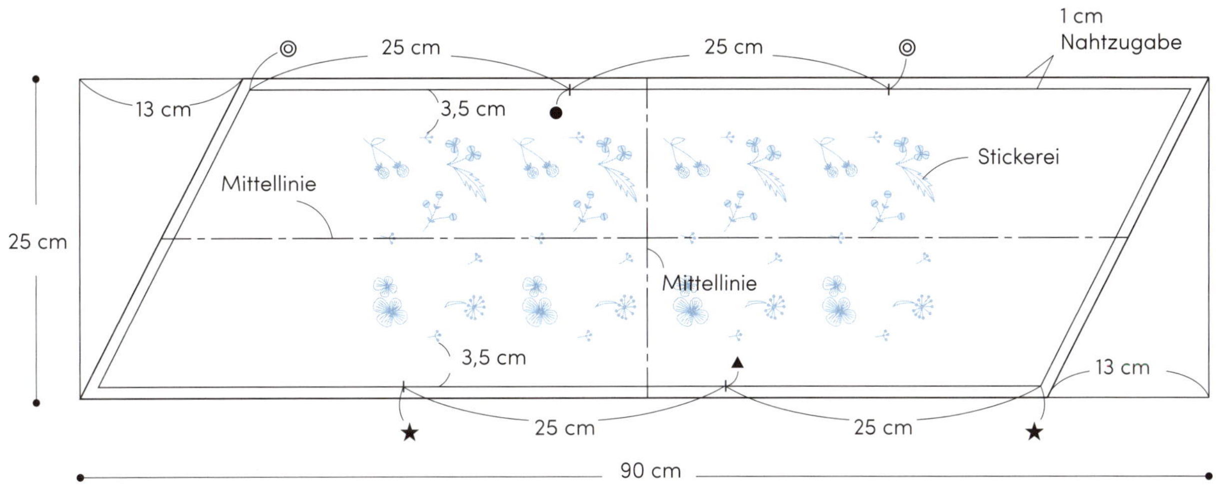

2. Stickteil rechts auf rechts so falten, dass die Markierungen (o) aufeinanderliegen. Vom Bruch bis zur Markierung nähen (Länge ca. 25 cm).

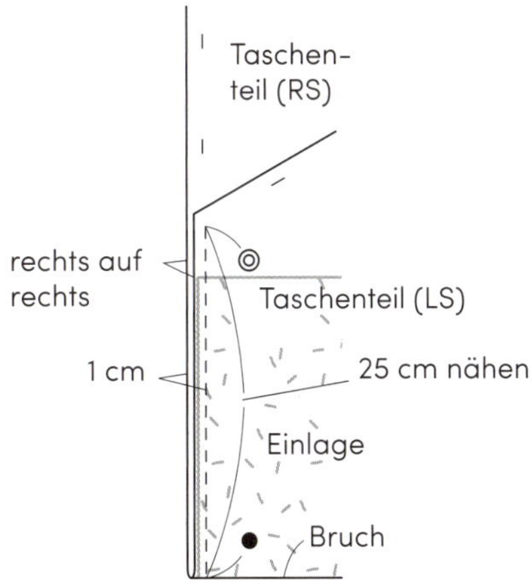

3. Nun das Stickteil an den anderen Markierungen (★) aufeinanderlegen. Vom Bruch bis zur Markierung nähen (Nahtlänge ca. 25 cm).

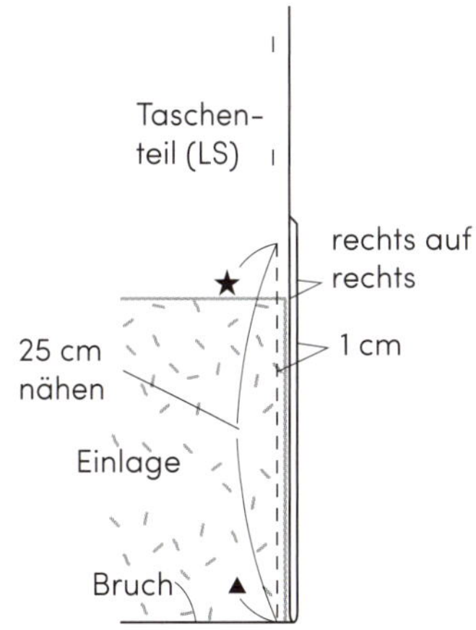

4. Aus dem Baumwollstoff für das Futter ein Rechteck mit 90 × 25 cm zuschneiden, wie abgebildet in Rautenform schneiden (dabei ist 1 cm Nahtzugabe enthalten). Darauf achten, dass die spitzen Winkel umgekehrt wie beim Taschenteil zugeschnitten werden. Futter wie in Schritt 2 und 3 zusammennähen, jedoch in einer Naht eine 10 cm lange Öffnung lassen. Durch diese wird das Futter später auf rechts gewendet.

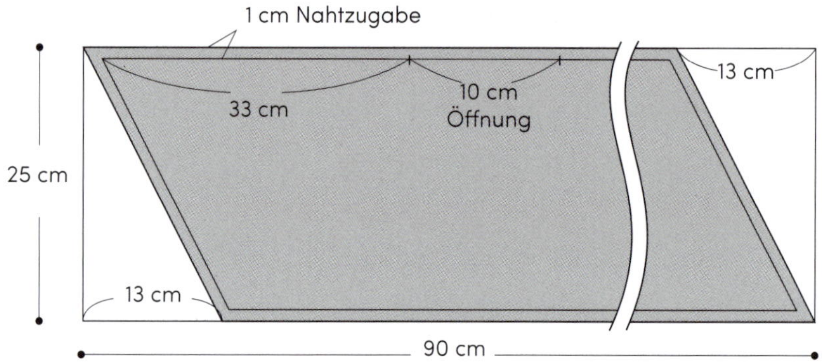

5. Das Taschenaußenteil rechts auf rechts in das Futter stecken. Mit 1 cm Nahtzugabe entlang der Oberkanten zusammennähen. Die Nahtzugabe der V-Form im Scheitelpunkt einschneiden und ab dort auseinanderbügeln.

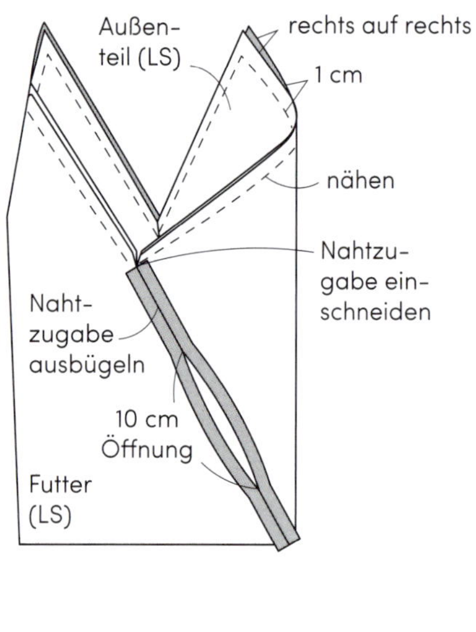

6. Tasche durch die Öffnung im Futter auf rechts wenden und in Form ziehen. Die Öffnung an der Nahtlinie von Hand zunähen.

7. Die oberen Spitzen der Tasche wie abgebildet übereinanderlegen. Dort das Taschenaußenteil und das Futterteil jeweils separat von Hand zusammennähen, um den Henkel zu bilden.

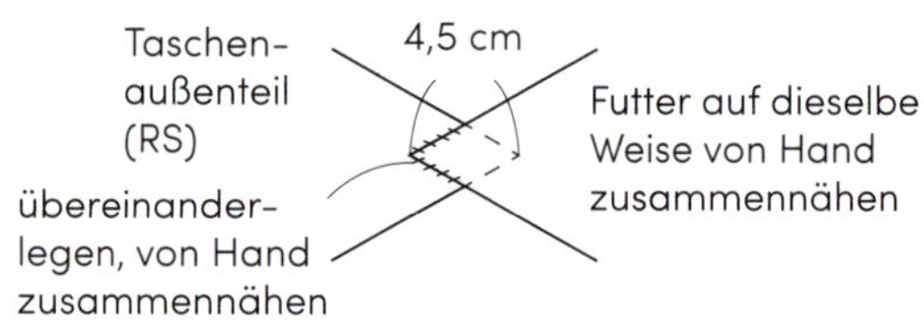

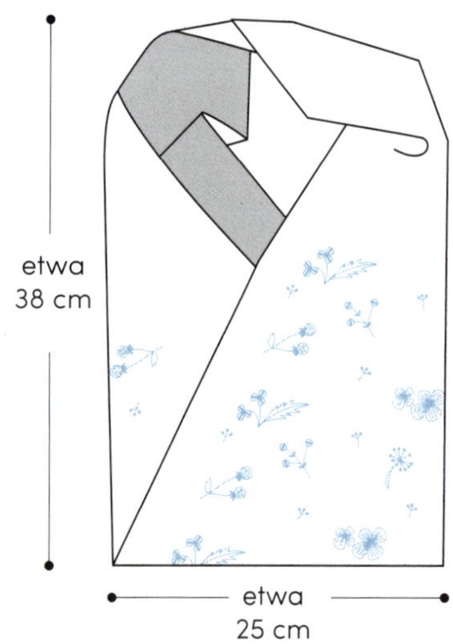

Stickvorlage in Originalgröße

- Plattstich, sofern nicht anders angegeben
- 2-fädig sticken, sofern nicht anders angegeben

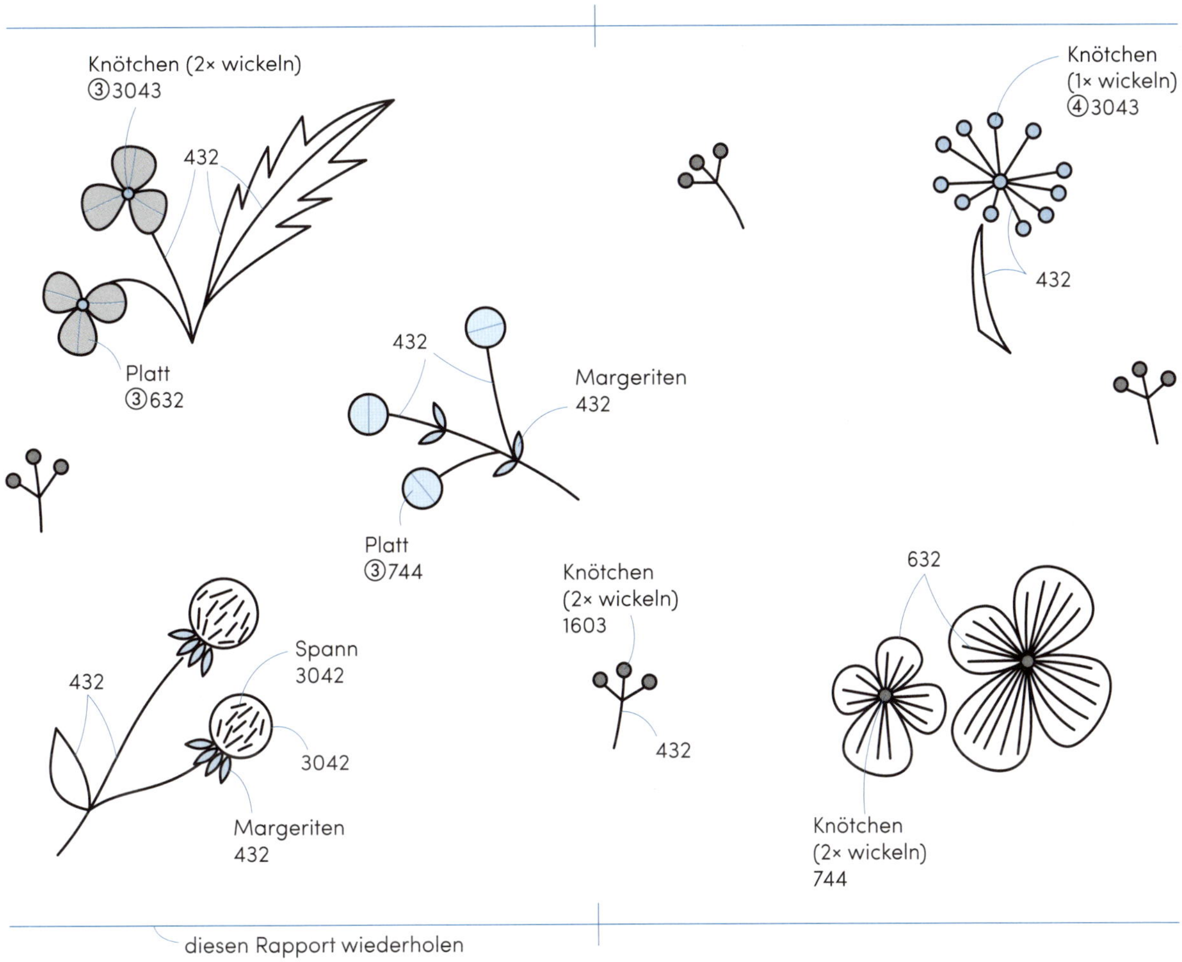

15 PROJEKT VON SEITE 23

Stickvorlage in Originalgröße

- Material: Olympus-Stickgarn No. 25 in 167, 288, 486, 632, 794, 2835
- Plattstich, sofern nicht anders angegeben
- 2-fädig sticken, sofern nicht anders angegeben

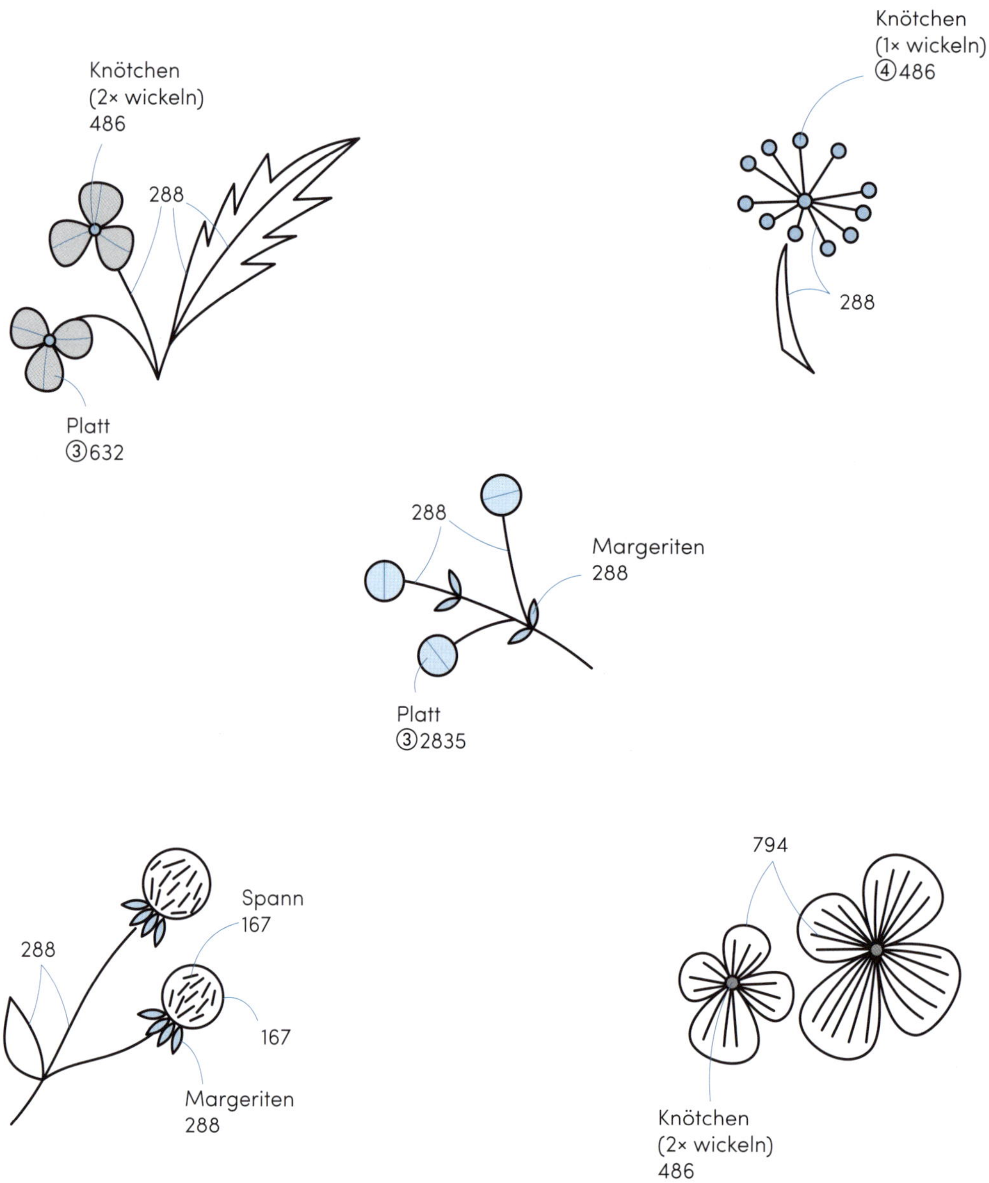

16•17 PROJEKT VON SEITE 24

Stickvorlage in Originalgröße

- Material: Olympus-Stickgarn No. 25 in 343, 632, 841, 3042 für 16 und 202, 344, 432, 1904 für 17
- alle Stiche 3-fädig sticken

16

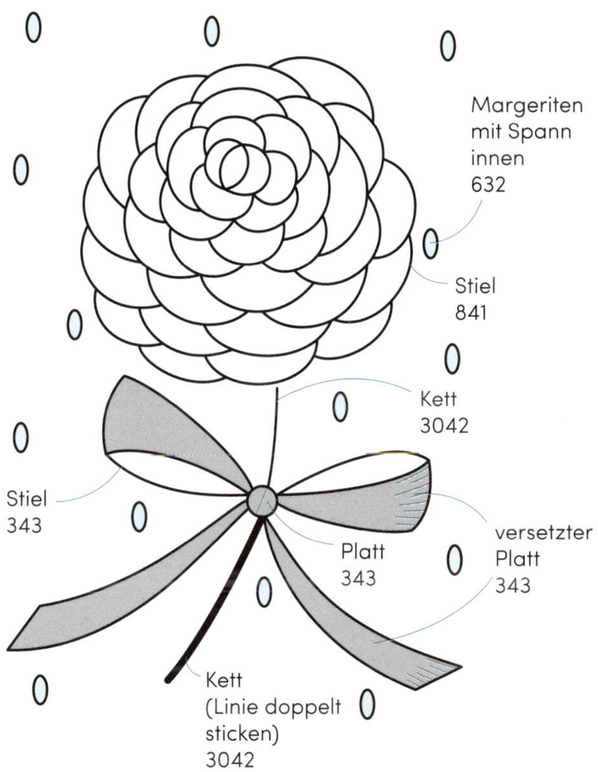

17

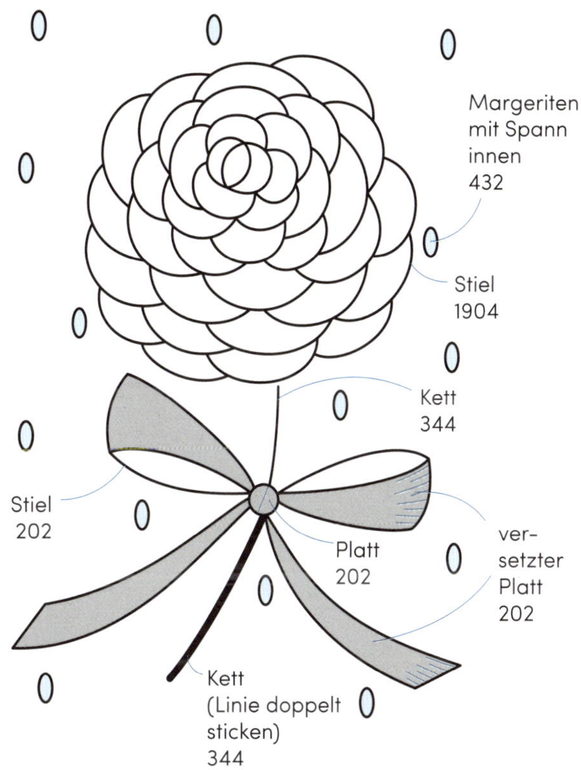

18•19 PROJEKT VON SEITE 25 NADELKISSEN

Material

- 15 × 20 cm Leinen in Rosa (für 18) oder Grün (für 19)
- 10 × 18 cm Bügeleinlage
- Füllwatte
- 15 cm Lederschnur (3 mm Durchmesser)
- Olympus-Stickgarn No. 25 in 202 und 204 (für 18) oder 1601 und 1603 (für 19)

Nähanleitung

1. Einlage (10 × 18 cm) mittig auf die linke Stoffseite des Leinens (15 × 20 cm) bügeln. Die Stickvorlage von Seite 91 auf die rechte Stoffseite übertragen. Nach Anleitung sticken. Stickteil auf 10 × 18 cm zurückschneiden.

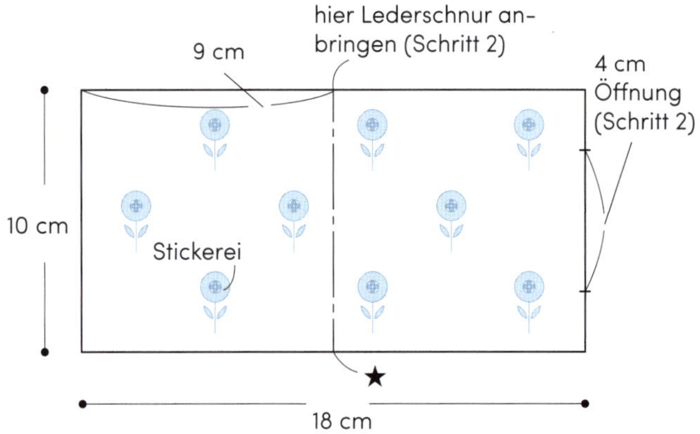

2. Stickteil quer mittig an Markierung (★) rechts auf rechts falten. Lederschnur zu Schlaufe legen (ca. 6 cm lang), wie abgebildet zwischen die Lagen schieben. Teil an zwei angrenzenden Seiten zusammennähen, 4 cm Öffnung lassen.

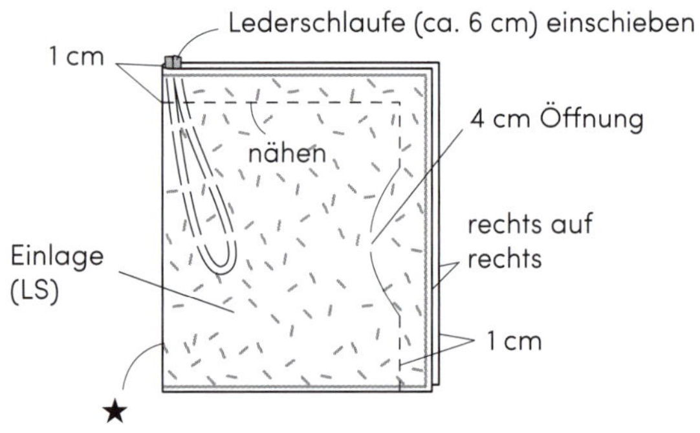

3. An der noch offenen Seite die Nahtzugaben auseinanderbügeln. Das Teil so falten, dass die Bruchkante (Markierung ★) auf der Naht liegt und mit 1 cm Nahtzugabe zusammennähen.

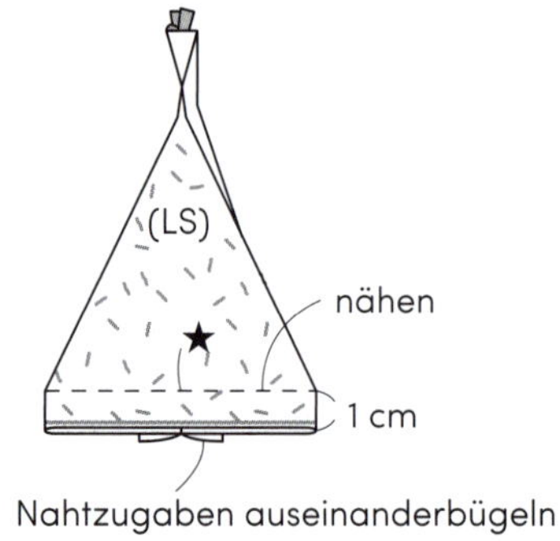

4. Teil durch die Öffnung auf rechts wenden und in Pyramidenform ziehen. Mit Füllwatte ausstopfen. Die Nahtzugaben an der Öffnung einschlagen und diese von Hand schließen.

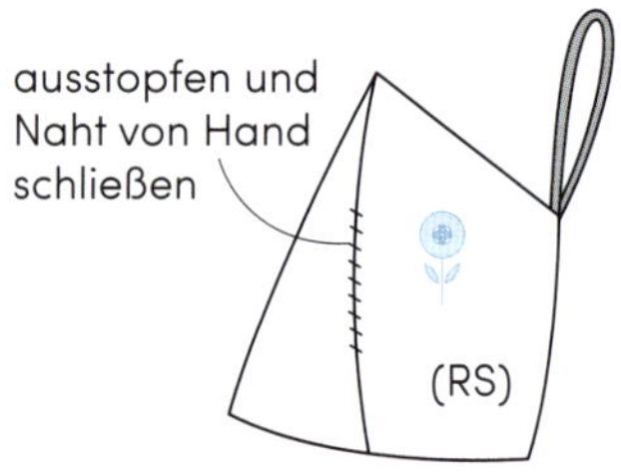

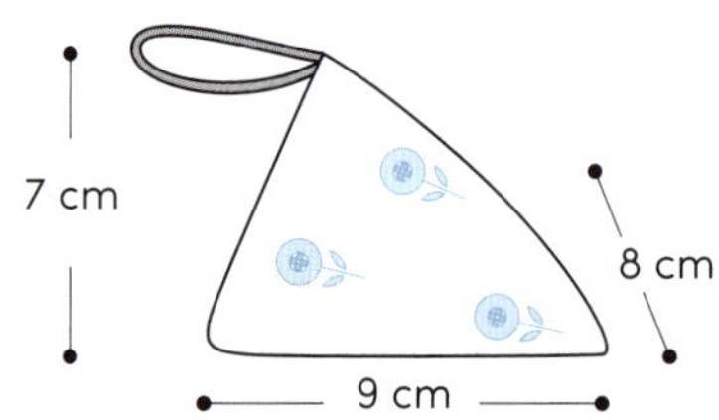

Stickvorlage in Originalgröße

- alle Stiche 3-fädig sticken

18

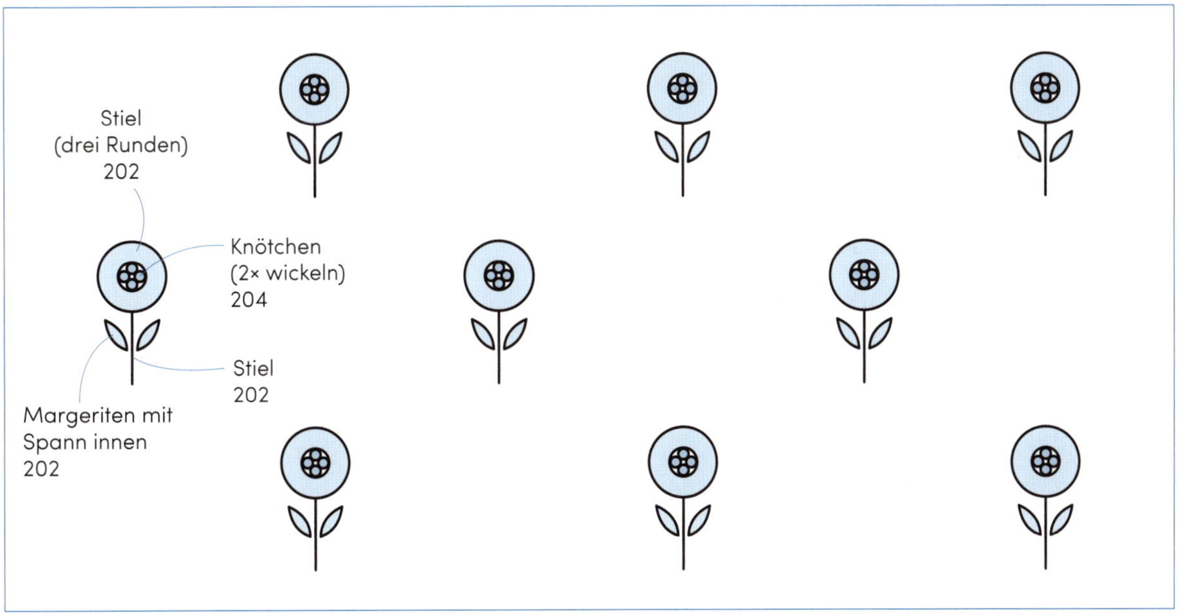

19

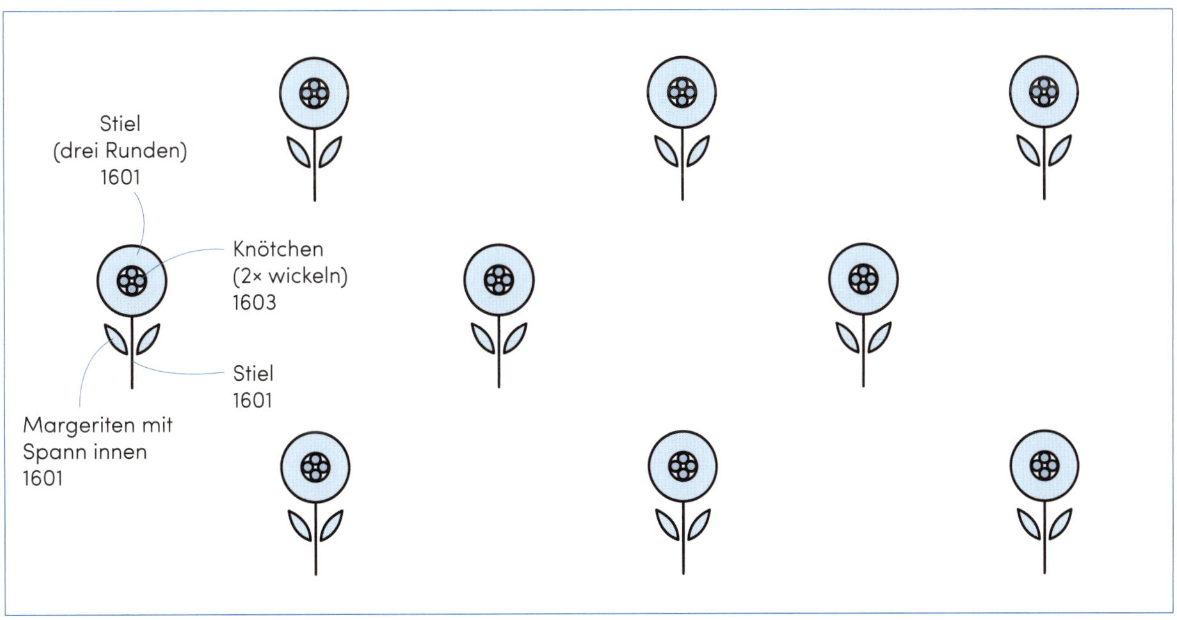

20 PROJEKT VON SEITE 26

Stickvorlage in Originalgröße

- Material: Olympus-Stickgarn No. 25 in 204, 206, 1601, 1602, 1603, 2013
- 3-fädig sticken, sofern nicht anders angegeben

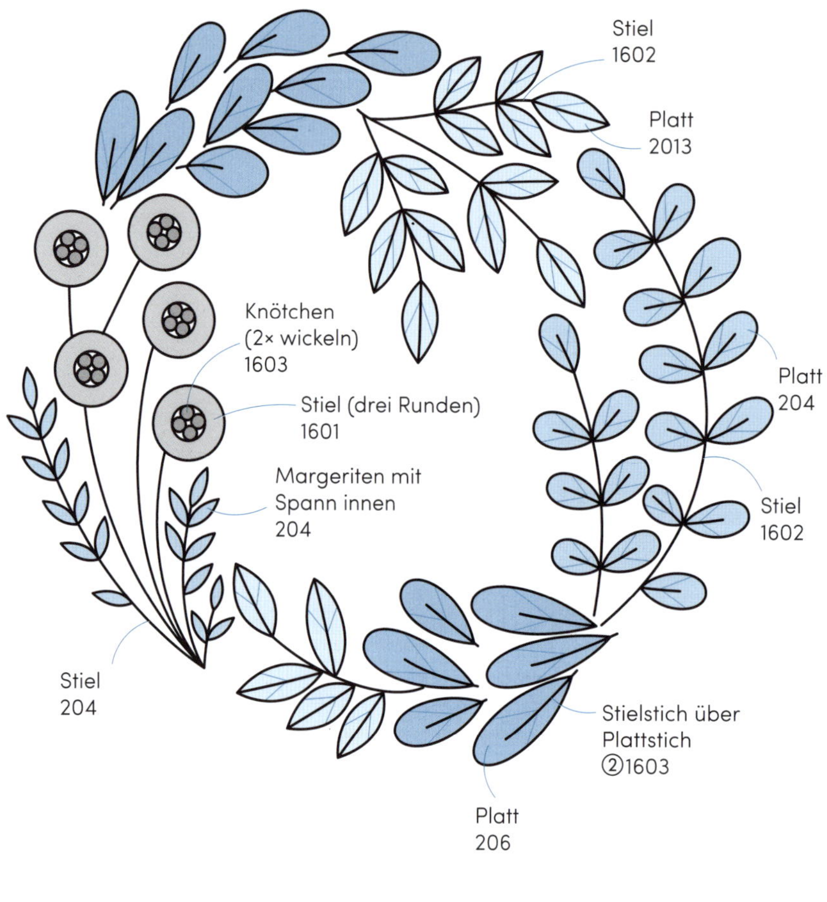

21 PROJEKT VON SEITE 28

Stickvorlage in Originalgröße

- Material: Olympus-Stickgarn No. 25 in 288, 413, 632, 841, 2012, 2013, 2835,
- 2-fädig sticken, sofern nicht anders angegeben

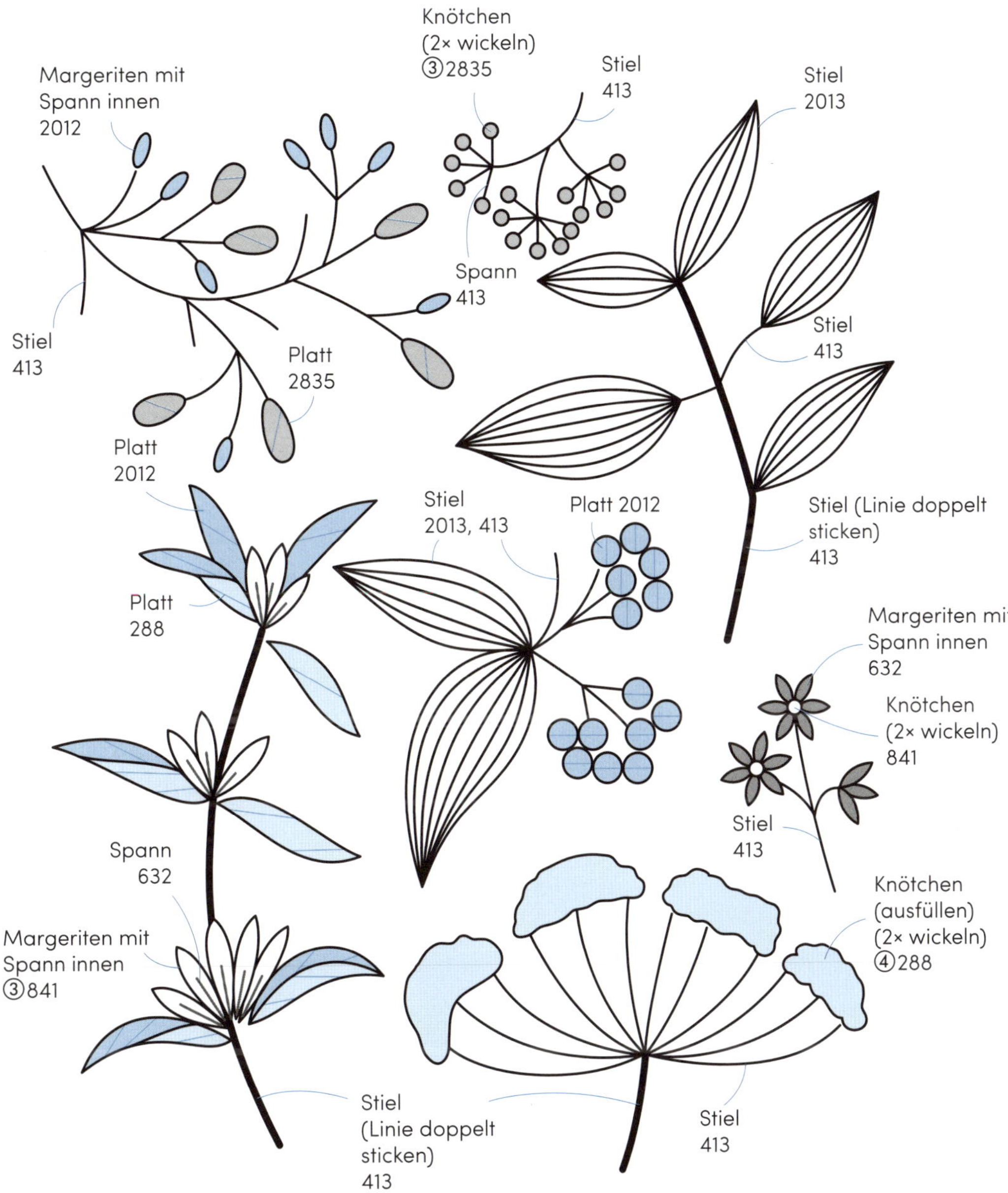

22 PROJEKT VON SEITE 29

Stickvorlage in Originalgröße

- Material: Olympus-Stickgarn No. 25 in 202, 203, 204, 206, 324, 343, 344, 841, 1908, 2835
- 2-fädig sticken, sofern nicht anders angegeben

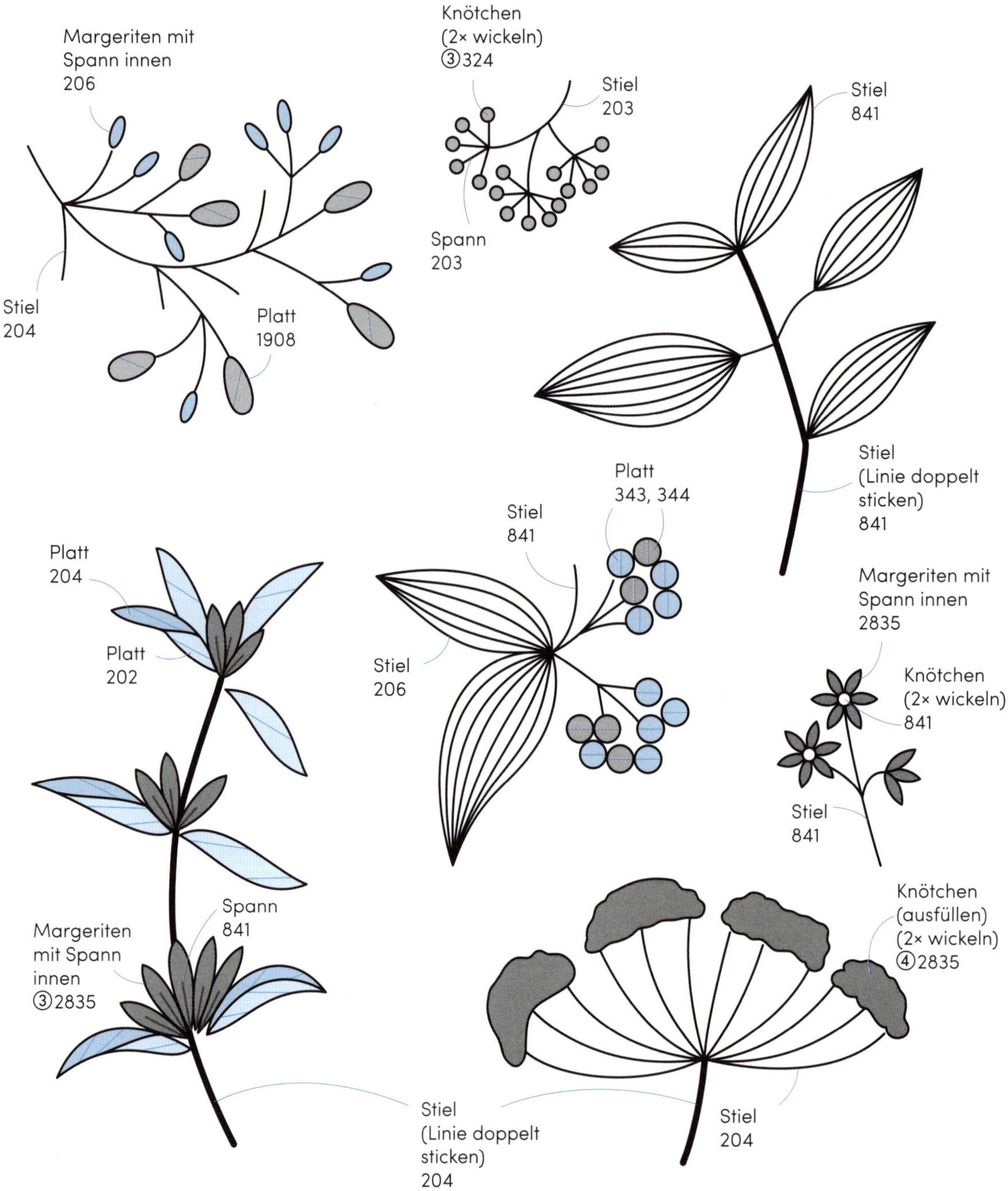

23 PROJEKT VON SEITE 30
ZUGBEUTEL

Material

- 50 × 100 cm Leinen in Elfenbein (für das Außenteil)
- 40 × 80 cm Baumwollstoff (für das Futter)
- 40 × 30 cm Bügeleinlage
- 120 cm Ripsband (7 mm breit)
- 80 cm Lederschnur (2 mm Durchmesser)
- 1 Knopf (2,5 cm Durchmesser)
- Olympus-Stickgarn No. 25 in 214, 218, 237, 794, 841, 845

Nähanleitung

1. Das Taschenvorder- und Rückteil aus dem Leinen mit je 50 × 50 cm zuschneiden, sowie aus der Einlage zwei Teile mit je 36 × 15 cm. Einlage im Stickbereich auf die linke Stoffseite bügeln. Die Vorlage von Seite 97 auf die rechte Stoffseite übertragen, dabei die Rapports wie abgebildet positionieren. Nach Anleitung sticken. Stickteile dann auf 38 × 37 cm zurückschneiden.

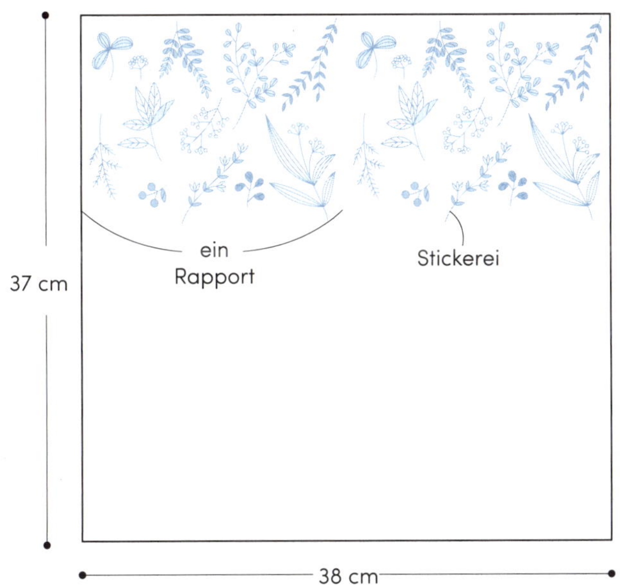

2. Das Ripsband in 18 Stücke von je 6 cm Länge schneiden, jedes zur Schlaufe falten. Eine Schlaufe oben mittig an das Vorderteil heften, dann acht weitere in Abständen von je 4 cm wie abgebildet festheften. Auf die gleiche Weise die übrigen neun Schlaufen an das Rückteil heften.

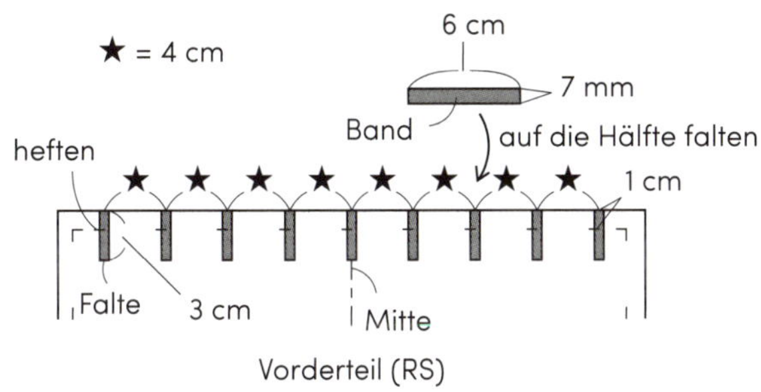

3. Taschenvorder- und Rückteil rechts auf rechts aufeinanderlegen und -stecken. An den Seiten und der Unterkante zusammennähen.

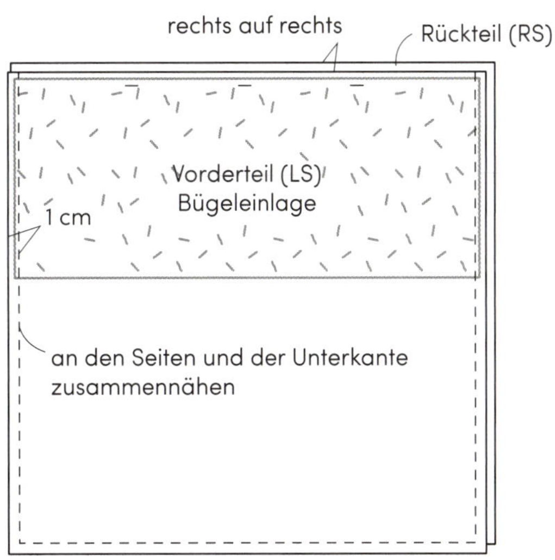

4. Nahtzugaben auseinanderbügeln. Außenteil an den unteren Ecken so falten, dass jeweils die Seitennaht auf der unteren Naht liegt, und Ecke jeweils 10 cm lang abnähen. Ecken bis auf 1 cm Nahtzugabe zurückschneiden.

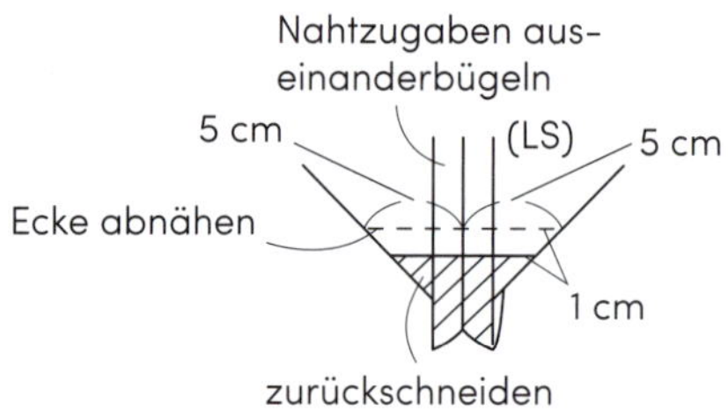

5. Aus dem Baumwollstoff zwei Futterteile mit je 38 × 37 cm zuschneiden. Das Futter wie in Schritt 3 und 4 beschrieben zusammennähen, jedoch an einer Seite eine 10 cm lange Öffnung lassen.

6. Den Taschenteil rechts auf rechts in das Futter schieben. An der Oberkante zusammennähen.

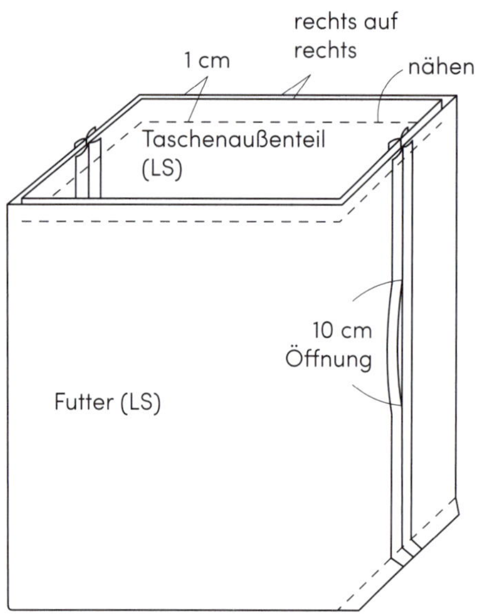

7. Tasche auf rechts wenden. Nahtzugaben an der seitlichen Futteröffnung einschlagen und diese von Hand zunähen. Die Lederschnur durch die Bandschlaufen fädeln. Schnurenden durch den Knopf stecken und verknoten.

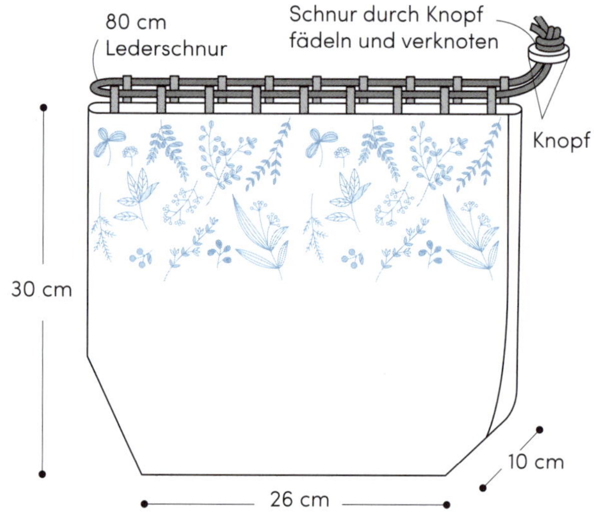

Stickvorlage in Originalgröße

- Stielstich, sofern nicht anders angegeben
- ★ = Margeritenstich mit Spannstich innen, sofern nicht anders angegeben
- 2-fädig sticken, sofern nicht anders angegeben

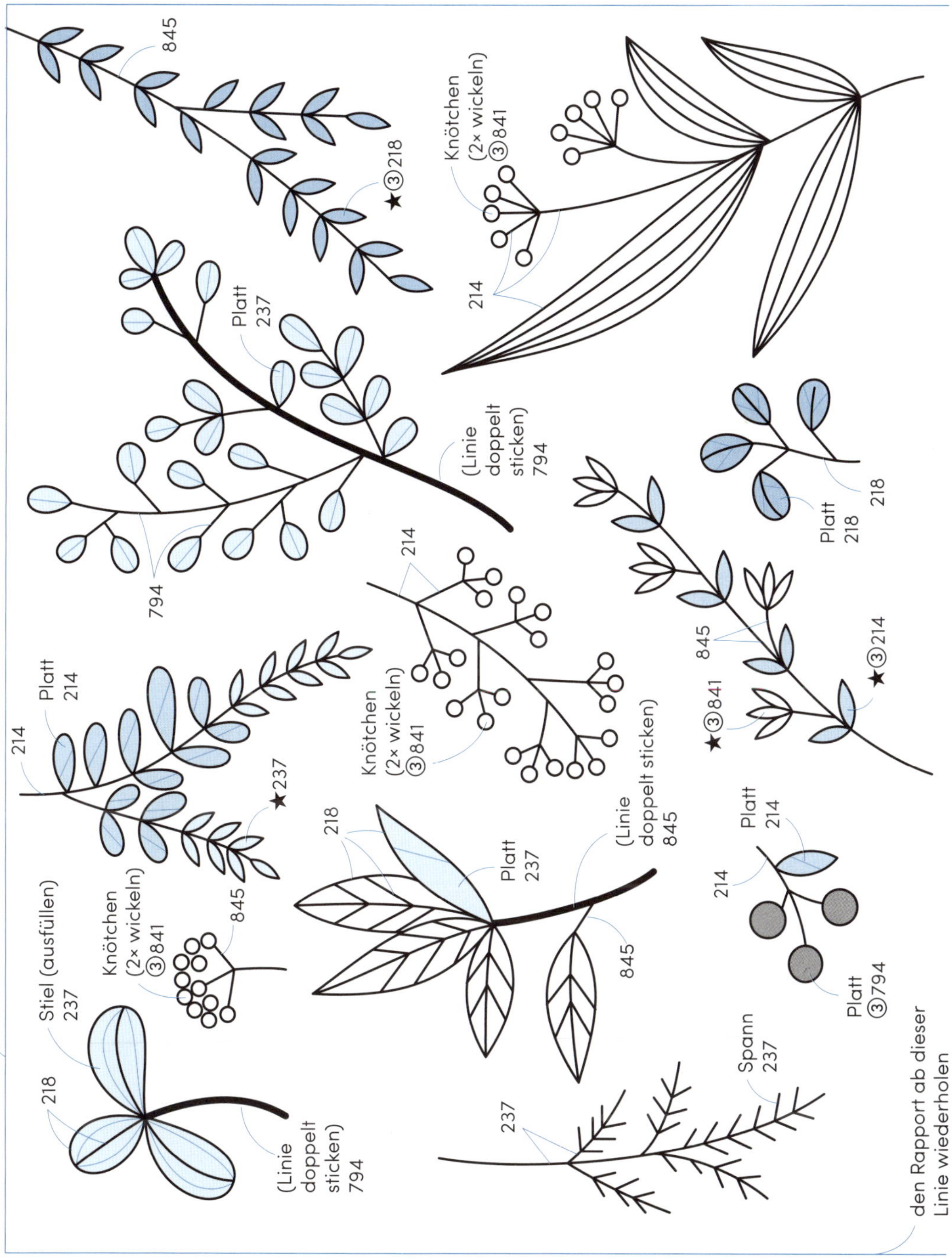

24 PROJEKT VON SEITE 32
TRAGETASCHE

Material

- 50 × 120 cm Leinen in Grün (für Tasche und Henkel)
- 30 × 40 cm Baumwollstoff (für das Futter)
- 31 × 43 cm Bügeleinlage
- 1 Knopf (2,5 cm Durchmesser)
- 15 cm Lederschnur (3 mm Durchmesser)
- Olympus-Stickgarn No. 25 in 202, 214, 237, 344

Nähanleitung

Arbeiten Sie mit 1 cm Nahtzugabe, sofern nicht anders angegeben.

1. Aus dem Leinen das Außenteil mit 31 × 43 cm zuschneiden. Einlage auf die linke Stoffseite aufbügeln. Die Stickvorlage von Seite 100 auf eine Hälfte (spätere Taschenvorderseite) übertragen. Nach Anleitung sticken. Stickteil auf 26 × 38 cm zurückschneiden.

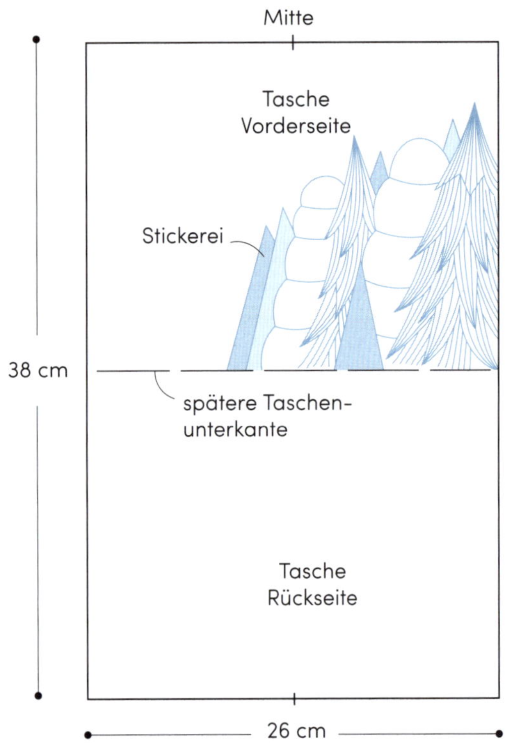

2. Aus dem Leinen für den Henkel einen Streifen mit 117 × 6 cm zuschneiden.

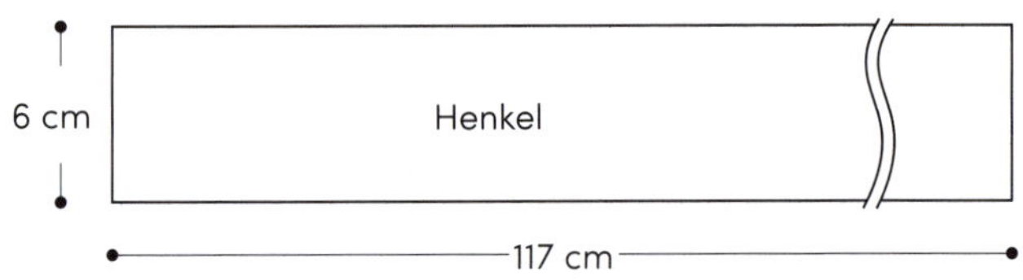

3. Die Längskanten des Henkels jeweils 1,5 cm nach innen umbügeln, dann den Streifen mittig falten. Längskanten knappkantig absteppen.

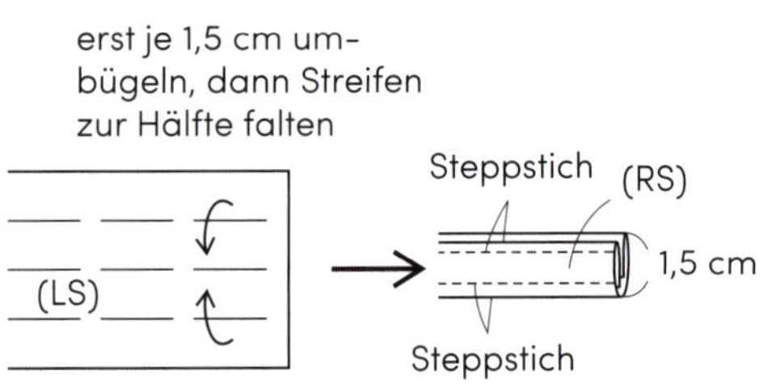

4. Die Henkelenden wie abgebildet oben schräg über die Ecken des Taschenteils heften. Lederschnur zur Schlaufe legen und wie abgebildet mittig an der Taschenoberkante anbringen.

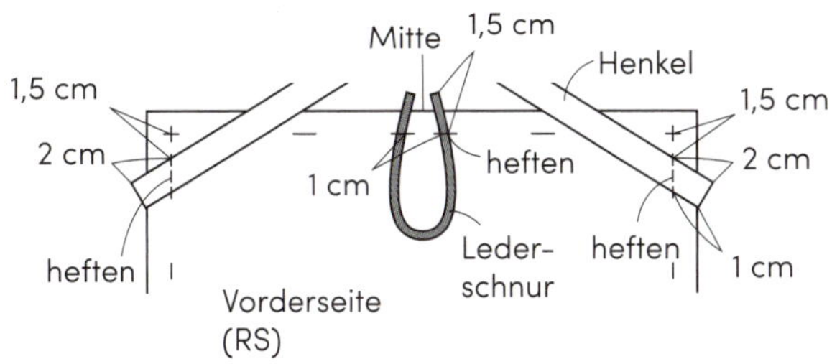

5. Das Futter aus dem Baumwollstoff mit 26 × 38 cm zuschneiden. Futter und Außenteil rechts auf rechts legen und an Ober- und Unterkante (Schmalseiten) zusammennähen.

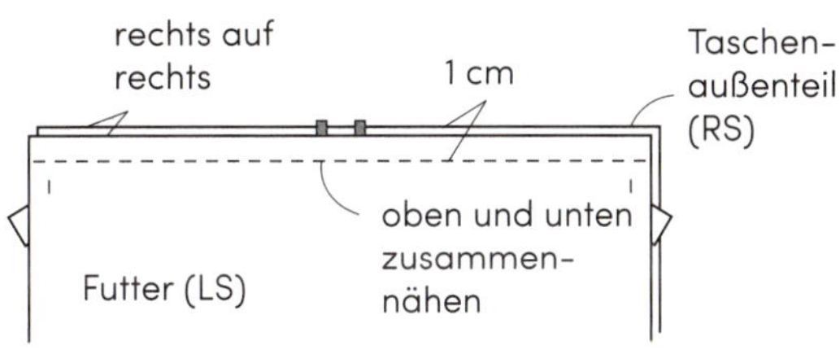

6. Das gesamte Teil so falten, dass die Nahtzugaben von Schritt 5 nun in der Mitte und exakt aufeinanderliegen (Außenteil liegt rechts auf rechts, ebenso das Futter), auseinanderbügeln. An der rechten und linken Seite zusammennähen, dabei im Futter 9 cm offen lassen.

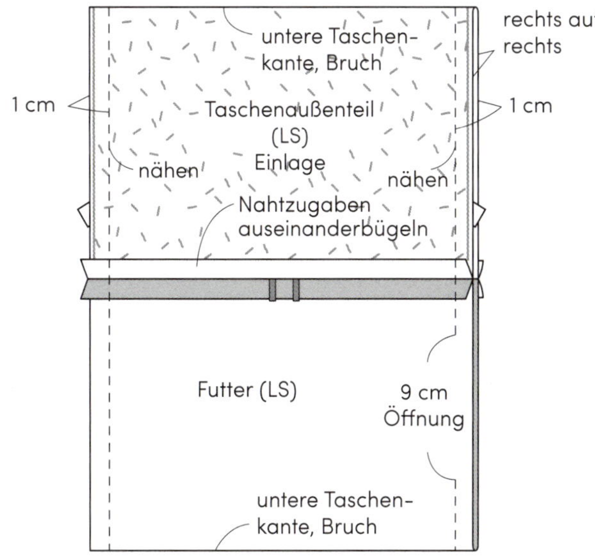

7. Tasche auf rechts wenden. Nahtzugaben an der Öffnung einschlagen und diese von Hand zunähen. Den Knopf wie abgebildet oben mittig an die Taschenrückseite nähen.

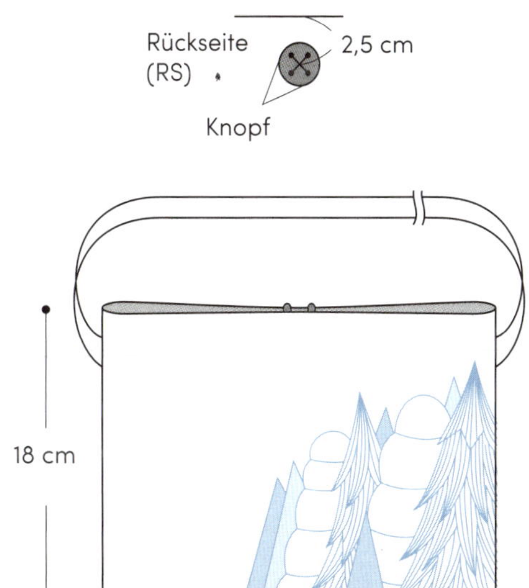

Stickvorlage in Originalgröße

- das gesamte Motiv 3-fädig sticken

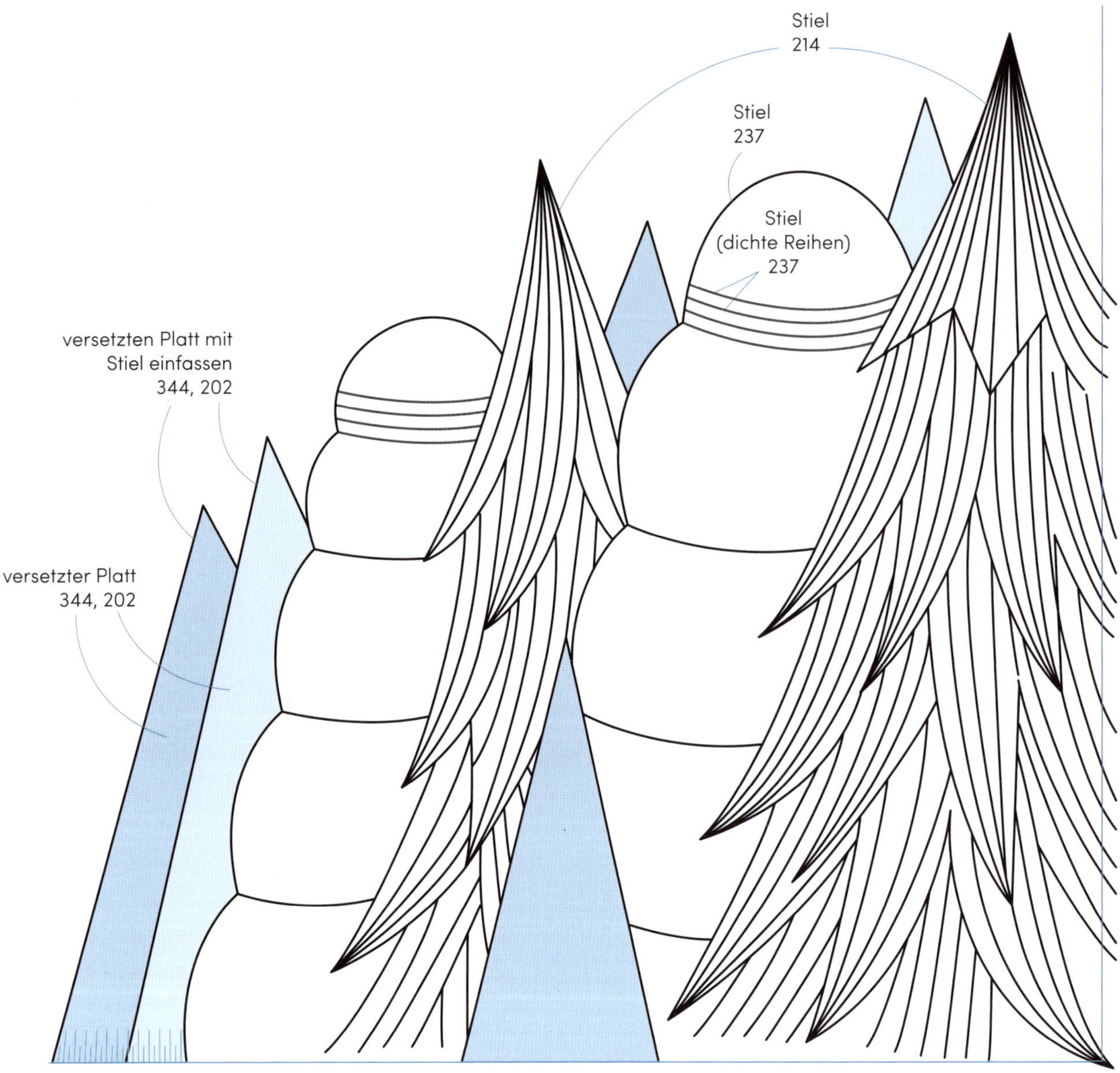

25 PROJEKT VON SEITE 34

TÄSCHCHEN

Material

- 34 × 26 cm Leinen in Gelb (für das Außenteil)
- 30 × 20 cm Baumwollstoff (für das Futter)
- 30 × 25 cm Bügeleinlage
- 1 Reißverschluss, 13 cm oder 20 cm lang (die lange Version wird gekürzt)
- 20 cm Lederschnur (2 mm stark)
- Doppelklebeband (kleines Stück)
- Olympus-Stickgarn No. 25 in 343, 564, 632, 712, 2011

Nähanleitung

1. Aus dem Leinen und der Einlage je ein Rechteck mit 26 × 24 cm für das Taschenvorderteil zuschneiden. Die Einlage auf die linke Stoffseite aufbügeln. Die Vorlage von Seite 103 auf den Stoff übertragen, dabei wie abgebildet positionieren. Nach Anleitung sticken. Dann das Stickteil auf 16 × 14 cm zurückschneiden.

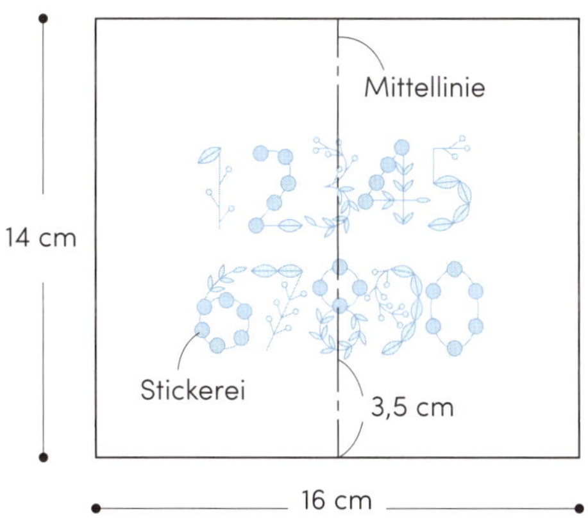

2. Aus dem Leinen und der Einlage je ein Rechteck von 16 × 14 cm für das Taschenrückteil zuschneiden. Die Einlage auf die linke Stoffseite aufbügeln. Rückteil beiseitelegen.

3. Bei Verwendung eines 20 cm langen Reißverschlusses in 13 cm Abstand vom oberen Ende mehrmals quer (und vorsichtig!) über die Zähnchen nähen. Vom Überstand 5 cm abschneiden, es bleiben 2 cm stehen.

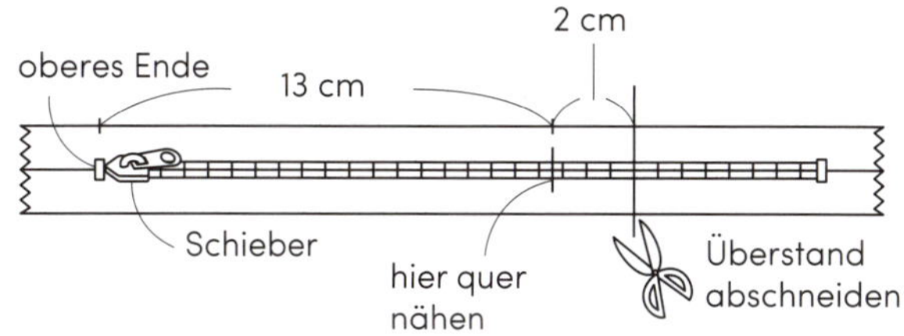

4. Reißverschluss rechts auf rechts oben auf das Vorderteil legen. Bandende oben am Schieber 1,5 cm einschlagen. Diese Reißverschlussseite mit knapp 5 mm Nahtzugabe festnähen.

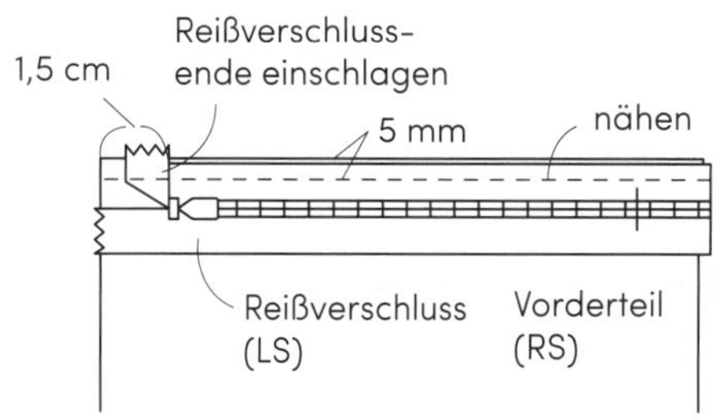

5. Aus Baumwollstoff für das Futter zwei Rechtecke mit je 16 × 14 cm zuschneiden. Eines davon rechts auf rechts auf das Taschenvorderteil legen. Oben mit 7 mm Nahtzugabe festnähen.

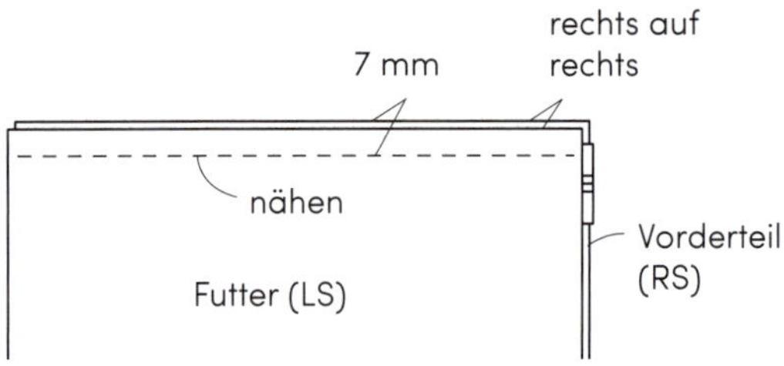

6. Die andere Reißverschlussseite auf die gleiche Weise an Taschenrückteil und Futter festnähen.

7. Teile so auffalten, dass die Nahtzugaben genau mittig aufeinanderliegen, in Richtung Außenteile bügeln. Diese sollten nun rechts auf rechts aufeinanderliegen, ebenso die Futterteile. Teile ringsherum zusammennähen, dabei im Futter unten eine 6 cm lange Öffnung lassen.

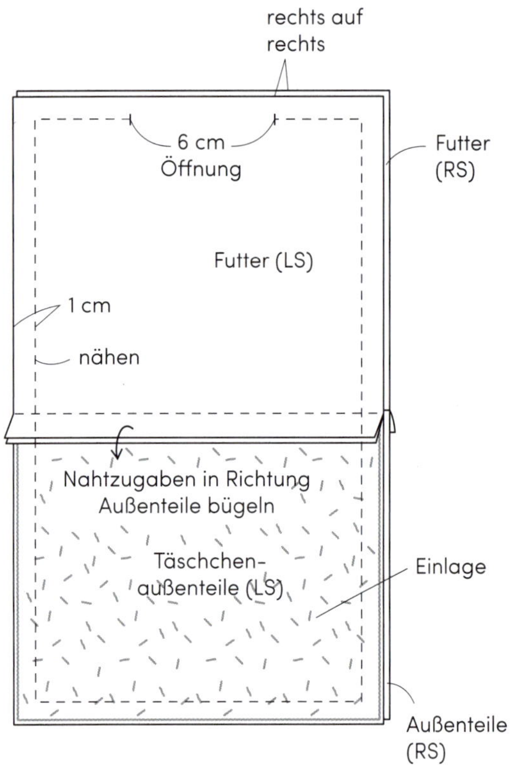

8. Durch das Loch des Schiebers die Lederschnur fädeln und mittig falten. Schnur ca. 1 cm unterhalb des Bruchs mit einem Stück Doppelklebeband umwickeln. Um dieses zu verdecken, ca. 1,5 cm breit Stickgarn herumwickeln.

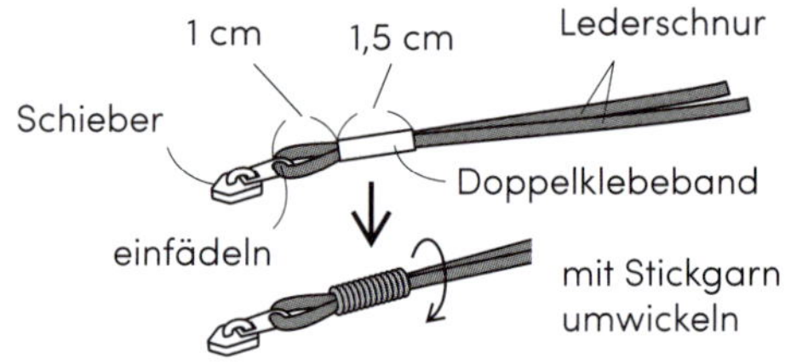

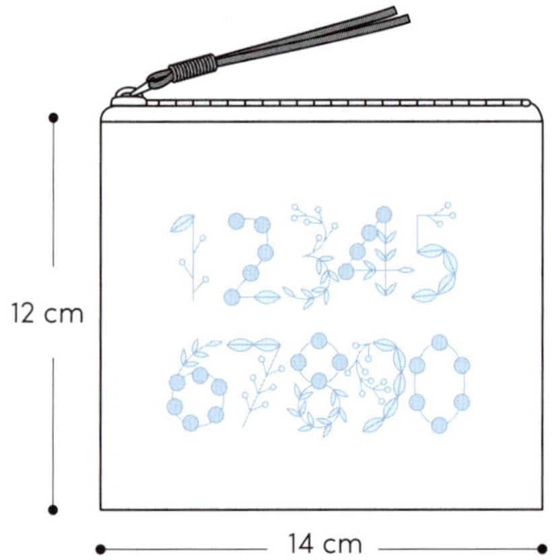

Stickvorlage in Originalgröße

- alle Stiche 3-fädig sticken

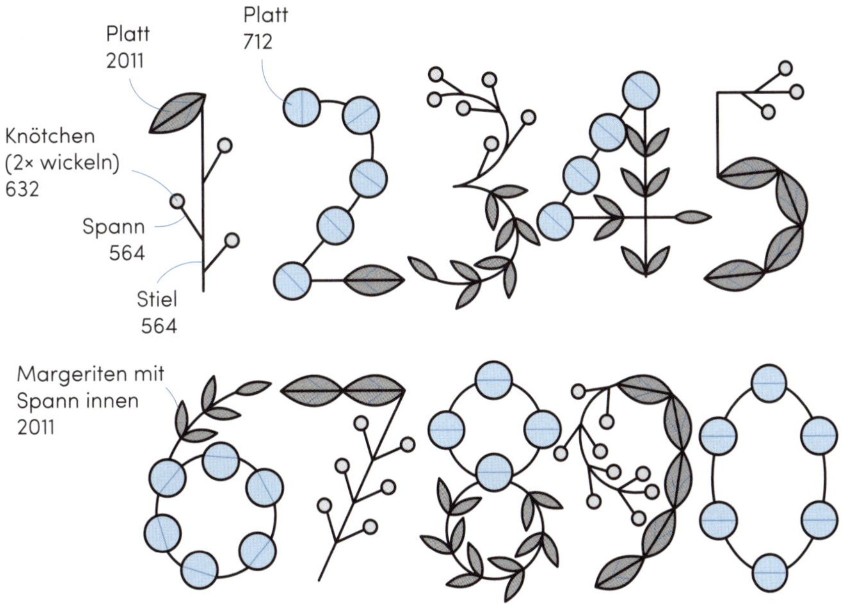

26 PROJEKT VON SEITE 35

Stickvorlage in Originalgröße

- Material: Olympus-Stickgarn No. 25 in 343, 413, 575, 632, 2835
- alle Stiche 2-fädig sticken

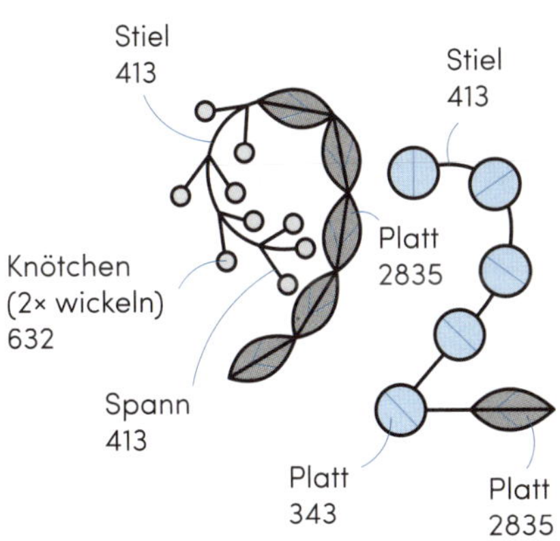

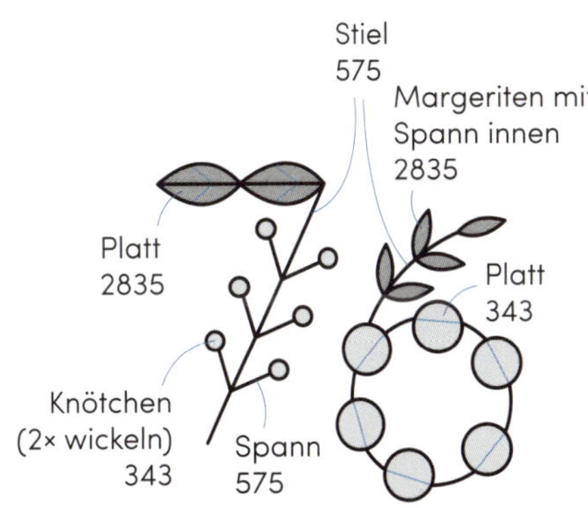

27 PROJEKT VON SEITE 36 KISSEN

PROJEKT VON SEITE 36

Material

- 90 × 40 cm Leinen in Gelb
- 20 × 20 cm Bügeleinlage
- Füllkissen 35 × 35 cm
- Olympus-Stickgarn No. 25 in 218, 237, 283, 712, 785, 841, 843, 845

Nähanleitung

1. Aus Leinen das Vorderteil mit 37 × 37 cm zuschneiden. Die Einlage (20 × 20 cm) mittig im Stickbereich auf der linken Stoffseite aufbügeln. Die Vorlage von Seite 105 auf die rechte Stoffseite übertragen, dabei die Rapports wie abgebildet positionieren. Nach Anleitung sticken.

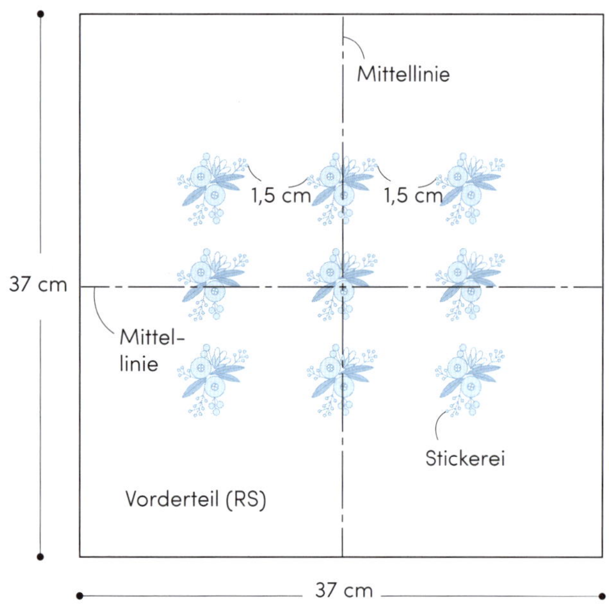

2. Für das Rückteil (mit Hotelverschluss) zwei Rechtecke mit je 37 × 24 cm zuschneiden.

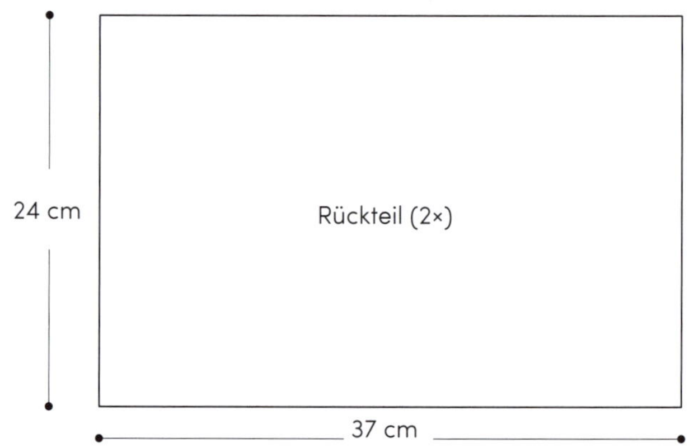

3. An jedem Rechteck eine Längskante zweimal je 1 cm umschlagen, bügeln und absteppen.

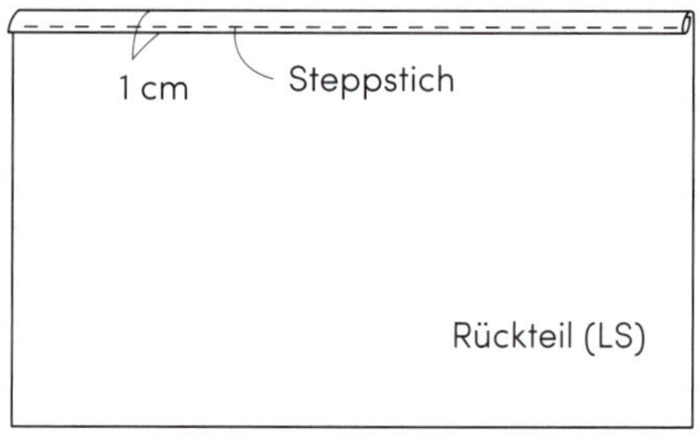

4. Vorder- und Rückteile rechts auf rechts aufeinanderlegen. An den abgesteppten Kanten sollten die beiden Rückteile (für den Hotelverschluss) 7 cm überlappen. Teile mit 1 cm Nahtzugabe ringsherum zusammennähen.

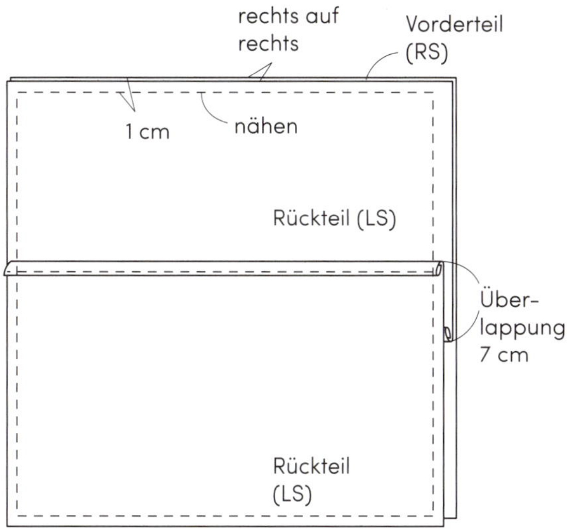

5. Bezug wenden und Füllkissen einziehen.

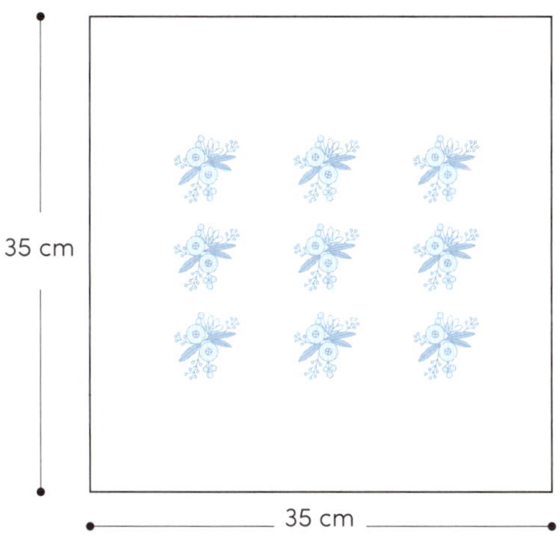

Stickvorlage in Originalgröße

- alle Stiche 3-fädig sticken

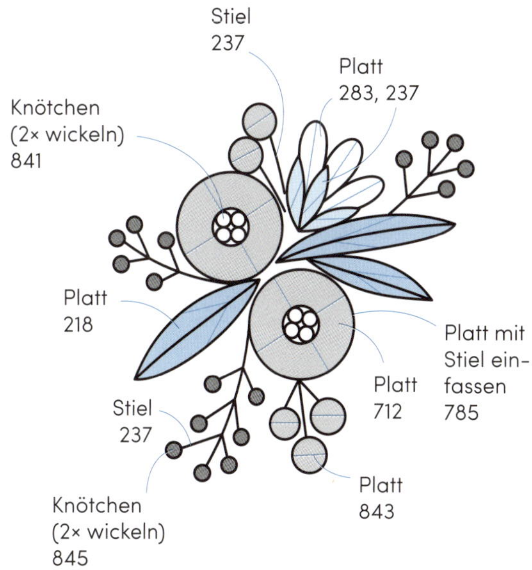

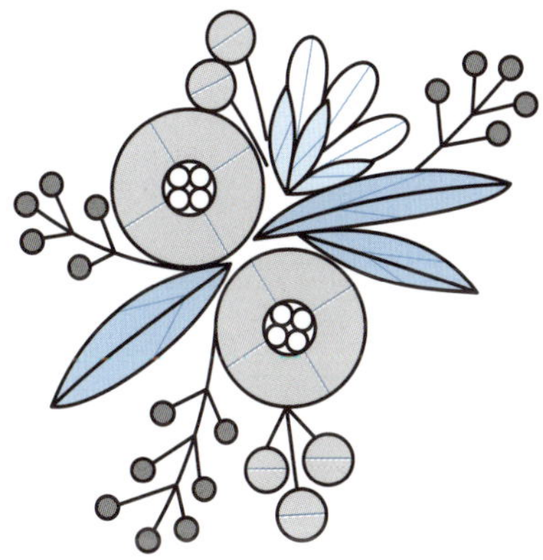

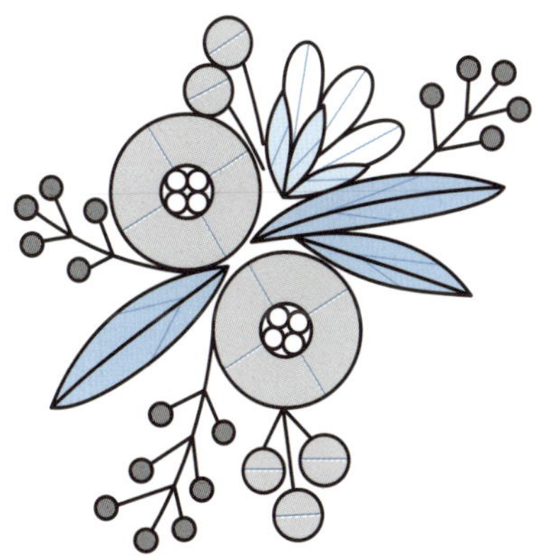

28 PROJEKT VON SEITE 36

Stickvorlage in Originalgröße

- Material: Olympus-Stickgarn No. 25 in 324, 565, 575, 632, 841, 2835
- alle Stiche 3-fädig sticken

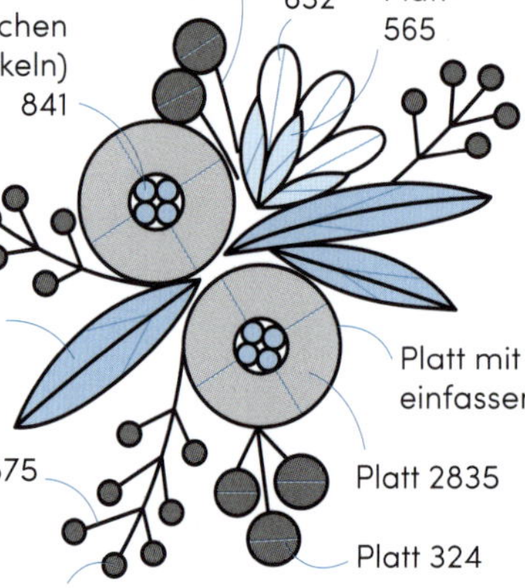

29 PROJEKT VON SEITE 37
BRILLENETUI

Material

- 47 × 20 cm Leinen in Beige (für das Außenteil)
- 40 × 10 cm Baumwollstoff (für das Futter)
- 47 × 20 cm Bügeleinlage
- 40 × 10 cm Volumenvlies
- 10 cm Lederschnur (3 mm Durchmesser)
- 1 Knopf (1,2 cm Durchmesser)
- Olympus-Stickgarn No. 25 in 292, 344, 841

Nähanleitung

1. Für das Außenteil die Einlage auf die linke Stoffseite des Leinens (47 × 20 cm) aufbügeln. Die Stickvorlage von Seite 109 auf die rechte Stoffseite übertragen, dabei wie abgebildet positionieren. Nach Anleitung sticken. Stickteil dann auf 37 × 10 cm zurückschneiden.

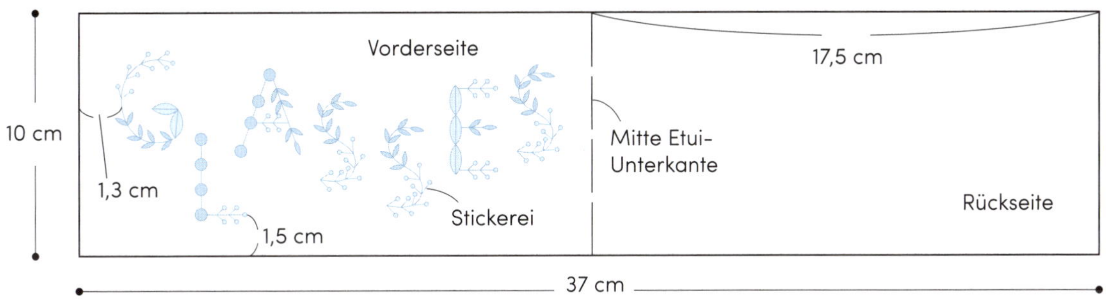

2. Die Lederschnur zur Schlaufe legen. Diese dann mittig an die Schmalseite der bestickten Vorderseite heften.

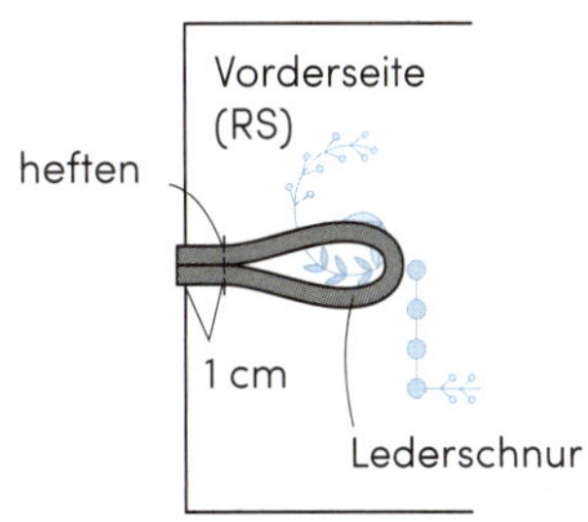

3. Aus Baumwollstoff (Futter) und Volumenvlies je ein Rechteck mit 37 × 10 cm zuschneiden. Futter und Außenteil rechts auf rechts aufeinanderlegen und das Volumenvlies darüber. Lagen an den beiden schmalen Enden zusammennähen.

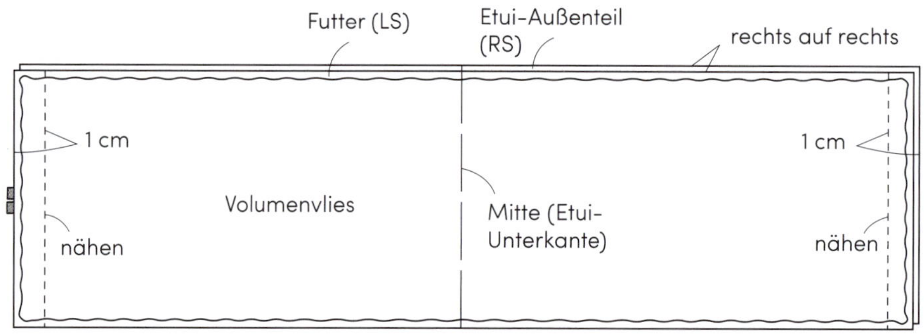

4. Das gesamte Teil so falten, dass die Nahtzugaben genau mittig aufeinanderliegen, und diese auseinanderbügeln. Das Außenteil liegt nun rechts auf rechts, ebenso wie das Futter. Das Teil jeweils an Ober- und Unterkante zusammennähen, dabei im Futter eine 8 cm lange Öffnung lassen.

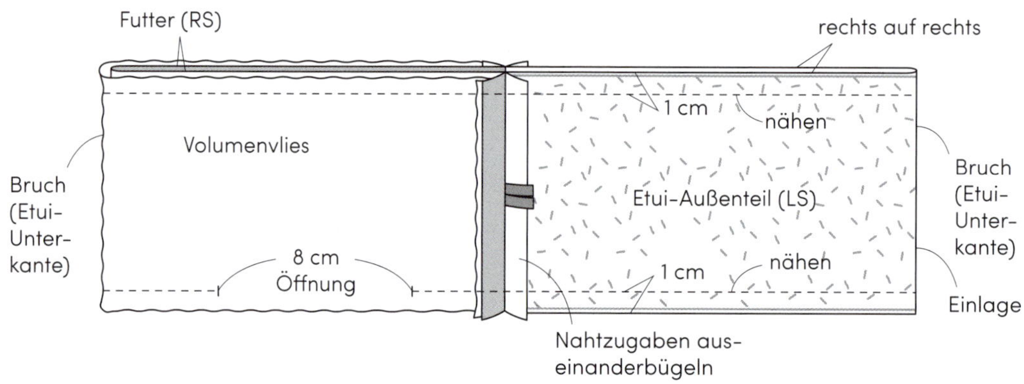

5. Etui auf rechts wenden. Die Nahtzugaben der Futteröffnung einschlagen und diese von Hand zunähen. Das Futter ins Etui schieben. Zum Schluss wie abgebildet einen Knopf oben mittig auf die Etui-Rückseite nähen.

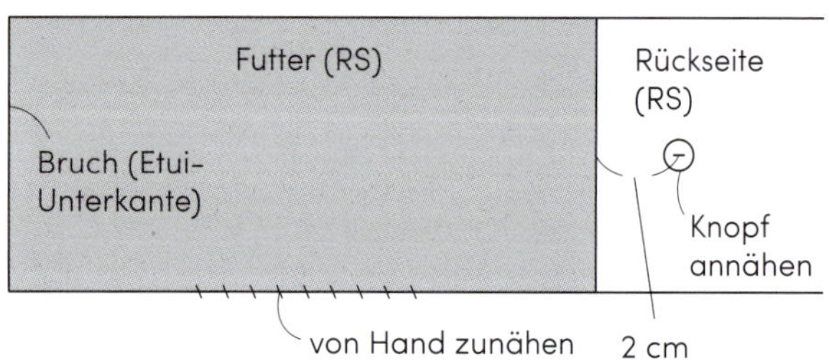

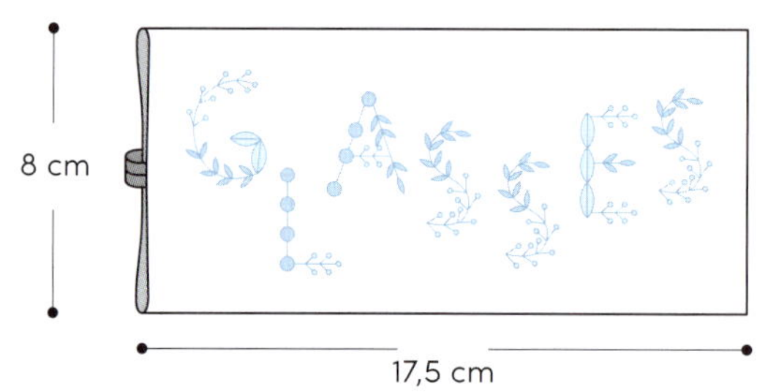

Stickvorlage in Originalgröße

- alle Stiche 3-fädig sticken

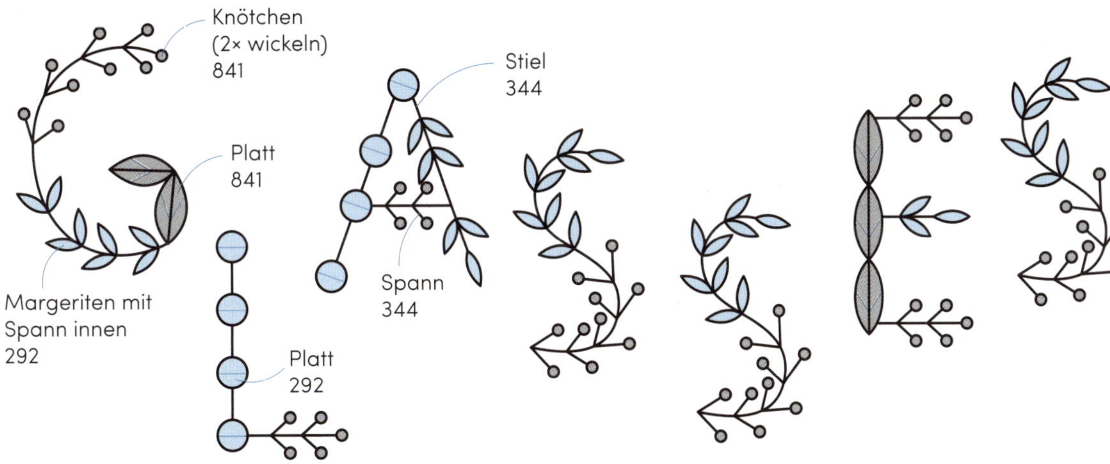

30 PROJEKT VON SEITE 38

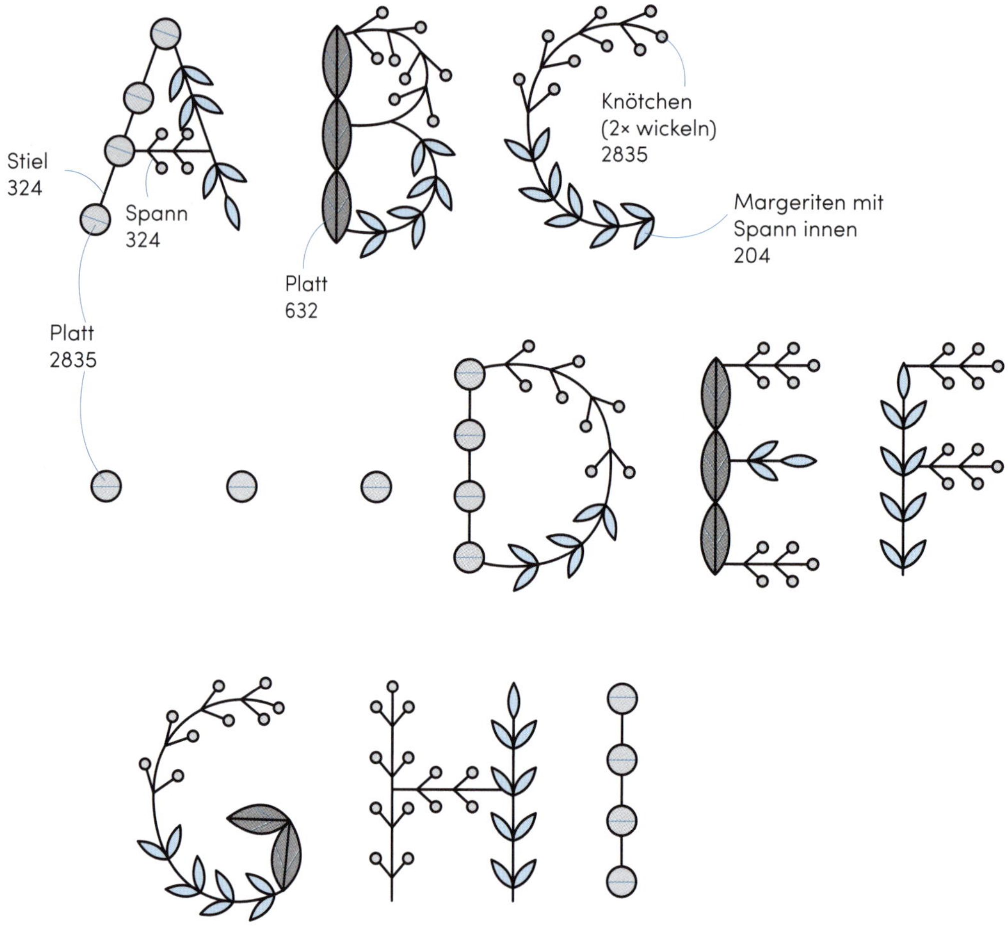

Stickvorlage in Originalgröße

- Material: Olympus-Stickgarn No. 25 in 204, 324, 632, 2835
- alle Stiche 3-fädig sticken

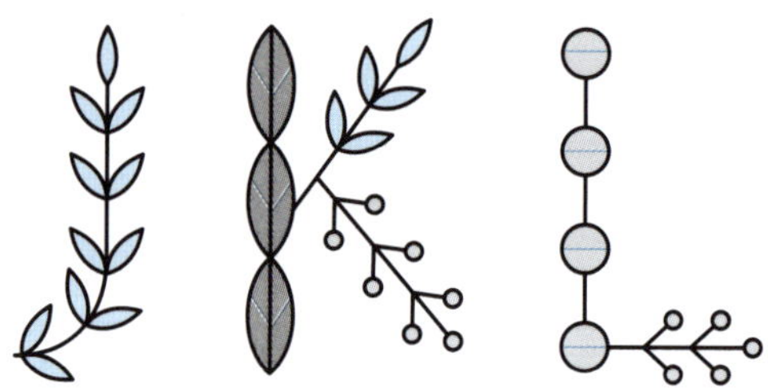

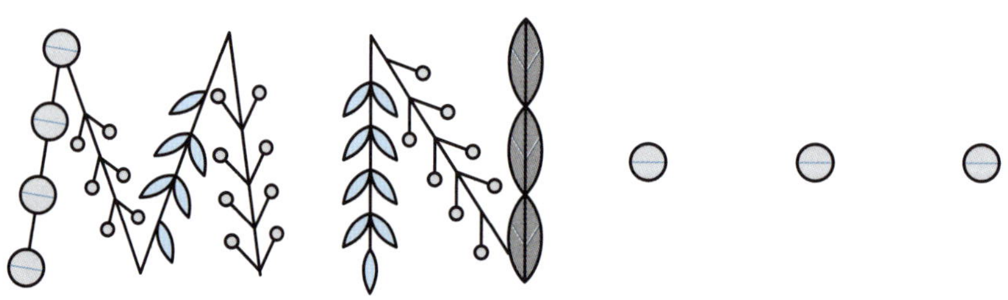

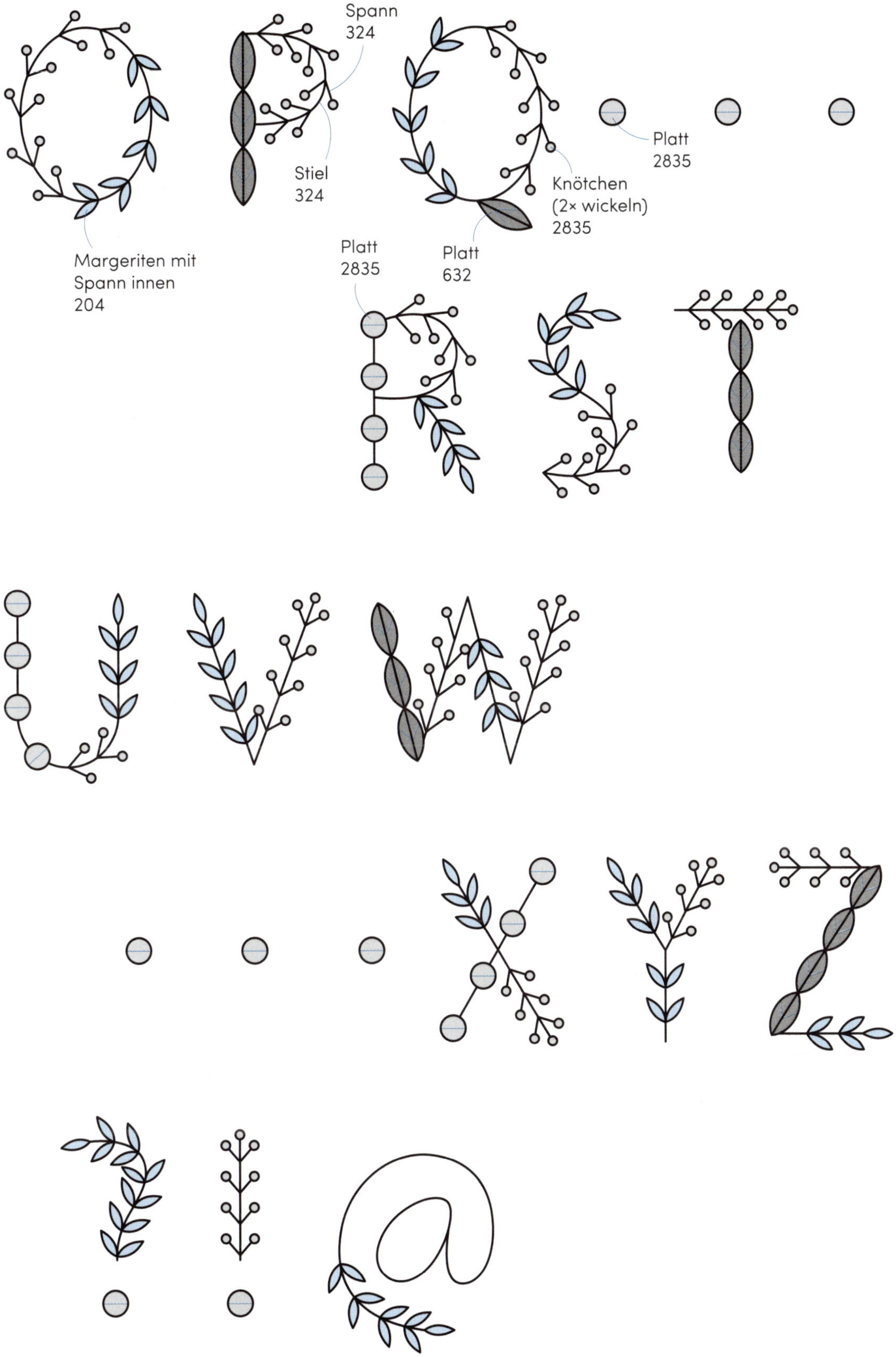
Spann
324
Stiel
324
Margeriten mit
Spann innen
204
Platt
2835
Knötchen
(2× wickeln)
2835
Platt
632
Platt
2835

STICKSTICHE

Alle Motive in diesem Buch wurden mit einfachen Stichen gestickt. Hier finden Sie eine Kurzanleitung zu den einzelnen Stichen, die Ziffern deuten die Reihenfolge an.

SPANNSTICH

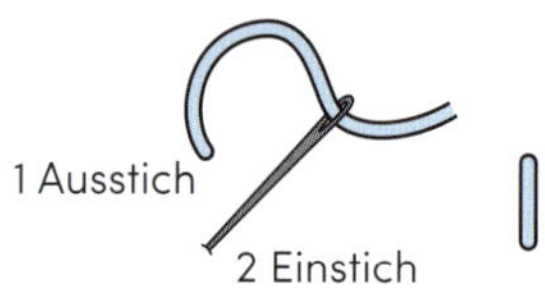

FLIEGENSTICH

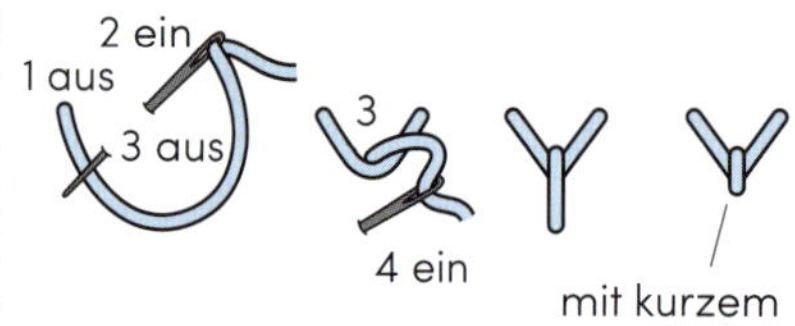

MARGERITENSTICH

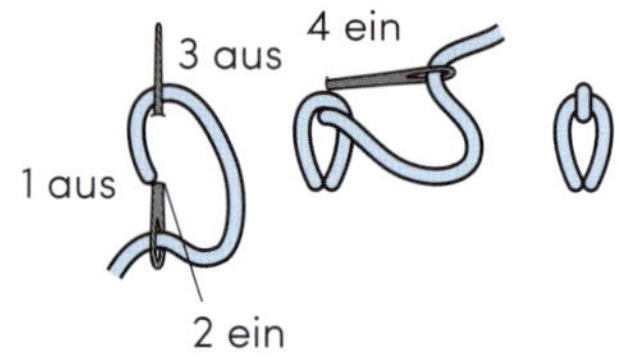

STIELSTICH

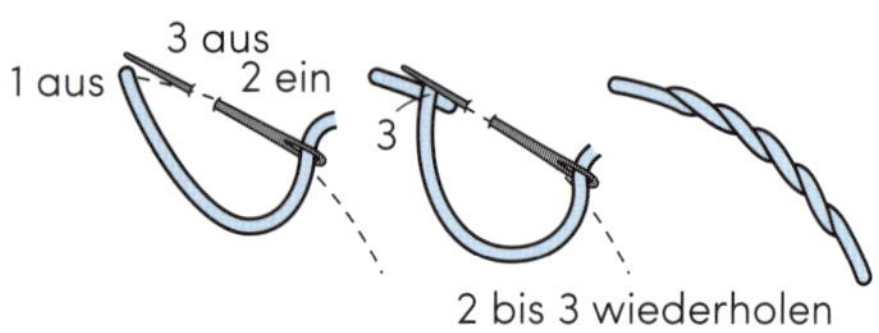

ausfüllen mit Stielstich

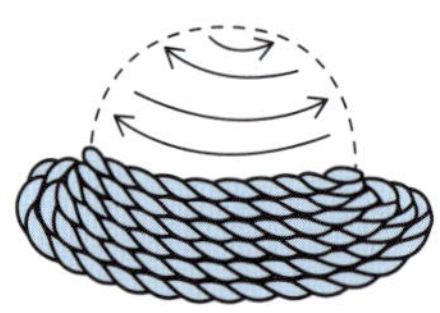

KETTENSTICH

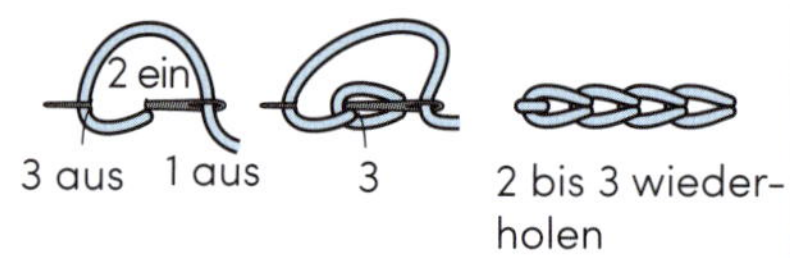

KNÖTCHENSTICH

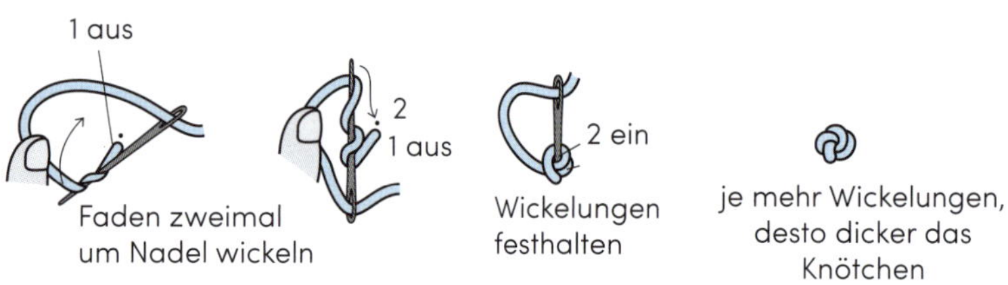

ausfüllen mit Knötchenstichen

gesamte Fläche mit Knötchenstichen ausfüllen

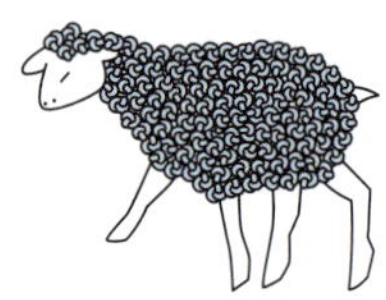

PLATTSTICH

Am Ende der ersten Hälfte angelangt, Nadel zum breitesten Stich führen und dann die zweite Hälfte sticken.

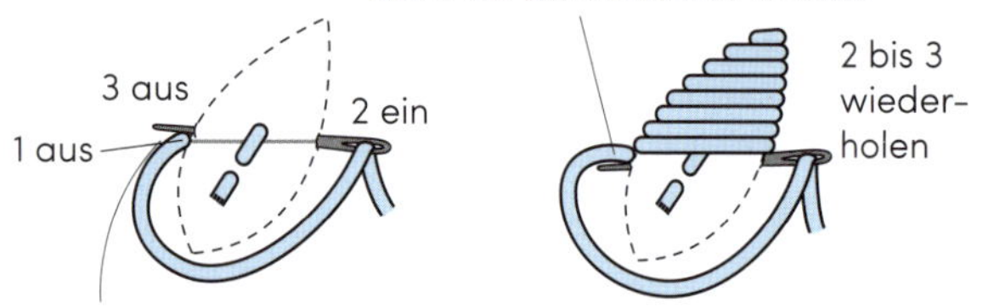

Große Flächen mit langen Plattstichen ohne Zwischenräume ausfüllen. Dabei am besten an der breitesten Stelle des Motivs beginnen.

VERSETZTER PLATTSTICH

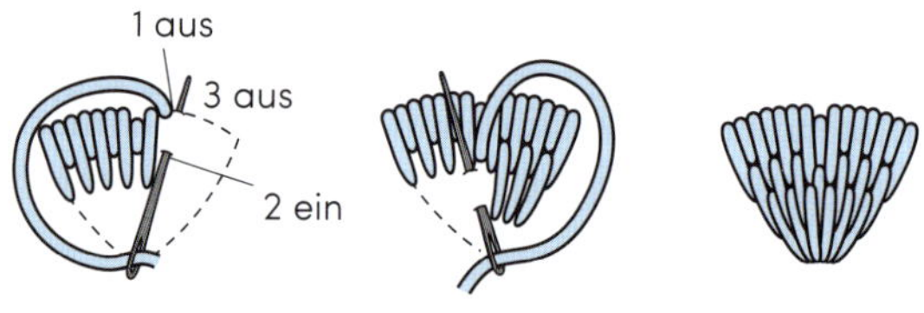

wiederholen, um Fläche auszufüllen